JN092349

ライブラリ 法学基本講義 **14**

基 本 講 義

刑事訴訟法

福島 至 著

新世社

編者のことば

　21世紀を迎え，わが国は，近代国家としての歩みを開始して足かけ3世紀目に入った。近代国家と法律学は密接な関係を有している。当初は藩閥官僚国家と輸入法学であったものが，とりわけ第2次大戦後，国家と社会の大きな変動を経て，法律がしだいに国民生活に根ざすようになるとともに，法律学各分野はめざましく発展し，わが国独自の蓄積を持つようになってきている。むしろ，昨今は，発展途上国に対して，法整備支援として，法律の起草や運用について，わが国の経験に照らした知的国際協力が行われるまでに至っている。他方で，グローバリゼーションの急速な進展は，海外の法制度とのハーモナイゼーションをわが国に求めており，外国法の影響も明治の法制度輸入期とは違った意味で大きくなっている。

　そのような中で，2001年6月に出された司法制度改革審議会意見書は，2割司法と言われた従来の行政主導・政治主導型の国家から，近代国家にふさわしい「より大きな司法」，「開かれた司法」を備えた国家への転換を目指そうとしている。このためには，司法制度整備，法曹養成，国民の司法参加のいずれの面においても，法律学の役割が一層大きくなることが明らかである。

　このような時期に「ライブラリ法学基本講義」を送り出す。本ライブラリの各巻は，教育・研究の第一線で活躍する単独の中堅学者が，法律学の各基本分野について，最新の動向を踏まえた上で，学習内容の全体が見通しやすいように，膨大な全体像を執筆者の責任と工夫においてコンパクトにまとめている。読者は，本ライブラリで学習することによって，法律学の各基本分野のエッセンスを習得し，さらに進んだ専門分野を学ぶための素地を養成することができるであろう。

　司法改革の一環として，大学法学部とは別に，法曹養成のための法科大学院（ロースクール）が新たにスタートすることとなり，法学教育は第2次大戦後最大の変動期を迎えている。より多くの読者が，本ライブラリで学んで，法曹として，また社会人として，国民として，開かれた司法の一翼を担うにふさわしい知識を身に付けられることを期待する。

　　　2001年7月

　　　　　　　　　　　　　　　　　　　　　　　　　松本　恒雄

はしがき

　初めて刑事訴訟法を学ぶ人を念頭において，本書を執筆しました。できるだけ読みやすくなるように，平易に叙述することを心がけました。このため，参照文献の明記は，最小限度にとどめさせていただきました。もっとも，さらに刑事訴訟法の学習を続けていく人たちのことも考え，基本的な判例は網羅的に掲げてあります。

　学界は，いわば共同作業です。参照文献以外にも，実に多くの研究者や実務家が書かれた文献や，研究会での報告などから示唆を得て，本書はできあがっています。それら先人たちの業績の積み重ねの上に，本書はただ乗っているだけとも言えます。この場で全ての方のお名前を掲げてお礼を申し述べることはできませんが，感謝の気持ちを深く心に刻んでいきます。

　本書の特徴は，学説や判例の俯瞰にとどまらないところにあります。実は執筆を開始してしばらくの間は，私見を記すことを抑え，学説や判例の一般的説明に徹することを心がけていました。しかし，私の所属が法科大学院から法学部に再び変更になったことを契機に，自分の主張をできるだけ明らかにすることにしました。その主張は，無辜の不処罰の理念（無実の人を処罰してはならないとの理念）を中心にしたものです。その点において，いささか類書にはない特徴を持つ本になったかと思います。

　また，そこには，刑事弁護人の視点もあります。というのも，私は2005年に弁護士登録し，これまで弁護人として100件以上の刑事事件を受任してきました。無罪判決を獲得したり，準抗告や抗告申立てへの認容決定も得たことがあります。警察署や拘置所での接見も，公判廷での証人尋問も，直接に体験してきました。これらの経験は，本書に少なからず反映されています。これが，本書のもうひとつの特徴かと思います。

本書の執筆にあたりとくにお世話になった方に，この場を借りてお礼を申し述べさせていただきます。

　小田中聰樹先生には，学部学生の時代から，長年にわたりご指導いただきました。本書の底流には，先生から初めてお聴きした講義があります。先生の講義内容からは大きく逸脱してしまったのではないかと危惧しますが，大変お世話になりました。深く感謝申し上げます。

　故塚本誠一先生には，ありがたいことに，とても手厚く面倒を見ていただきました。私が弁護士登録をする際には，快くご自分の事務所で受けいれていただきました。そこでの経験が本書に結実したと言っても，過言ではありません。塚本先生がお元気なうちにこの本をお届けすることができなかったことは，慚愧に堪えません。遅くなり，まことに申し訳ありません。

　坂口俊幸法律事務所の山口晃平弁護士には，校正段階で通読していただき，貴重なご意見をいただきました。新世社編集部の御園生晴彦さんと谷口雅彦さんには，本当に長い期間おつきあいいただきました。私は何度も挫けそうになりましたが，御園生さんにはその度に励ましていただきました。ありがとうございました。

　　2020年初春

福島　至

目　次

第10章　防　御　権　　113

第11章　公訴の提起(1)　　125

第22章　裁判の確定と非常救済手続

凡　例

(1)　法令名略語

法：刑事訴訟法（昭和23年法律第131号）

規：刑事訴訟規則

旧刑訴法：刑事訴訟法（大正11年法律第75号）

刑：刑法

憲：日本国憲法

警職法：警察官職務執行法

刑補法：刑事補償法

検：検察庁法

検審法：検察審査会法

銃刀法：銃砲刀剣類所持等取締法

処遇法：刑事収容施設及び被収容者等の処遇に関する法律

裁：裁判所法

裁判員法：裁判員の参加する刑事裁判に関する法律

少：少年法

通信傍受法：犯罪捜査のための通信傍受に関する法律

道交法：道路交通法

独禁法：私的独占の禁止及び公正取引の確保に関する法律

犯捜規：犯罪捜査規範

被害者保護法：犯罪被害者等の権利利益の保護を図るための刑事手続に付随する
　　　措置に関する法律

麻薬取締法：麻薬及び向精神薬取締法

麻薬特例法：国際的な協力の下に規制薬物に係る不正行為を助長する行為等の防
　　　止を図るための麻薬及び向精神薬取締法等の特例に関する法律

民訴：民事訴訟法

労基法：労働基準法

自由権規約：市民的及び政治的権利に関する国際規約

(2) 判例略語

最判（決）：最高裁判所判決（決定）

高判（決）：高等裁判所判決（決定）

地判（決）：地方裁判所判決（決定）

刑集：最高裁判所刑事判例集

民集：最高裁判所民事判例集

高刑集：高等裁判所刑事判例集

判時：判例時報

判タ：判例タイムズ

(3) 文献名略記

井戸田：井戸田侃『刑事訴訟法要説』(有斐閣，1993)

小田中・上，下：小田中聰樹『ゼミナール刑事訴訟法　上，下』(有斐閣，1987, 1988)

上口：上口裕『刑事訴訟法［第4版］』(成文堂，2015)

酒巻：酒巻匡『刑事訴訟法』(有斐閣，2015)

白取：白取祐司『刑事訴訟法［第9版］』(日本評論社，2017)

鈴木：鈴木茂嗣『刑事訴訟法［改訂版］』(青林書院，1990)

田口：田口守一『刑事訴訟法［第7版］』(弘文堂，2017)

田宮：田宮裕『刑事訴訟法［新版］』(有斐閣，1996)

団藤：団藤重光『刑事訴訟法綱要［7訂版］』(創文社，1967)

平野：平野龍一『刑事訴訟法』(有斐閣，1958)

松尾：松尾浩也『刑事訴訟法　上［新版］』(弘文堂，1999)

三井(1)：三井誠『刑事手続法(1)［新版］』(有斐閣，1997)

三井Ⅱ：三井誠『刑事手続法Ⅱ』(有斐閣，2003)

光藤Ⅰ，Ⅱ：光藤景皎『刑事訴訟法Ⅰ，Ⅱ』(成文堂，2007, 2013)

(4) その他

法令表記につき，「項」を「Ⅰ，Ⅱ，…」，「号」を「①，②，…」と略記した。

第1章

刑事訴訟法の基礎

1.1 刑事訴訟法の意義

1.1.1 刑事訴訟法の形式的定義

　刑事訴訟法は，刑事事件に関する手続について定めている法全体を指します。もっとも，後に述べるように，国会が定めた法律の中に，刑事訴訟法という名前の法典があります。狭い意味では，その法典だけを指して，刑事訴訟法という言葉が用いられる場合があります。たとえば，「私は大学時代にゼミで刑事訴訟法の勉強をしました」という場合は広い意味で用いられていますが，「刑事訴訟法1条の規定は，その法律の目的を定めた規定です」という場合は狭い意味で用いられています。

　刑事事件とは，犯罪を前提として国家の刑罰権が存在するかどうかをめぐって争われる事件です。原則として私人間の紛争をめぐって争われる民事事件とは，異なります。たとえば，同僚を殴って怪我をさせてしまったサラリーマンが，裁判所で傷害罪の被告人として裁かれるのが刑事事件です。

　訴訟という言葉からは，法廷（刑事訴訟法では，公判廷と言います）を舞台にした検察官と被告人・弁護人の争いを思い起こさせることでしょう。しかし，刑事訴訟法が担う範囲は，裁判手続に限られるわけではありません。警察が捜査を開始する段階からはじまり，公判廷での裁判を経て，刑が執行される段階まで，刑事訴訟法が対象としています。このことからすれば，刑事訴訟法という名称よりは，刑事手続法と呼んだ方がよりふさわしいと言えるでしょう。ただ，この法分野の中心法令が刑事訴訟法（昭和23年法律第131号）という名前の

法典であり，刑事手続全体をカバーしています。したがって，前に述べた通り，刑事訴訟法という名称も，広い意味では刑事手続法と同じ意味で使っています。どちらかの名称を用いるべきかに，それほどこだわる必要はありません。

　刑事訴訟法は，刑罰を科すため（刑罰権の実現のため）の手続を定めた法であると，とらえることもできるように見えます。犯罪と刑罰を定める刑法（実体法）を実現するため，必要な手続を定めた法だからです。しかし，刑罰権の実現自体が，刑事訴訟法の目的すべてというわけではありません。刑事裁判の結果，被告人が犯人ではないと考えられる場合もありますし，そもそも犯罪行為自体がなかったとされる場合もあります。それらの場合には，刑罰権を実現すること，つまり犯罪行為とその行為者の責任を認定して刑罰を科すことはできません。しかし，それでも刑事訴訟法の目的は十分に達せられたと言えるからです。

1.1.2 刑事訴訟法の重要性

　刑事訴訟法が刑法を実現するための手続を定めた法であるとするならば，刑事訴訟法は刑法の補助的な法ということになるでしょう。確かに，そのように考えられていた時代もありました。しかし，現代においては，刑事訴訟法なしには刑法を適用，実現できないところに，その固有の意義があります。「手続なくして刑罰なし」の標語に示されているところです。憲法31条は，このことを要請しています。また，憲法32条も，裁判によらずして刑罰が科されてはならないことを保障しています。この点が民事事件の場合と，違う点です。民事事件の場合には私的自治の原則があり，訴訟によらずとも権利の実現は可能です。しかし，刑事事件においては，必ずあらかじめ法律で定められた手続に基づいて，裁判によって国家の刑罰権の存否が決せられなければなりません。

　日本国憲法は31条から40条まで，かなり詳しい刑事手続上の人権保障規定（人身の自由や私生活の平穏に関する規定）を置いています。刑事訴訟法が応用憲法と言われるゆえんです。これら10ヶ条は，全体で103条ある日本国憲法の約10分の1を占めています。このことにも，憲法31条以下の規定が担っている歴史的な意義が認められます。

　日本国憲法が制定されるまでの時代，すなわち第二次世界大戦終結までの日本の社会は，人権保障の面でどんな状況だったのでしょうか。治安維持法

（1925-1945）などにより，思想犯として多くの人が恣意的に逮捕され，拷問を受けるなど，人権が蹂躙されていました。また，違警罪即決例（1876-1947）は，裁判所ではなく警察署長等に拘留刑などを科す権限を認めていたため，それが実務上濫用されていました。表現の自由などの基本的権利は侵害され，民主主義的な価値はほとんど尊重されませんでした。

　こうした時代の反省から，憲法31条以下の規定が設けられました。このことには，刑事手続上の人権保障が，市民の政治的，社会的権利保障の基盤をなすことが意識されているのです。人身の自由が保障されなければ，思想の自由などの市民的自由は存立できません。現代においても，人身の自由が保障されず，民主主義が確立していない国は少なくないことを思い浮かべてください。

　このような観点からすると，刑事訴訟法は単なる刑法の補助的な法ではなく，それ自体が民主主義社会を支える重要な要素であることがわかります。決して，犯罪者のためだけの法ととらえるべきではないのです（小田中・下3頁）。日本も批准している政治的・市民的権利に関する国際規約（自由権規約）にも，憲法31条以下と類似の規定が置かれています。これらの規定は，先人たちの長年にわたる法形成の歴史の所産であり，いわば遺産と呼ぶべきものです。刑事訴訟法は，国家権力の発動を抑止し，限界づけるために，被疑者・被告人の人権保障を確保することを主たる目的にして発展してきました。刑事訴訟法は，国家刑罰権と個人との関係において，国家の権限をどうコントロールするかにつき，大きな意義を有しています。そのことから，ある国がどのような刑事訴訟法を持つかは，その社会の民主主義の程度を示すバロメータであると言われています。

1.2　目的と原理

1.2.1　刑事訴訟法の目的

　刑事訴訟法の目的は何でしょうか。法1条は，その法律の目的を定めた規定です。そこでは，「公共の福祉の維持と個人の基本的人権の保障とを全うしつつ，事案の真相を明らかにし，刑罰法令を適正且つ迅速に適用実現することを

目的とする。」と定めています。真相を解明して，刑罰法令を適用実現するというのは，刑事裁判である以上，当然の目的です。しかし，刑事訴訟法の意義は先に述べた通り，人権の保障にあります。法1条の規定からすれば，基本的人権の保障が全うされない手続で真相を解明し，刑罰法令を適用実現しても，それでは刑事訴訟法の目的に反することになってしまいます。この意味で，真相解明には，人権保障の枠づけがあるということになります（上口10頁）。

1.2.2　実体的真実主義と適正手続主義

　法1条で問題となるのは，真相解明と基本的人権の保障との関係です。刑事訴訟法においては，真相解明の目的と，基本的人権の保障とが対立する場合があります。このとき，真相の解明を第一に優先させる考え方を，実体的真実主義と言います。

　もっとも，広く実体的真実主義といっても，二つの側面があります。①必ず犯人を発見し，間違いなく処罰する側面と，②犯人でない人を，誤って処罰することのないようにする側面です。①の側面を刑事訴訟の中心目的であるとする考え方を，積極的実体的真実主義と呼びます。通例，実体的真実主義という場合には，この積極的実体的真実主義の考え方を指します。これに対し，②の側面を中心におく考え方を，消極的実体的真実主義と呼びます。

　積極的実体的真実主義は，刑事訴訟を処罰のためのベルト・コンベヤとする見方で，犯罪鎮圧に優先価値を認める方向であると説明されています（田宮5頁）。①と②は表裏の関係にあるようにも見えますが，実際に用いられるとすると大きく異なります。①の側面を強調するならば，犯人処罰のための積極的な真相解明を重視し，犯人必罰に傾くことになります。違法な手続で収集された証拠であっても，それが真実犯人であることを証明するものであれば，その排除に消極的な態度を取ることになります。また黙秘権の保障を，なるべく狭く限定しようとするでしょう。このようなことから，積極的実体的真実主義は必罰主義とも呼ばれています。

　歴史的には，必罰主義は被疑者への拷問の利用や，それによる自白獲得の容認につながっていました。また，実体的真実主義への志向がもたらす危険性は，他にもあります。警察官などの捜査官が思い込んだストーリーが，往々にして真実とされてしまいがちな点です。思い込みに基づいて自白などの証拠が収集

され，他方で思い込みに合わない証拠は無視されていきます。そうすると，事件が公判廷に送られる時点においては，一見もっともらしく真実（警察官が逮捕した被疑者が犯人である）のように見えてしまいます。その結果，冤罪を多く生み出してしまう危険性があります。

　これに対し，②を重視する消極的真実主義は，無辜（無実の人）を処罰してはいけないという考え方を志向します。そのためには，憲法や自由権規約などが定める適正手続が保障されなければならないと主張しますので，適正手続主義とも称されます。この立場からすれば，違法な取調べから採取された自白はもとより，違法に収集された証拠を，裁判から排除しようとする考え方が導かれてきます。刑事訴訟を不処罰のための障害物競走とする見方に結びつき，適正手続ないしデュー・プロセスに優先価値を認める方向をとると説明されています（田宮5頁）。英国の法格言「たとえ10人の犯人が逃れようとも，1人の無辜を処罰するなかれ」が，この考え方の精神を示しています。

　さて，このような対抗軸を手がかりにして，どのように考えるべきでしょうか。憲法31条以下の規定の意味するところを踏まえて考えるならば，法1条に込められた意味は，消極的真実主義，無辜の不処罰主義，適正手続主義をとることを明らかにしたと考えられます。なぜなら，人権保障，手続の適正なくして，刑罰法令の適用はありえないからです。基本的人権の保障されない手続で，刑罰を科すわけにはいきません。公正な裁判は民主主義社会においては絶対的であり，侵害は許されないのです。真相解明を犠牲にしても，基本的人権を尊重しなければならないときがあります。

　民主主義の要素には，多数決原理の尊重のほか，適正な手続の重視があります。たとえ，決定の結果がいくら正しいとしても，その決定に至る過程が適正でなければ，その決定の正当性自体が否定されます。結果オーライではないのです。現代の刑事訴訟法に現れている考え方は，こうした手続重視の思想と言ってよいでしょう。

　最後に，このような手続尊重の思想には，副次的な効果もあると思います。たとえ，被疑者・被告人となった人が，最初から有罪であることを自認している場合であっても，全く何の言い分がないわけではありません。刑事手続の中で人間の尊厳が守られ，自ら言いたいことが尊重されることは，その人たちが最終的な裁判の結果を受容することにもつながるでしょう。後の更生にも資するかと思います。どんなに，凶悪な事件が問題となっている場合であっても，

人間の尊厳を踏まえた丁寧な手続が必要であると言えます。

1.3 基本概念，基本理念

1.3.1 糺（糾）問主義，弾劾主義

　刑事裁判の歴史的形態の差異に基づいた区別です。主として，訴訟主体の数によって，区別されます。裁判所と被告人の二つの訴訟主体（二面）からなる構造をとるやり方を，糺問主義の訴訟構造と呼びます。これに対し，裁判所，訴追者（検察官），被告人の三つの訴訟主体（三面）からなる構造をとるやり方を，弾劾主義の訴訟構造と呼んでいます。

　刑事裁判は，歴史的には，糺問主義から弾劾主義に発展してきました。糺問主義の構造においては，裁判所（国家）が訴訟を提起し（訴追を行い），自ら審理，判断することになります。裁判所は被告人が犯人であると考えて訴訟を提起しているわけですから，もとより有罪の心証は固まっています。これでは，無罪推定の原則（被告人は有罪が確定するまでは，無罪と推定される原則）が貫徹するわけはありません。これに対し，弾劾主義は，裁判所から訴追者が分離される（検察官が誕生する）ことによって本格的に出現し，裁判所は中立的なアンパイアとして機能することになりました。

　このほか，誰が訴訟を開始するのかを基準にして，糺問主義，弾劾主義を区別する場合もあります。この場合，裁判所自らが訴訟を開始する方式を糺問主義と呼び，裁判所以外が開始する方式を弾劾主義と呼びます（平野2頁）。

1.3.2 職権主義，当事者主義

弾劾主義の三面訴訟構造を採用した場合において，誰が訴訟追行の主導権を持つのかによる区別です。裁判所が追行の主導権を持つ方式を職権（追行）主義と言い，当事者が持つ方式を当事者（追行）主義と言います。

現行の刑事訴訟法は，当事者主義を採用していると考えられています。その理由は，たとえば，訴追は当事者である検察官によって行われることや，裁判の審判対象の設定や変更も検察官の権限に委ねられていること，証拠調べは基本的に当事者の活動に委ねられていることなどの特徴があるからです。なお，現行法が当事者主義を採用しているというのは，種々の規定や運用の全体を評価しての判断に基づいています。法文上，当事者主義を採用しますと明言している規定があるわけではありません。

当事者対等主義の意味で，当事者主義という用語を用いることもあります。現行刑事訴訟法が，当事者（追行）主義を採用しているといっても，現実に検察官と被告人・弁護人とが対等の力関係に立つわけではありません。たとえば，証拠収集能力についてみれば，逮捕や捜索など強制的な力で証拠収集できる検察官と，一私人である被告人や在野法曹である弁護人との間には，歴然とした差があります。この状況を前提として，検察官と被告人は対等であるべきであるとして，被疑者・被告人の当事者としての地位や権利の保障を十分にはかることを求める考え方を，当事者主義という場合があります。この場合は，適正手続の尊重と同じ意味になります（松尾14頁）。

❖ 犯罪統制モデル crime control model と適正手続モデル due process model ═══
　アメリカ合衆国のパッカー（Herbert L. Packer）教授が1960年代に提唱した二つのモデル論です。犯罪統制モデルとは，刑事手続の最も重要な機能・目的は犯罪の統制（処罰）にあり，したがって，公共の秩序維持という国家公共の利益を重視するモデルです。これに対し適正手続モデルとは，手続における最も重要な理念は個人の優位であって，公権力は常に濫用の危険を伴うので，被告人の利益との関係では，国家の権力は制限される必要があると考えるモデルです。パッカーは二つのモデルを対比させた上で，適正手続モデルを進めるべきであると述べました。これらモデルの対比が，実体的真実主義をめぐる対比に生かされています。パッカーのモデルは，いまでもその有用性は失われていません。

　刑事訴訟法学では，モデル論が用いられることがあります。これは，刑事司法の運用のあり方についての理念型であることが多く，刑事手続全体の類型的理解に便利です（松尾14頁）。多くのモデルや基本理念は，説明や分析の道具として有効です。ただ，当事者主義の用語で見られたように，あるべき姿を論じる規範的な概念として用いられる場合があります。また，法解釈の根拠として用いられる場合もあります。その概念やモデルが，どのようなレベルで用いられているのか，そのつど注意してください。

1.4　手続の流れ

1.4.1　はじめに

　ここで，捜査から刑の執行に至るまでの刑事手続の流れを，少しデータを参照しながら概観してみましょう（11頁参照）。

　刑事手続は，①警察などによる捜査にはじまり，②公訴提起（起訴）を経て，③裁判所を舞台にした第一審の公判および裁判が行われます。④言い渡された裁判に不服があれば，控訴審や上告審の審判が行われます。有罪判決が確定した後は，刑の執行が行われます。

1.4.2　捜　査

　事件が発生したと考えられたときに，捜査は開始されます。結果的に，事件そのものが存在しなかった場合もありますので，ここで言う事件の発生とは仮説的な性格を持ちます。その意味を込めるならば，「事件」とカッコ書きした方がいいかもしれません。

　捜査は，主に警察官によって，証拠の収集・保全と被疑者の特定・検挙を目的として行われます。犯罪現場での実況見分や鑑識活動，目撃者の事情聴取など様々な活動が行われます。裁判官の発する令状を得て，関係者宅を捜索して証拠物を押収したり，被疑者を逮捕・勾留するなど，強制的な捜査活動も行われます。被疑者は逮捕されると，警察官から取調べを受けることを求められま

す。交通事件などを中心に，逮捕・勾留されずに在宅のまま取調べを受ける被疑者も少なくありません。被疑者も弁護人の援助を受けるなどして，将来の公判に備えるなど，防御活動を行います。法律で定められた期間内に，警察官は事件を検察官に送ることになります。なお，政財界に関係する事件などについては，検察官が独自に捜査も担当することがあります。

1.4.3 公訴提起（起訴）

検察官は，送致を受けた事件について，必要であれば補充捜査を遂げた後，公訴提起（起訴）をするかどうか，決定を行います。この際，証拠が不十分であると考えれば，不起訴にすることになります。また，検察官が，有罪を裏付ける証拠は十分にあると考えた場合でも，被疑者の反省や示談などの幅広い情状事実を加味して判断し，起訴しないこともできます（これを，起訴猶予と呼んでいます）。さらに，それほど重大な事件でない場合には，検察官は起訴するとしても，正式な裁判（公判廷での審判）以外に，あわせて略式命令の請求を行ったり，即決裁判の請求を行うことができます。なお，少年事件については，全件を家庭裁判所に送致しますので，その後は原則として刑事手続から外れます。

1.4.4 公 判

検察官の公訴提起により，事件の舞台は裁判所に移ります。被疑者は，これ以降は被告人と呼ばれます。第1回公判期日の前に，公判前整理手続が行われることがあります。重大な事件については裁判員の参加する裁判で審判されることになりますが，この場合には必ず公判前整理手続を経る必要があります。

検察官，被告人・弁護人双方の準備が整った後，公開の公判廷で審理が行われます。冒頭手続の後に証拠調べ手続に入り，検察官側の立証，引き続いて被告人・弁護人側の立証活動が行われます。証人尋問や被告人質問なども行われるでしょう。証拠調べの後，検察官の最終弁論，求刑意見，弁護人側の最終弁論などが行われ，結審します。

この後，裁判官あるいは裁判員の判断が裁判（判決など）として示されることになります。これで第一審の手続は終わり，当事者双方に不服がなければこのまま確定します。

1.4.5 不服申立てなど

第一審の裁判に不服があれば控訴審の審判を，さらに不服があれば上告審の審判を仰ぐことになります。最終的に有罪判決が確定すれば，刑の執行手続へと移ります。ただ，その後で有罪判決に誤りがあったということになれば，再審手続が用意されています。

1.5 法　源

刑事訴訟に関する法について，実際の裁判で用いられることが多いものについて，概観しましょう。

（1）　日本国憲法

日本の最高法規ですので，最も重要な法規範です。さらに，前に述べた通り，憲法31条以下では，刑事訴訟法上の人権保障について，詳細かつ具体的に定めています。このため，刑事訴訟法の分野においては，他の法分野に比べて，憲法の諸規定を参照することが多くなっています。

（2）　自由権規約

市民的及び政治的権利に関する国際規約（ICCPR）のことです。国際人権条約上，最も包括的で基本的なものです。1979年に日本も批准したので，現在国内法としての効力を有しています（昭和54年条約第7号）。刑事訴訟法との関係では，特に規約の9条，14条が重要です。たとえば，無罪推定の原則に関する定めは，明文の規定としては現行刑事訴訟法にはなく，自由権規約14条2項にあるだけです。規約自体の執行を担保する世界的な人権裁判所はありませんが，規約の実施を監督する自由権規約人権委員会が設けられています。国際的な人権保障の動向にも，ふだんから関心を寄せておく必要があります。

（3）　刑事訴訟法

刑事訴訟法という名称の法典です。現行の刑事訴訟法（昭和23年法律第131

<h2 align="center">〈刑事手続の流れ概観〉</h2>

（　）内の数字は，2018年の数値（人員）です。犯罪白書令和元年版（3-1-1-1 図，3-1-2-3 表，3-1-3-2 表，3-1-3-12 表）から作成。

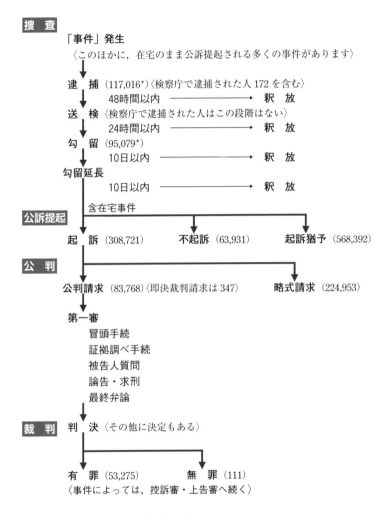

捜　査

「事件」発生
〈このほかに，在宅のまま公訴提起される多くの事件があります〉

逮　捕 （117,016*）〈検察庁で逮捕された人 172 を含む〉
　　48時間以内 ──────────→ 釈　放
送　検 〈検察庁で逮捕された人はこの段階はない〉
　　24時間以内 ──────────→ 釈　放
勾　留 （95,079*）
　　10日以内 ──────────→ 釈　放
勾留延長
　　10日以内 ──────────→ 釈　放

公訴提起

含在宅事件

起　訴 （308,721）　　　不起訴 （63,931）　　　起訴猶予 （568,392）

公　判

公判請求 （83,768）〈即決裁判請求は 347〉　　　略式請求 （224,953）

第一審
　冒頭手続
　証拠調べ手続
　被告人質問
　論告・求刑
　最終弁論

裁　判

判　決 〈その他に決定もある〉

有　罪 （53,275）　　　無　罪 （111）
〈事件によっては，控訴審・上告審へ続く〉

* 過失運転致死傷等，道交法違反をのぞく
（注）　公判請求数に比べて判決数がかなり少なくなるのは，審理が併合されるため。

号）は，それまでの旧刑事訴訟法（大正11年法律第75号）を全面的に改正し，日本国憲法の制定の後に成立しました。内容的には全面改正ですが，旧法の規定も少し残るなど，一定の影響は残っています。それ以降の改正でいくつか条文が修正されています。特に公判前整理手続の導入などのため，法316条と法317条の間に多くの規定が挿入されています。

（4）　刑事訴訟規則

　法的効力は法律より低位です。最高裁判所の規則制定権に基づいて設けられています（昭和23年最高裁判所規則第32号）。実務上の運用に関する規定がほとんどですが，捜査段階での強制処分に関する規定や，公判廷での証拠調べに関する規定など，法律で規定してもおかしくないほど重要な規定もあります。

（5）　犯罪捜査規範

　同じく法律ではなく，国家公安委員会規則です（昭和32年国家公安委員会規則第2号）。警察官が捜査活動の際に守るべき準則として定められています。

（6）　その他の法律

　裁判所法，検察庁法，警察庁法，警察官職務執行法，弁護士法，裁判員の参加する刑事裁判に関する法律，検察審査会法，犯罪捜査のための通信傍受に関する法律など，関連する法律は少なくありません。本書中では，関連する箇所でそのつど言及します。

❖ 刑事訴訟法典の条文編成

　現行の刑事訴訟法典は，刑事手続の流れに沿って条文が設けられているわけではありません。手続のスタートである捜査は，法典の第二編「第一審」の第一章となっており，条文で言えば法189条から規定されています。

　このような編成になっている理由は，職権主義的な旧刑事訴訟法典の形式を変えずに，現行の刑事訴訟法典が制定されてしまったからです。このため，第一編「総則」には，いまではあまり行われていない裁判所の捜索・押収などの規定が置かれています。

1.6 手続の関与者

1.6.1 被疑者・被告人

被疑者とは，罪を犯した疑いがあるとして捜査の対象となっている人のこと
を指します。マス・メディアでは，容疑者の用語が使われています。「罪を犯
した疑い」とは，漠然とした何らかの犯罪についての疑いではなく，どのよう
な犯罪行為であるのかある程度特定している必要があります。起訴された後は，
被告人という名称で呼ばれます。被告人は，公判廷における一方の当事者です。

被疑者・被告人は，国家権力から疑い（嫌疑）をかけられ，逮捕・勾留され
るなどの強制処分を受けます。それに伴い，社会的にも種々の不利益を被りま
す。また将来，死刑をはじめとした刑罰を科される具体的な危険にさらされま
す。このことを踏まえ，弁護人依頼権や黙秘権など包括的な防御権が保障され
ています。

1.6.2 弁 護 人

弁護人は，被疑者・被告人に法的な助言をするとともに，その刑事訴訟法上
の権利・利益を包括的に擁護，代弁します。弁護士の資格を有するものでなけ
れば，原則として弁護人にはなれません。民事訴訟法上では訴訟代理人の名称
が用いられ，弁護人の名称とは使い分けられていることに注意をしてください。

憲法34条前段，憲法37条3項後段に，弁護人の援助を受ける権利が明記され
ています。これを受けて，法30条以下に，弁護人の選任に関する規定が置かれ
ています。なお，貧困その他の理由で自ら弁護人を選任できない人には，国選
弁護制度があります。最近は勾留請求された被疑者の段階から，全事件につい
て国選弁護制度が保障されるようになりました（詳しくは 10.3.3）。

1.6.3 裁 判 所

(1) 裁判所の意義

　裁判所については，二つの意義があります。ひとつは国法上の裁判所で，もうひとつは訴訟法上の裁判所です。

　国法上の裁判所の場合，特に官署（役所）としての裁判所は，裁判官のみならずそれを補助する職員や施設も含めた意味で用いられます。訴訟法上の裁判所は，具体的な事件の裁判機関としての裁判所を言います。刑事訴訟法典の条文上用いられる裁判所とは，主にこの意味で用いられています。1名の裁判官によって構成される単独体の裁判所もあれば，複数の裁判官によって構成される合議体の裁判所もあります。

(2) 管　轄

　管轄とは，（各裁判所に帰属する）裁判権の分配を言います。通常の刑事事件については，異なる次元の管轄があります。

　(i) 事物管轄　　事件の性質，軽重による第一審管轄の分配です。

　簡易裁判所は，罰金以下の刑にあたる罪，選択刑として罰金が定められている罪及び常習賭博罪等の一定の罪について，第一審の裁判権を有します（裁33Ⅰ②）。原則として，禁錮以上の刑を科すことはできませんが，窃盗等の一定の罪については，3年以下の懲役を科すことができます（裁33Ⅱ）。

　地方裁判所は，罰金以下の刑にあたる罪及び内乱に関する罪を除き，すべての事件の第一審の裁判権を有します（裁24②）。

　高等裁判所は，内乱に関する罪について，第一審の裁判権を有します（裁判所法16④）。

　(ii) 土地管轄　　事件の地理的関係による第一審管轄の分配です。同じ事物管轄を持つ各裁判所は，それぞれ地理的な管轄区域を持っています。原則として，その区域内に，犯罪地または被告人の住所，居所若しくは現在地があれば，土地管轄があります（法2Ⅰ）。したがって，たとえば，犯罪地と被告人の住所が区域を越えて離れていたときは，土地管轄のある裁判所は二つになります。それらのうちどちらでも裁判はできますが，被告人の生活地域から遠い裁判所では，防御権の行使に影響を与えかねません。その意味で，土地管轄は被

告人の防御権とも関わってきます。

　(iii)　審級管轄　　上訴に関する管轄の分配です。第一審は，簡易裁判所，地方裁判所（内乱罪のみ高等裁判所）が管轄し，これらの判決に対する控訴は，高等裁判所が管轄します（裁16④）。最高裁判所は，高等裁判所の判決に対する上告について裁判権を有します（裁7①）。

(3)　裁判所，裁判長，裁判官

　刑事訴訟法の条文では，裁判所，裁判長，裁判官の用語は使い分けられています。裁判所と定められている場合は，裁判体全体（合議体の場合と単独体の場合）を指します。裁判長は，合議体の長（単独体の場合はその裁判官）を指すことになります。裁判官は，公判廷を構成する受訴裁判所とは別に，捜査機関の請求に基づく令状を発したりします。

　少しわかりにくいので，具体例で説明しましょう。法38条の3第1項は，国選弁護人の解任を規定しています。その中に，「裁判所若しくは裁判長又は裁判官が付した弁護人」と，定められています。これらの違いは，もともと国選弁護人選任の経緯や時期に違いがあります。裁判所が付したとは，法36条に基づいた被告人段階の国選弁護人などであり，裁判長が付したとは，法289条2項に基づいた被告人段階の国選弁護人などです。裁判官が付したとは，法37条の2に基づいた被疑者の国選弁護人などです（被疑者段階では起訴されていませんので，受訴裁判所はそもそもありません）。

(4)　裁　判　員

　2009年5月から，市民が公判審理に関与するようになりました。裁判員と呼んでいます。詳しくは，14.6で述べます。

1.6.4　検　察　官

(1)　権　限

　検察官は，主に，公訴を行い，裁判所に法の正当な適用を請求し，裁判の執行を監督します（検4）。また，いかなる犯罪についても捜査ができる権限を持ちます（検6Ⅰ）。刑事訴訟法は，これらを受けて，捜査権限（法191Ⅰ）や，大きな裁量権を伴った独占的な公訴提起の権限（法247，同248），公判手続にお

ける訴訟追行（法296など），刑の執行指揮（法472）などを規定しています。公判廷におけるもう一方の当事者です。捜査から刑の執行まで，刑事手続のすべての段階において権限を有しているのが特徴です。日本の検察官は，諸外国の検察官に比べ大きな権限を有しています。その権限の濫用を防止していく必要があります。

(2) 権限行使と監督

検察官には，独任官庁の原則があります。各自が検察権を行使する主体であり，身分保障もあります。たとえば，上級の検察官の意に反して逮捕や起訴をしても，有効です。しかし他方で，検察官一体の原則もあります。行政目的達成のため，上司の命令には服従しなければなりません（検7〜12）。

検察官は行政機関に属しますので，一般的な指揮監督は受けます（検察庁法14本文）。しかし，具体的事件についての指揮権は，法務大臣から検事総長に対するものだけに限られています（検察庁法14但し書き）。もし，法務大臣の指揮権発動が不当であると考えたとき，検事総長はどうすべきでしょうか。辞任するしか，方法はないでしょう。

法務大臣にこの指揮権限を与えるべきかどうかは，ひとつの政策論的争点です。法務大臣の指揮を通じて，民意を反映させるべきであるとする主張と，政党内閣の下では党派的運用の可能性が強くなり，認めるべきではないとする主張とが対立しています。ただ，個々の検察官の権限濫用などには，法務大臣の指揮権ではなく，検察官に対する民主的なコントロールを強化することが本筋であろうと思います。

なお，検察官の補助をする検察事務官にも，捜査権限が与えられています（法191Ⅱほか）。検察事務官制度のルーツは，第二次世界大戦前に考えられた検察官直属警察官構想にあるとされています。

1.6.5 警 察 官

警察官は刑事訴訟法上，司法警察職員として捜査権限を持ちます（法189Ⅰ）。これを，一般司法警察職員と呼んでいます。また警察官のほかに，特定の行政分野における捜査活動につき，捜査権限が付与されている司法警察職員があります。これを，特別司法警察職員と言います（法190）。特別司法警察職員には，

労働基準監督官（労基法102）や自衛隊の警務官（自衛隊法96），海上保安官（海上保安庁法31）などがあります。

（1）　司法警察と行政警察

　伝統的に，警察活動は，司法警察活動と行政警察活動とに分けて考えられてきました。司法警察活動とは，犯罪発生後に，犯人と証拠を保全する活動です。刑事訴訟法の規定に基づく活動となります。これに対し，行政警察活動とは，犯罪の防止・鎮圧を任務とするもので，司法警察活動以外の様々な活動を含みます。

　日本の警察は併合型です。ひとりの警察官が，司法警察活動も，行政警察活動も行います。その長所は，犯人追求を能率的に行いうる点です。交通や風俗分野などにおける行政警察の組織や情報を，司法警察活動にも直ちに使うことができます。逆に，短所は，事前取締りの段階から捜査が終わる段階までが一直線につながってしまい，誤りをなかなか修正しにくい点です。大きな人権侵害を引き起こす危険があります。そのことからすれば，運転免許に関する業務などは，警察以外の機関に移すべきです。

　法189条1項は，警察官が一般的な司法警察職員であることを定め，そこに全般的な捜査権限を与えています（法189）。司法警察職員には，司法警察員と司法巡査とがあります。司法巡査は人権尊重の意識や力量について不十分なところがあると考えられており，権限が制限されています（たとえば法202など）。

（2）　司法警察職員と検察官との関係

　検察官は，第二次世界大戦終了までは，法規定上，第一次的な捜査機関と位置づけられていました（旧刑訴法246以下）。検察官は公訴権も独占していましたから，刑事手続における地位には大きなものがありました。検察官中心のこのような刑事司法は，糺問主義的検察官司法とも言われています。しかし大戦が終わり，これを改革すべしとの声が強くなりました。このため，検察審査会を設置するとともに，警察を一次的捜査機関，検察を二次的捜査機関として位置づけることになりました。司法警察職員は，「犯罪があると思料するときは」捜査するのに対し（法189Ⅱ），検察官は「必要と認めるときは」捜査することができると定められました（法191Ⅰ）。

　その後，一時検察内部からは，検察官は公判に専従すべきとする公判専従論

の主張もなされました。しかしそれに対しては，検察官には捜査権限が必要であるという強い主張もなされました。結局公判専従論は下火となり，現在では，検察のみが行う独自捜査（いわゆる特捜部捜査事件）や補充捜査（警察から送致を受けた事件の補充捜査），捜査監督（警察の捜査活動の監督）の意義が唱えられています。

検察官には，警察官に対し，捜査活動の上での指示権や指揮権が認められています。一般的指示権（法193Ⅰ），一般的指揮権（法193Ⅱ），具体的指揮権（法193Ⅲ）です。

1.6.6 犯罪被害者

犯罪被害者（以下「被害者」）は，刑事手続の当事者ではありませんが，ここ最近は様々な形で手続に関与することが認められてきました。捜査段階では，告訴を行いうるほか，種々の説明を受ける権利，検察審査会への審査請求が可能になっています。公判段階では，意見陳述や手続参加などが認められています。

もっとも，注意すべき点があります。被疑者・被告人は有罪判決が確定するまでは，無罪推定を受ける存在です。また，実際に無実であるかもしれません。被疑者・被告人を犯人と決めつけて，過度に被害者を対置することがあってはなりません。そんなことをすると，裁判の結果によっては，被告人も被害者も，大きく傷つけられることになりかねません（詳しくは 14.8）。

第2章

捜　査

2.1　捜査の意義

　捜査とは，捜査機関が，犯罪が発生したと判断した場合に，公訴の提起・追行を目的として，被疑者を発見してその身体を確保するとともに，証拠を収集・保全する活動を言います。捜査機関は，現行法上は，司法警察職員と検察官，検察事務官です。捜査には，逮捕や捜索など強制的に行われる活動（強制処分）と，被害者からの事情聴取など任意に行われる活動（任意処分）とがあります。強制処分と任意処分については，後に述べることにします（2.4参照）。

　犯罪発生前の捜査は許されるでしょうか。いわゆる盗聴立法（通信傍受法）の制定のときに，問題となりました。法189条2項は，「犯罪があると思料するとき」に捜査するとしていますから，一般的には捜査は犯罪が発生した後であると考えられます。他方で，捜査はいずれにせよ仮説的な性格を帯びますから，近い将来に起こることが確実に予想される犯罪については，すでに起きた犯罪について捜査する場合と，あまり変わりはないのではないかとも言われています。しかし，犯罪の発生していない段階においては，たとえば犯罪行為の日時や場所などが，過去の犯罪発生が問題とされる場合に比べて，一般的により不特定になります。捜査は可能なのか，とりわけ強制処分が許されるのか疑問があります。

　この点につき，高裁段階の判例（東京高判1988［昭63］年4月1日判時1278-152）があります。警察があらかじめ路上にテレビカメラを設置し，それに記録された映像を証拠として用いることができるか，問題となりました。裁判所は，「当該現場において犯罪が発生する相当高度の蓋然性が認められる場合であり，あらかじめ証拠保全の手段，方法をとっておく必要性及び緊急性があり，かつ，

その撮影，録画が社会通念に照らして相当と認められる方法でもって行われるときには」，許されるとしました。しかし，テレビカメラは24時間の監視・記録を可能とします。このような捜査を犯罪発生前に許すことには，疑問があります。

なお，通信傍受法3条1項2，3号は，「引き続き…罪が犯されると疑うに足りる十分な理由がある場合に」，犯罪関連通信の傍受をすることができると規定しています。その限りにおいて，将来起きる犯罪についての傍受（捜査）を認めています。しかし，このような傍受が頻繁に行われてしまうと，監視社会化が進んでしまう危険があります。犯罪発生が将来予想される場合には，警察活動は，第一にその犯罪予防に集中すべきではないかと思います。

2.2　捜査の構造

2.2.1　糺問的捜査観と弾劾的捜査観

捜査のあり方についてのモデル論が，捜査の構造論です。訴訟構造を参考にしているところから，捜査の構造論と呼んでいます。

提唱者である平野龍一によれば，捜査の構造については，全く対照的な二つの考えがあるとされました。糺問的捜査観と弾劾的捜査観です。糺問的捜査観は，捜査は，本来，捜査機関が，被疑者を取り調べるための手続（糺問的な手続）であって，強制が認められるのもそのためであるとします。ただ，その濫用を避けるために，裁判所または裁判官による抑制が行われる，と説明します。これに対し，弾劾的捜査観は，捜査は，捜査機関が単独で行う準備活動にすぎないとし，被疑者も，これと独立に準備を行うとします。その上で，強制は，将来行われる裁判のために，裁判所が行うだけであって，当事者は，その強制処分の結果を利用するにすぎない，と説明します（平野83頁以下）。

捜査の構造論は，捜査をどのようなものとしてとらえるべきかを，問題としています。平野は，憲法の趣旨に従って，弾劾的捜査観に立つべきことを訴えました。捜査の構造論は，現行の刑事訴訟法典が施行されてそれほど間がない時期に，法の解釈をもたらすモデルとして提起されました。そして弾劾的捜査

観は，学界において広く支持されました。その結果，被疑者は取調べを受ける捜査の客体ではなく，当事者として主体的に活動する権利を有していること，裁判所または裁判官は逮捕などの強制処分を行う主体でありその必要性についても判断できることなどが，通説として確立されました。本書も，被疑者に当事者としての地位を認めるなどの点において，基本的に弾劾的捜査観の考え方を支持します。

　なお，平野の弾劾的捜査観においては，被疑者・弁護人の準備活動も捜査にあたるとしていました。ただ，捜査は捜査機関が行う活動に限定し，被疑者らの活動はそれに対する防御活動と言えばいいだけのように思います。

2.2.2　訴訟的捜査観

　このほか，学説上，訴訟的捜査観も提唱されました（井戸田25頁）。これによると，捜査は公判手続とは全く独立した手続段階で，検察官が起訴・不起訴の決定をするために，事実関係＝訴訟条件の有無を明らかにすることを目的として行われる一連の手続であるとします。捜査を，検察官を頂点として，警察官（司法警察職員）と被疑者・弁護人が対立する三面構造をとるものと構想したのです。これは，捜査実務の実態を的確に描写している点で，とても巧みです。しかしながら，検察官を三面構造の頂点としたのでは，裁判官を傍らに追いやってしまい，適当ではありません。また，現行法が検察官に捜査権限を与えていることからすれば，検察官に中立的な役割を担わせることには無理があると思います。

2.3　捜査の諸原則

2.3.1　捜査比例の原則

　憲法31条以下では，詳細かつ具体的な規定を置いて，人身の自由を保障しています。国家の権限行使に対し，市民の権利や自由を確保することがいかに重要であるかが示されています。他方，捜査においては，逮捕・勾留といった強

制処分は言うまでもなく，任意処分によっても，多かれ少なかれ市民の自由や私生活の平穏に制約を加えることがあります。たとえば，人が単に事情聴取を受ける場合であっても，何らかの負担や制約は受けることは避けられません。

　したがって，捜査権の行使はなるべく謙抑的にすべきだということになります。ここから，捜査上の処分は，任意捜査であれ，強制捜査であれ，必要性に見合った相当なものに限られるという原則（捜査比例の原則）が導かれます。

　なお，任意捜査とは任意処分によって行われる捜査を指し，強制捜査とは強制処分によって行われる捜査を指します。

2.3.2 任意捜査の原則

　捜査比例の原則とも関連しますが，任意捜査の原則があります。捜査は，原則として，任意捜査の方法で行うべきであるとするものです。たとえば，同じ捜査結果を得られる見込みがあれば，強制捜査ではなく，任意捜査の方法で行うべきだということになります。人身の自由への侵害の程度が低い任意捜査が，まず優先されるべきだということになります。任意捜査第一主義と言ってもいいでしょう。

　この原則の法文上の根拠は，「捜査については，その目的を達するため必要な取調をすることができる。但し，強制の処分は，この法律に特別の定のある場合でなければ，これをすることができない。」（法197Ⅰ）にあります。ここでの「取調」は，捜査活動一般を意味しています。法197条1項は，任意捜査の原則を明記しているわけではありません。しかし，同条1項本文が任意捜査について定め，但書きで強制捜査について定めているところから，任意捜査を原則として考えていると理解されます。なお，犯罪捜査規範99条は，「捜査は，なるべく任意捜査の方法によつて行わなければならない。」と定め，任意捜査の原則を明記しています。

　任意捜査の手法は，刑事訴訟法に定められているものもありますが，定められていないものもたくさんあります。刑事訴訟法上に規定されている任意捜査には，被疑者の任意取調べ（法198Ⅰ）や被害者や第三者の任意取調べ（法223Ⅰ），鑑定の嘱託（法223Ⅰ）などがあります。それ以外に，内偵や尾行，聞き込み，インターネットを利用した情報収集などは，刑事訴訟法に規定のない任意捜査です。任意捜査は非定型的な行為の集まりで，被対象者の法益への侵害

や影響の程度も様々です。

2.3.3　強制処分法定主義

　法197条１項但書きは，強制処分は，この法律に特別の定めがある場合でなければ，することができないと規定しています。したがって，刑事訴訟法に定められていない強制処分は，捜査手法として用いることができません。これが強制処分法定主義です。法定されている強制処分には，逮捕・勾留や捜索・差押え，検証などがあります。これに対し，当事者の同意を得ない屋内会話傍受（盗聴）は法定されていませんので，捜査機関がこれを実施すれば直ちに違法となります（酒巻24頁）。

　強制処分法定主義には，①自由主義・人権主義の意義と，②民主主義・法律主義の意義があります。①の意義とは，どのような強制処分があるかをあらかじめ明らかにしておくことによって，市民に予測可能性を与え，もって自由を保障する機能です。刑法上の罪刑法定主義と同様の意義があります。また，強制処分はただ形式的に刑事訴訟法に定めていればいいわけではなく，その内容が適正であることも求められます。この点で，強制処分法定主義は，憲法31条が求める適正手続の保障の一内容と考えることができます。②の意義については，各強制処分の類型ならびにその内容は，あらかじめ国民の代表で構成される立法府において，審議・決定されていなければならない点です。どのような強制処分を，どのような要件のもとで定めるか，国会において法律の形式で定めておかなければなりません。これは，民主主義的な要請を内容としています。強制処分法定主義は，立法による司法や行政に対する一般的なコントロールと

して，三権分立の枠組みから意義づけることができます。

　法律によらずに，判例による新たな強制処分の創出は許されません。これとの関連で，最判2017［平29］年3月15日刑集71-3-13が注目されます。この判例は，GPS捜査（車両に使用者らの承諾なく秘かにGPS端末を取り付けて位置情報を検索し把握する捜査手法）は強制の処分にあたり，刑事訴訟法が規定する令状を発付することには疑義があるとした上で，「GPS捜査が今後も広く用いられ得る有力な捜査手法であるとすれば，その特質に着目して憲法，刑訴法の諸原則に適合する立法的な措置が講じられることが望ましい」としました。

2.3.4　令状主義

　令状主義とは，強制処分を行うには，裁判官が事前に発付した令状が必要であるとするものです。これは，憲法33条が「何人も，現行犯として逮捕される場合を除いては，権限を有する司法官憲が発し，かつ理由となつてゐる犯罪を明示する令状によらなければ，逮捕されない。」と定め，憲法35条1項が「何人も，その住居，書類及び所持品について，侵入，捜索及び押収を受けることのない権利は，…正当な理由に基づいて発せられ，且つ捜索する場所及び押収する物を明示する令状がなければ，侵されない。」と定めていることから，導かれます。捜査機関は，法定されている強制処分を実際に行うに際しては，事前に裁判官に令状発付を請求し，その司法審査を受けなければなりません。

　強制処分法定主義と令状主義は密接な関係を持ちますが，分けて考えるべきものです。たとえば，緊急逮捕は刑事訴訟法に規定がありますので，強制処分法定主義に反するとは言えないでしょう。しかし，現行犯ではないのに，逮捕時点で令状が発付されていないので，令状主義に反するのではないかと問題になります。強制処分法定主義が，立法によって，市民的自由を一般的に確保する意義を持っているのに対して，令状主義は，司法によって，市民的自由を個別的に確保する意義を持っています。

2.4　任意処分と強制処分

　ある捜査手法が，任意処分なのか，それとも強制処分なのか，その区別は重

要です。それが強制処分であるならば，強制処分法定主義や令状主義との関係が問題となります。また任意処分であるならば，任意処分の限界が問題となります（2.5参照）。それぞれが異なる法的規制に従うことになるので，明確にする必要があります。従来から，どのような捜査が強制処分にあたるかをまず定義し，それ以外の捜査手法を任意処分であると分類してきました。

　それでは，強制処分はどのような基準に基づいて定義されるのでしょうか。かつては，逮捕・勾留や捜索・差押えのように直接に物理的な有形力を用いる場合と，召喚や提出命令など相手方に特定の行動に応じるよう法的義務を負わせる場合を強制処分としていました（有形力説）。しかし，その後，写真撮影や電話盗聴（傍受）などの捜査活動が行われるようになると，この基準だけでは不十分ではないかと考えられるようになりました。たとえば，自宅居室内でくつろいでいる人の写真を，遠くから望遠レンズを用いて撮影する捜査は，大きなプライバシー侵害があり，任意処分とは言い難いからです。しかし，従来の有形力説からすると，このような捜査は強制処分とはなりません。

　そこで，新たな基準として考えられたのが，人の権利や法益侵害の有無です（法益侵害説）。たとえば，科学技術の発展に伴い，新たな捜査手法が導入されています。インターネットによる通信を傍受する捜査活動には，有形力行使はありません。しかし，これは通信の秘密を侵害する捜査です。強制処分としてとらえ，厳格にコントロールする必要があります。こうした理由から，法益侵害説が妥当です。強制処分とは，人の権利ないし法益侵害を伴う処分だと，私は定義しておきます。なお，被処分者の同意がある捜査手法は，被処分者の権利や法益を侵害するわけではないので，通例は強制処分ではなく，任意処分と考えられます。たとえば，通行人の所持するバッグを開けて行う所持品検査は，所持人の同意を得ている限り，強制処分とは言えません。もっとも，被処分者の同意があっても任意処分とはならないもの（承諾留置など）があります（2.5.2参照）。

　判例（最決1976［昭51］年3月16日刑集30-2-187）は，強制処分法定主義にいう強制手段の意義について判断を示しています。それによれば，「強制手段とは，有形力の行使を伴う手段を意味するものではなく，個人の意思を制圧し，身体，住居，財産等に制約を加えて強制的に捜査目的を実現する行為など，特別の根拠規定がなければ許容することが相当でない手段を意味するもの」としました。判旨は，有形力説から脱却する一方で，身体等への制約の要素を掲げ

て法益侵害説に近づいたように見え，評価できるようにも思われます。しかし，この判例は，警察官の有形力行使があっても強制処分にはあたらない場合があることを認めたもので，結果的に強制処分に該当する範囲を狭めてしまいました。有形力説を拡張するために唱えられた法益侵害説とは方向が逆で，不当であると思います。

❖ 身柄と身体 ═══════

　「身柄」という言葉は，身柄拘束や身柄付き送検など，日常の報道においても用いられています。しかし，刑事訴訟法の規定では，「身体の拘束」という言葉が用いられ，「身柄」という文言は用いられていません（もっとも，警察官職務執行法2条3項では，「身柄を拘束」との文言が用いられています）。本書では，法律の規定に従い，「身体」という言葉を用いることにします。

2.5　任意捜査の限界とそのコントロール

2.5.1　任意捜査と有形力行使

　任意捜査において，有形力の行使は許されるでしょうか（ちなみに私見は，基本的に許されないとする立場です）。任意取調べ中の被疑者が退室しようとした際に，その手首を警察官が両手で掴んで引き止めようとした行為が問題となりました。判例（最決1976［昭51］年3月16日刑集30-2-187）は，「（強制）の程度に至らない有形力の行使は，任意捜査においても許容される場合があるといわなければならない。」とし，「ただ，強制手段にあたらない有形力の行使であっても，何らかの法益を侵害し又は侵害するおそれがあるのであるから，状況のいかんを問わず常に許容されるものと解するのは相当でなく，必要性，緊急性なども考慮した上，具体的状況のもとで相当と認められる限度において許容されるものと解すべきである」として，警察官の行為は不相当とは言えないとしました。

　つまり，判例の考え方によれば，有形力の行使は強制処分と任意処分をわける決定的基準ではなく，任意捜査においても有形力の行使は許される場合があるとしたわけです。その意味では，従来，有形力の行使があれば強制処分にあたると考えてきた有形力説に比べ，強制処分の範囲を狭めたことになります。

他方で，判例は，任意処分において有形力の許される範囲については，必要性，緊急性などの要素を考慮した上で，相当性の範囲におさまることを求めています。こうして立てられた基準から考えると，相当性を欠く任意処分は違法な任意捜査とはされても，強制捜査とはならないのでしょう。

　前記1976年判例では，警察官が両手で被疑者の手首を掴んで引き止めようとした行為が，任意捜査として不相当ではないとされました。しかし，判例の示した基準から考えても，そのあてはめには大いに疑問があります。警察官が警察署内で両手で手首を掴むのは，個人の意思を制圧し，身体等に制約を加えて強制的に捜査目的を実現する行為であったように思います。法198条1項但書きの「何時でも退去することができる」との規定に反していると言わざるをえません。判例の基準からしても，強制処分であったと思います。百歩譲って，たとえ個人の意思を制圧するほどでなかったとしても，相当性の範囲を越えた有形力の行使で違法であったように思います。

2.5.2　任意捜査の許容性

　任意捜査も，憲法31条の適正手続の保障に反してはいけません。さらにそれとも関係しますが，捜査比例の原則に沿って任意捜査も行われなければなりません（前記2.3）。任意捜査に際しても，警察官は，被疑者等の名誉を害しないよう注意しなければなりません（犯捜規9条1項後段）。任意処分は，相当なものでなければなりません。

　違法な任意処分は，強制処分になるわけではありません。判例の枠組みに沿って，少し具体的に考えてみましょう。たとえば，尾行など，一般的に被疑者の法益侵害がほとんどないと思われる捜査活動は，基本的に許されます。しかし，尾行の態様が執拗で，私生活の平穏を乱すようなものであれば，相当性を欠く捜査になります。それは，違法な任意処分と評価されます。さらにそれがエスカレートして，被疑者の意思を制圧する程度に達してしまったならば，それは違法な強制処分と評価されることになります。

　本人の同意や承諾があれば，その捜査手法は任意処分になり，原則として適法に行うことができます。しかし，人間の尊厳を侵害する場合などには，一定の限界があると思います。たとえば，いわゆる承諾留置（承諾を得て人を留置すること）です。承諾があったからといって，施錠された施設内に留置すること

は，強制処分に該当すると思います。同様に，女性を全裸にして行う身体検査や，人が暮らす住居内の捜索は，人身の自由や住居の平穏を大きく制限する性質を有し，本人の同意があったからといって，強制処分性が払拭されるわけではありません。これは，適正手続の保障が要請するところと考えられます。実際にも，全裸の身体検査の場合に通常真摯な承諾があるとは思われません。また，任意処分として認めると，この種の捜査手法が濫用される懸念があります。なお，犯罪捜査規範108条は，人の住居等につき捜索をする必要があるときは，任意の承諾が得られると認められる場合においても，「捜索許可状の発付を受けて捜索をしなければならない」と定めています。

2.5.3　任意捜査のコントロール

　日本では，強制処分法定主義と令状主義があります。そのため，強制処分には，立法的コントロールと司法的コントロールがかなり及ぶことになります。しかし，任意処分の場合は，その適法性の審査は，あまり行われません。

　被処分者の承諾を得て行う任意処分は，人身の自由への制約が少なく，望ましいと言えます。任意捜査の原則にもかないます。しかし，たとえば警察官に取り囲まれた状況の下で，被処分者の承諾がなされた場合，本当に任意で真摯なものであったのか，どうしても疑問が残ります。また，任意捜査においては捜査機関の裁量が大きく，その適正さをどうコントロールするかも課題となります。

　任意処分の適法性などについては，それが争点として裁判所で問題とされない限り，ほとんど問題になることはありません。たとえば，相当性を欠いた所持品検査が行われた場合でも，その検査を受けた人が後に被疑者・被告人となった場合を除けば，裁判の争点になることはまずありません。たとえその検査で不快感を覚えた人がいたとしても，それだけであえて自ら損害賠償請求訴訟を提起することは通常考えられないからです。

　したがって，任意捜査についても，警察組織内部のコントロール強化に加えて，外部からのコントロールを受ける仕組みを考えていく必要があると思います。たとえば，職務執行をする警察官にはボディ・カメラを装着させて常時記録することも，積極的に考えていいと思います。

ある捜査活動の適法性につき，具体的にどのような手順で判定していけばいいのでしょうか。最初はなかなか理解するのが難しいようです。そこで，少し正確さを欠きますが，概略説明しておきます。

①まず，その捜査活動が強制処分なのか，それとも任意処分なのか，強制処分の基準にあてはめて判断します。②強制処分であると判断したならば，刑事訴訟法に定められた強制処分なのか確認し（定められていない処分であれば，強制処分法定主義に反し違法です），その上で定められた法令の規定に沿って当該強制処分が行われたかどうかで適法性を判定します。③任意処分であると判断したならば，具体的状況のもとで相当なものであったか否かの基準を用い，適法性を判定します。

第3章

捜査の端緒

3.1　概　説

　捜査は，通例，警察官が「犯罪があると思料するとき」(法189Ⅱ) に開始されます。なお，検察官は「必要と認めるときは，自ら犯罪を捜査することができ」ます (法191Ⅰ)。警察官などが犯罪があると思うに至ったきっかけを，捜査の端緒と呼んでいます。

　捜査の端緒は様々なものがあり，次元の異なるものが混在しています。また，捜査の端緒が何であるかということは，その後の捜査の過程を必ずしも決定づけるわけではありません。その意味では，あまり体系的に論じることができるものではありません。しかし，捜査の始まりは，被疑者をはじめとした関係者の利害に具体的に影響を与え始める段階であり，また行政警察活動と司法警察活動との関係，任意捜査の限界など，重要な問題をはらんでいます。

〈表　2018年刑法犯総数 (過失運転致死傷等を除く) の端緒別認知件数〉

総　数	告訴・告発	被害者・被害関係者の届出	警備会社からの届出	第三者からの届出	警察活動（職務質問など）	自　首	その他
817,338	3,522	726,917	5,072	16,139	63,409	757	1,522

警察庁『犯罪統計書　平成30年の犯罪』182頁以下「罪種別　認知の端緒別　認知件数」から作成

　この表は，犯罪に関する情報をどこから得るに至ったかによって，分類されています。統計を見ると，被害者やその関係者からの届出が大多数を占めていることがわかります。

　以下では，捜査の端緒のうち，法律に定めがあるものや法的な性格が問題と

なっているものを中心に，述べていくことにします。重要な問題についてはさらに詳しく論じてみましょう。

3.2　告訴・告発・請求

3.2.1　告訴の意義

　告訴とは，被害者およびその法定代理人などが，捜査機関に対して犯罪事実を申告して，訴追を求める意思表示です（法230以下）。訴追を求めることまで必要です。犯罪事実の申告にとどまれば，被害届けになります。

　告訴は，被害届けと異なり，その後にいくつかの法的効果を生じさせます。特に，未成年者誘拐罪（刑224）や器物損壊罪（刑261）などは，告訴がなければ公訴を提起（起訴）できない親告罪とされています。親告罪であるにもかかわらず，告訴を欠いて起訴した場合には，公訴が棄却されます（法338④）。

　これと関連しますが，親告罪事件につき，告訴のない段階でそもそも捜査することが可能かという問題があります。親告罪を設けた理由のひとつには，私的な領域への介入を控えるべきだとの要請（そっとしておいてほしいこと）があると考えられます。それを考えると，少なくとも強制処分は認められませんし，任意処分もなるべく控えておくべきでしょう。

3.2.2　告訴の手続

　告訴をすることができる者（告訴権者）は，被害者です（法230）。このほか，被害者の法定代理人も独立して告訴をすることができます（法231Ⅰ）。被害者が死亡したとき，あるいは死者の名誉毀損罪については，死者の配偶者，親族なども告訴できます（法231Ⅱ，同233）。親告罪について告訴権者がいないときは，検察官が告訴権者を指定します（法234）。

　告訴は，検察官または司法警察員に対して，書面または口頭で行わなければなりません（法241Ⅰ）。検察官または司法警察員は，口頭による告訴を受けたときは，調書を作らなければなりません（法241Ⅱ）。司法警察員が告訴を受け

たときには，速やかにこれに関する書類や証拠物を検察官に送付しなければなりません（法242）。代理人により，告訴をすることも可能です（法240）。

　告訴の時期については，原則として制限がありません。しかし，親告罪の場合には，犯人を知った日から 6 ヶ月を経過したときは，告訴はできません（法235Ⅰ本文）。この制限期間が設けられた趣旨は，親告罪とされた事件の性質（私的領域の事件であることや，軽微な事件であることなど）から，いつまでも被疑者を不安定な地位に置いておくことは，好ましくないと考えられたからです。告訴は，起訴前であれば，取り消すことができます（法237Ⅰ）。

　検察官は，告訴のあった事件について起訴または不起訴の処分をしたときは，告訴人に，速やかにその旨の通知をしなければなりません（法260第 1 文）。特に不起訴の処分をした場合において，告訴人の請求があるときは，速やかにその理由も告げなければなりません（法261）。告訴人は，検察官の不起訴処分に不服があるときは，検察審査会に，その処分の当否の審査を申立てをすることができます（検審法30本文）。

3.2.3　告訴の効力──告訴不可分の原則

　前に述べた通り，親告罪の告訴は，公訴提起の有効性を基礎づけます。したがって，どの範囲で告訴がなされたのかを確定することが重要になります。

　共犯者がいる場合に，その一部の者に対して行われた告訴が，それ以外の共犯者にも及ぶのかという点が，まず問題です。これについては，共犯の一部に対してした告訴またはその取消しは，他の共犯に対しても，その効力を生ずると定められています（法238Ⅰ）。これを，告訴の主観的不可分の原則と呼んでいます。ただ，親族間の窃盗の場合（刑244Ⅱ参照）には，例外を認めてもいいと考えられています。

　これに対して，犯罪事実の一部についてなされた告訴が，それ以外の部分にも訴訟法上効力が及ぶのかという問題もあります。たとえば，科刑上一罪の一部についてなされた告訴の場合です。明文の規定はありませんが，犯罪事実の全部にその効力が及ぶとするのが通説です。これを，告訴の客観的不可分と言います。ただ，告訴の客観的不可分についても，事件の分割を被害者等に許すことに合理性がある場合には，例外が認められると考えられています。

3.2.4　告発と請求

　告発とは，犯人や告訴権者以外の第三者が，捜査機関に対して犯罪事実を申告して，訴追を求める意思表示です（法239Ⅰ）。誰でも，することができる点が特徴です。告発の手続は告訴とほぼ同じですが，代理人による告発などはありません。公務員がその職務上犯罪を発見したときは，告発の義務があります（法239Ⅱ）。一定の犯罪については，告発が訴訟条件になっているものがあります（たとえば，独禁法96Ⅰ）。

　請求とは，告訴・告発に類する制度で，特定の機関が特定の罪について捜査機関に対して犯罪事実を申告して，訴追を求める意思表示です（刑92など）。これについても，告訴に関する規定が準用されています（法237Ⅲ，同238Ⅱ）。

3.3　職務質問

3.3.1　概　説

　警察官職務執行法は，警察官の職務執行を規定した法律です。個人の生命等の保護や犯罪の予防など主に行政警察活動について定めていますが，犯罪捜査に関わる司法警察活動についても定めています。その2条に，いわゆる職務質問の定めが設けられています。

　歴史的には，大日本帝国憲法時代に「不審尋問」制度（1875年行政警察規則によって設けられた）がありました。これにより，当時は強制的に市民を連行することが可能で，人権侵害をもたらしました。この歴史的事実を踏まえて，職務質問は「不審尋問」との断絶をはかり，その任意処分性が強調されています。たとえば，警職法2条3項には，「身柄を拘束され」，又は「連行され」，若しくは「答弁を強要される」ことはないと明記されています。

　警察活動は市民の人権や自由に密接に関わります。任意処分であっても法的な根拠が必要であると考えられているからこそ，警職法に詳細な規定が設けられています。どのような警察活動が行われるかを法で定めることにより，その

内容を市民にあらかじめ知らせ，それに従って警察活動が適切に行われるようにコントロールしていくことが必要です。

3.3.2　要件と法的性質

　職務質問は，いつでも，誰に対しても，できるわけではありません。その要件は，次のように定められています。

　警察官は，異常な挙動その他周囲の事情から合理的に判断して，①何らかの犯罪を犯したと疑うに足りる相当な理由のある者，②何らかの犯罪を犯そうとしていると疑うに足りる相当な理由のある者，③すでに行われた犯罪について知っていると認められる者，④犯罪が行われようとしていることについて知っていると認められる者に対して，停止させて質問することができます（警職法2Ⅰ）。異常な挙動などの状況から合理的に判断して，一定の事柄を疑うに足りる相当な理由のある者，あるいは一定の事柄を知っていると認められる者でなければ質問できませんので，客観的にそれを裏付ける事情がなければなりません。なお，その場で質問をすることが本人に対して不利であるなどの場合には，質問するため，その者に付近の警察署等に同行を求めることができます（警職法2Ⅱ）。これを警職法上の任意同行と言います。

　職務質問は，特定の犯罪についての嫌疑がないときに行われることを前提としていますので，行政警察活動になります。ただ，③の職務質問は過去の特定の犯罪に関する活動なので，司法警察活動にも該当するように思われます。それでは，職務質問の法的性質をどう考えたらいいのでしょうか。

　職務質問の実際を考えてみると，ある人に対し漠然と何らかの嫌疑を抱いて職務質問を開始したところ，その人の受け答えから，だんだんと特定の犯罪についての嫌疑が深まることがあります。たとえば，質問を続けるうちに覚せい剤を使用している疑いが深まる場合です。このような場合は，行政警察活動から，司法警察活動である捜査に移行していくことになります。職務質問の形式をとりつつ，任意捜査をしていると性格づけることができます。ただ，質問の過程は，そう単純なものではありません。逆に嫌疑が晴れていったり，あるいは行きつ戻りつすることもあります。そうすると，一連の職務質問について，どこまでが行政警察活動で，どこからが司法警察活動であると，明確に峻別することはできない場合もあります。以上を踏まえると，職務質問は，行政警察

活動と司法警察活動が重畳的あるいは連続的に存在する段階と，とりあえず理解することができます。そのような密接な関係からすれば，職務質問としてであれ，任意捜査としてであれ，警察官が適法になしうる行為の範囲（たとえば，どの程度有形力行使が可能か）は，基本的に同一の枠組みで考えていくべきでしょう。

　職務質問の過程は，いつでも任意捜査としての性質を持ちうるわけですから，それを前提とした抑制が必要です。さしあたり，職務質問をする場合には，警察官にその記録化を義務づけるなどの方策を検討すべきだと思います。他方で，質問にあたり，被質問者に対し供述拒否権を告知することも必要だと考えます。

3.3.3　有形力行使

　職務質問において，有形力の行使は可能でしょうか。もし，可能だとした場合，どの程度の有形力行使が許されるでしょうか。任意処分における有形力行使の問題とも，オーバーラップします。ここでは，不審な被質問者が逃げ出そうとしたときに，ある程度の強制的行為を行わなければ職務質問を続けることができないという，治安維持の要請があります。他方では，任意処分であるから強制力の行使は認められないとする，人権保障の要請があります。二つの要請が鋭く対立する問題状況があります。

　具体的には，警職法2条1項の「停止させて」の意義をめぐって，争われてきました。学説上は，あくまでも純粋な任意処分に限られ，せいぜい呼び止める程度にとどまるとの説から，例外的に強制処分まで認める，あるいは実力の行使まで認めるなどの説まで，幅広く展開されてきました。諸説を簡潔に紹介すると，概ね次の通りです。

　①任意説1は，被質問者の任意の受忍を前提とします。純粋任意処分説とも呼ばれます。被質問者が拒否した場合には，一切の有形力行使は許されず，口頭で呼び止める程度にとどまります。②任意説2は，一定の有形力の行使を認めますが，それは被質問者の停止を拒否する自由が害されない程度にとどめられなければならないとします。規範的任意説とも呼ばれます。具体的には，被質問者の翻意を求めるための説得の範囲内で，肩に手をかける程度までとされます。③強制説1は，強制捜査たる「身柄拘束」に至らぬ程度の自由の制限は，憲法31条の適正性を満たす限り許されるとします。④強制説2は，犯罪の重大

性や嫌疑の濃厚さ，緊急性などから緊急逮捕可能な場合に，例外的に有形力の行使を認めます。⑤実力説は，任意と強制の中間に実力のカテゴリーを設け，そこまでが許されるとします。①以外の説は，何らかの有形力行使を認める立場です。

どう考えるべきでしょうか。私は，①任意説 1 に立ちます。というのも，強制処分でなければ，原則として有形力行使は許されないと考えるからです。②任意説 2 も，もっともな主張だとは思います。しかし，職務質問は，警察官が一般市民を呼びとめて行うもので，威圧的，強制的雰囲気がどうしても払拭できません。警察官の有形力行使が被質問者の肩に軽く手をかける程度にとどまった場合でも，被質問者の拒否する自由は害されると思います。

判例は，どういう態度でしょうか。ふるい判例ですが，質問しようとした際などに逃げ出した者を，追跡したのを適法としました（最決1954［昭29］年12月27日刑集 8-13-2435，最決1955［昭30］年 7 月19日刑集 9-9-1908）。また任意同行後に駐在所から逃げ出した被質問者を130m 追跡し，背後から腕に手を掛け停止させた事例も適法としています（最決1954［昭29］年 7 月15日刑集 8-7-1137）。しかし，これは，任意同行後 1 時間以上質問に答えていた人が退去しようとした事例です。このような人を追跡して手をかけて停止させた警察官の行為は，②説の立場からでも被質問者の拒否する自由を侵害する程度と評価せざるをえないと思います。

このほかの事例では，酒気帯び運転の疑いがある者が，自動車に乗り込んでそれを発進させようとした際に，警察官が窓から手を差し入れ，エンジンキーを回転してスイッチを切った行為が問題となりました。最高裁は，「必要かつ相当な行為」で適法であるとしました（最決1978［昭53］年 9 月22日刑集32-6-1774）。さらに，覚せい剤中毒をうかがわせる異常な言動が見受けられた被質問者から車両のエンジンキーを取り上げた行為は，必要かつ相当な行為である等とした判例（最決1994［平 6］年 9 月16日刑集48-6-420）などがあります。

逃げ出そうとしている，あるいは車に乗り込んで運転しようとしている被質問者の行動に応じて，必要性，相当性の概念を用いて一定の有形力の行使を是認しているのが判例の態度です。もっとも，前記1994年判例では，エンジンキーを取り上げて運転を阻止した後，引き続き約 6 時間半以上現場に留め置いた点は違法としました。またその他にも，逃げ出して転倒した被質問者を取り押さえてパトカーに押し込んで連行した事例では，違法であるとされています

（最決1988［昭63］年9月16日刑集42-7-1051）。

3.3.4　所持品検査

　職務質問に際して，所持品検査が行われる場合があります。所持品検査といっても，捜索（強制処分）として行われる所持品検査とは異なります。あくまでも，任意に行われるものです。

　職務質問に伴う所持品検査については，警職法上に明文の規定はありません。ただ，銃刀法24条の2が，銃砲刀剣類等を携帯・運搬していると疑うに相当な理由のある者に対し，一定の場合において，警察官にそれらの検査権限を認めているだけです（なお，被逮捕者の身体については，警察法2条4項に凶器の検査が規定されています）。その限りでは，警察官が所持品検査をする法的根拠はないように見えます。

　どう考えるべきでしょうか。まず，所持品検査には，どのような段階があるか考えてみます。①外部から観察する，②その内容について質問する，③相手方に開示を求め，任意に開示した物を検査する，④相手方が開示を承諾しないとき，その服装等の外側からたたいて検査する，⑤相手方の承諾を得ずに，実力で開示を強制し検査する，といった段階に整理されています。このうち③までは，職務質問に伴う所持品検査として許されると思います。なぜなら，基本的に質問の範囲内ないしその延長線上にあると考えられるからです。問題は，④，⑤です。私は，特に⑤は人の権利ないし法益を侵害する強制処分であると思います。憲法35条は所持品について，基本的に令状がなければ捜索・差押えを受けない権利を保障しています。また，逮捕される場合を除いて，無令状の捜索・差押え（緊急捜索・差押え）を認める制度は存在していません。したがって私は⑤は捜索にあたり，令状がなければ許されないと考えます。

　この点をめぐって学説は，警察法2条1項を根拠に認める説，警職法2条の職務質問に附随する行為として認める説，事態の緊急性と手段の必要性・相当性があれば許されるとする説，銃刀法24条の2の場合に限られるとする説などが，展開されました。

　判例では，米子銀行強盗事件判決（最判1978［昭53］年6月20日刑集32-4-670）が，リーディング・ケースです。本件では，被質問者が所持していたボウリングバッグのチャックを，承諾なく開披したことなどが問題となりました。最高

裁は，所持品検査は，任意手段である職務質問附随行為として許容され，所持人の承諾を得て行うのが原則であるとしつつも，承諾がない場合であっても，「捜索に至らない程度の行為は，強制にわたらない限り，所持品検査においても許容される場合があると解すべきである」としました。その上で，その要件については，「限定的な場合において，所持品検査の必要性，緊急性，これによつて害される個人の法益と保護されるべき公共の利益との権衡などを考慮し，具体的状況のもとで相当と認められる限度においてのみ，許容されるものと解すべきである」としています。本件では，要件への具体的なあてはめとして，猟銃とナイフを用いた銀行強盗事件が発生した後の状況下で，濃厚な容疑が存在し，凶器の所持の疑いもあったのに，被質問者が黙秘した上，開披の拒否を繰り返すなど不審な挙動をとり続けたなどとして，「所持品検査の緊急性，必要性が強かつた反面，所持品検査の態様は携行中の所持品であるバッグの施錠されていないチャックを開披し内部を一べつしたにすぎないものであるから，これによる法益侵害もさほど大きいものではなく」，相当と認められるとしました。ここでは，警職法2条1項を根拠にし，所持品検査を職務質問付随行為として，必要性，緊急性などを考慮して，相当な範囲で許されるとしました。

　その直後の判例（最判1978［昭53］年9月7日刑集32-6-1672）も，米子銀行事件判決で示された要件を適用しています。もっとも，この判例では所持品検査は違法とされました。最高裁は，路上での挙動不審者に対する職務質問で，覚せい剤中毒の疑いのあった被質問者の所持品検査は，必要性ないし緊急性は認められる状況下ではあったとしつつも，承諾なしに，上衣左側内ポケットに手を差し入れて所持品を取り出して検査した行為は，「一般にプライバシイ侵害程度の高い行為であり，かつ，その態様において捜索に類するものであるから」，相当な行為とは認め難いとして違法としました。

　このほかには，承諾なしに，警察官が自動車内を丹念に調べた行為は，職務質問に付随して行う所持品検査として許容される限度を超えて違法であることは否定し難いが，事情に徴すると，右違法の程度は大きいとは言えないとした判例（最決1995［平7］年5月30日刑集49-5-703）があります。また，覚せい剤事犯の嫌疑が飛躍的に高まっていた状況や，直ちに覚せい剤の保全策を講じなければならなかった事情などを踏まえ，所持品検査の態様が財布のファスナーの開いていた小銭入れの部分から，ビニール袋入りの白色結晶を発見して抜き出したという限度にとどまるとして適法とした判例（最決2003［平15］年5月26

日刑集57-5-620）があります。

　なお，高裁レベルの判例には，警察機動隊員らが，集会参加者に対して阻止線を張って，すべて例外なく所持品検査をしようとした検問について，判断を示したものがあります。それによると，その検問態様は，当初から相手を説得して任意の所持品検査を促すわけではなく，いきなり阻止線を張り検問隊形を作って集団の全員に対し所持品検査を行うというものであり，また，そのほかの証拠に所持品検査の必要性，緊急性を認定する根拠になるようなものはないこと，などの諸事情に照らすと，本件においては，所持品検査の必要性，緊急性は認められず，本件検問は警職法2条1項に照らして違法であるとされました（大阪高判1990［平2］年2月6日判タ741-238）。

　一連の判例においては，捜索にあたらない限りは，相当性の範囲内で，職務質問に付随して所持品検査をすることが認められました。この判断枠組みは，任意捜査における有形力行使の許容性に関する判例の判断枠組みと類似しています。もっとも，判例の判断枠組みを是認したとしても，米子銀行事件判決の結論には異論があります。ボウリングバッグのチャックを開披した行為は，所持人が秘匿していたプライバシーを，強制的に開示させる行為だったと思います。私は，これは捜すという点で捜索にあたると思いますし，「一べつした」にとどまるとしても，少なくとも検証に該当する行為だったと思います。

　私見を最後に補足します。前述した通り，⑤の段階は許されません。④の段階も有形力の行使がなされることから，原則として認められません。ただ，凶器等の所持が疑われる被質問者に対して，質問者の安全確保のため，その有無を着衣の上からたたいて点検する限度において，所持品検査が許されるとする説（光藤Ⅰ20頁）は妥当であると思います。その限りで，例外的に④まで許されると考えます。

　問題は，職務質問に伴う所持品検査について，法律に明文規定がないところにもあります。所持品検査は，承諾を得て行われるものであっても，市民の自由や権利に直接関わり，路上などで市民に多かれ少なかれ受忍を求めることになります。所持品検査についてはあらかじめ要件や範囲を法律で明示すべきだと思います。

3.4 自動車検問

　自動車検問とは，犯罪の予防，検挙のため，警察官が走行中の自動車を停止させて，自動車の見分，調査をし，運転者や同乗者に質問をする行為のことを指します。直接の根拠規定はありませんので，そもそも法的根拠と要件が問題となります。特に外見上何ら不審な点が認められない自動車の場合には，警職法2条1項の「異常な挙動その他周囲の事情」にはあたらないでしょうから，いっそう法的根拠が問題となります。

　自動車検問には，種々の態様があります。(1)交通違反の予防検挙を主たる目的とする交通検問，(2)不特定の犯罪の予防検挙を目的とする警戒検問，(3)特定の犯罪が発生した際，犯人の検挙と情報収集を目的とする緊急配備検問に分けて，分類されています。ただ，この分類は，もっぱら検問にあたる警察活動の目的に基づいてなされており，あまり適切ではありません。自動車を停止させるにあたっての客観的要件（権利制約を受ける側の状況など）を中心に再整理した方が，適切だと思います。

　客観的要件からの再整理をすると，大きく，①当該自動車について，外観上不審な点が現認できる場合と，②当該自動車について，外観上不審な点が認められない場合とに，分けることができます。①については，種々の規定を根拠に，当該自動車を停止させて検問をすることができます。たとえば，過積載車両の走行などに対し，危険防止のための停止権などが定められています（道交法61条，同63条，同67条）。自動車の走行や運転者，同乗者の様子などの不審な点から合理的に判断して，警職法2条1項の要件が充たされるとなれば，職務質問として停止を求めることができます。また，それが特定の犯罪の嫌疑を裏付けるということになれば，任意捜査として自動車の停止を求めることができます。

　②については，どうでしょうか。②の場合は，さらに，不特定の犯罪や危険の一般的予防・検挙を目的とする場合（②−Ⅰ）と，現実に発生した特定犯罪の犯人検挙・情報収集を目的とする場合（②−Ⅱ）とに分けることができます。このうち，②−Ⅱは，職務質問や任意捜査として，相手方の承諾を得て行う以上，自動車検問は可能でしょう。

　②−Ⅰが問題です。学説は，その根拠をどこに求めるかにより，警察法2条

1項説（交通の取締をその責務とすると定めている点に，根拠を求める）や，警職法2条1項説（職務質問の要件があるかどうかを確かめるために停止できるとする説），憲法31条説（憲法31条の適正手続から導かれる合理性の範囲内で認められるとする説）などに分かれました。また，端的に違法説をとるものも多く見られました。

　最高裁は，すべての通過車両に対して実施された交通検問につき，その適法性を次のように認めました（最決1980［昭55］年9月22日刑集34-5-272）。それによると，警察法2条1項が「交通の取締」を警察の責務として定めていることに照らすと，交通安全等に必要な警察の活動は任意手段による限り一般的に許容されるが，それが無制限に許されるべきものでないことも明らかであるとし，「しかしながら，自動車の運転者は，公道において自動車を利用することを許されていることに伴う当然の負担として，合理的に必要な限度で行われる交通の取締に協力すべきものであること，その他現時における交通違反，交通事故の状況などをも考慮すると，警察官が，交通取締の一環として交通違反の多発する地域等の適当な場所において，交通違反の予防，検挙のための自動車検問を実施し，同所を通過する自動車に対して走行の外観上の不審な点の有無にかかわりなく短時分の停止を求めて，運転者などに対し必要な事項についての質問などをすることは，それが相手方の任意の協力を求める形で行われ，自動車の利用者の自由を不当に制約することにならない方法，態様で行われる限り，適法なものと解すべきである」としました。

　この判例は，ややはっきりしませんが，警察法2条1項説に立っていると理解するのが一般的です。しかし，警察法2条の規定は組織法ですので，検問の権限をそこから導くことには疑問があります。また，もし警察法2条1項説に立っていないとすれば，ますます法的根拠がありません。私は，自動車運転者に協力を求める②-Ⅰ型の自動車検問については，法的根拠がなく，現状では違法だと思います。任意に行われる②-Ⅰ型の自動車検問であっても，要件を明確にし，その権限を明確に定める法律が必要だと考えます。

　なお，この判例によれば，あくまでも運転者の任意の協力を求める形で，短時分の停止にとどまる限りで，自動車検問を適法としました。したがって，それを前提とすれば，道路上に障害物を置いて物理的に全車両に停止を強制することはできません。また，なんら不審なところがない車両が停止しなかったからといって，追跡して停止させることはできないと思います。

3.5 自　首

　自首とは，犯人が，罪を犯したことが発覚する前に，捜査機関に自ら自己の犯罪事実を申告し，その処分に服することの意思表示です。自首をすると，刑法上は刑の減軽事由になります（刑42）。このため，告訴・告発の方式などを定めた法241条及び法242条の規定を準用して，慎重な手続をとることにしています（法245）。告訴の代理の規定（法240）は準用されていませんが，犯人が自らの犯罪事実を申告し，直ちに捜査機関の支配の下に服する状況にあるならば，代理による自首も自首の意義に沿うものとして，認めてよいと考えます。

3.6　検　視

　変死者（犯罪による疑いのある死体）または変死の疑いがある死体があるときは，その所在地を管轄する検察官は，検視をしなければなりません（法229 I）。検視とは，犯罪の嫌疑があるかどうかを確認するため，死体の状況を調べることです。したがって，捜査の端緒となります。

　「変死者又は変死の疑いがある死体」の範囲は明確ではないですが，犯罪によらないことが明確な死体（非犯罪死体）や犯罪によることが明らかな死体（犯罪死体）を除き，犯罪による死である可能性が払拭できない死体を指すことになります。検察官が行うことが原則ですが，検察事務官または司法警察員に行わせることができます（法229 II）。実務上は検察官が行うことは稀で，司法警察員である警察官が検視を行うのが一般的です。

　検視では，令状なしに死体を見分することができます。しかし，検視のために他人の住居に立ち入るには，住居主の承諾が必要だと考えます。もし，承諾が得られない場合には，検証許可状などの令状を得る必要があります。

　最初から犯罪死体であることが確実な場合，あるいは司法検視の結果犯罪死体であることが確実になった場合には，捜査活動として，いわゆる司法解剖（鑑定処分許可状に基づく法医専門家の解剖など）の強制処分が行われることになります。

　検視は，主に警察官が死体や現場の状況等を調査して行います。死体に対する医学的調査等は，医師が検案として行います。この段階での問題は，一般的に，法医学の専門家が関与してはいないことです。警察官と検案医が死体に犯罪性がないと判断すれば，多くの場合はそのまま解剖されずに火葬され，遺骨は埋葬されてしまいます。このため，しばしば，後に犯罪死を見逃したのではないかと問題になることがあります。

　ただ，問題は，犯罪死の見逃しだけではありません。そもそも，日本においては，統一的な死因究明制度が確立されていません。自然死以外の死亡事例について，法医専門家が関与してチェックする割合は，先進国中でかなり少数にとどまっています。死因究明が不十分であることは，犯罪死見逃しばかりではなく，事故死や災害死など不慮の死の再発防止のためなど，広く公衆衛生に必要な情報を得ていないことを意味します。そのような状況は，現に生きている人たちの生命権を脅かすことにもつながりかねません。すべての死亡に関する情報が，一元的な専門機関に漏れなく伝わるようにした上で，そこから的確な判断を得て，捜査機関に必要な情報提供がなされるよう，本格的な死因究明制度の整備が必要だと思います。

第4章

逮　捕

4.1　逮捕の意義と目的

4.1.1　逮捕の意義

　逮捕とは，被疑者の身体を拘束し，引き続き短時間その拘束を続ける強制処分です。拘束した後に，警察署などに引致するまでを指します。被疑者は警察署などに引致された後に，さらに「留置」(法203Ⅰなど) されることが少なくありません。「逮捕」という言葉は，この「留置」までも含んで広義に用いられる場合もあります。なお，「留置」は日本国憲法34条に言う「抑留」に該当します。

　憲法33条は，現行犯の場合を除いては，逮捕に際しては司法官憲つまり裁判官が発する令状が必要であるとしています。そして，憲法34条は，逮捕後に引き続き抑留 (留置) するにあたっては，その理由の告知と，弁護人を選ぶ権利の保障を求めています。

4.1.2　逮捕の権限主体とその目的

　逮捕の権限は，本来的に誰に帰属すると考えられるでしょうか。また，逮捕は何を目的に行われるのでしょうか。これらの問いの背後には，令状主義の意味は何かという点に関する争いがあり，また黙秘権保障と逮捕後の被疑者取調べとの関係をどう考えるのかという点の争いがあります (憲法の保障がどの程度，刑事訴訟法に及ぶのかということでもあります)。

逮捕権限をめぐる争いは，歴史的には，逮捕状の法的性質をめぐる議論として現れました。ひとつの考え方は，逮捕は本来捜査機関が有している権限で，逮捕状は裁判官の許可状であると解します（許可状説）。この立場からは，裁判官の関与は，捜査機関の権限濫用防止のために設けられたものと説明します。そして，逮捕目的については，被疑者取調べにあるとする説，被疑者の罪証隠滅と逃亡防止にあるとする説に分かれます。許可状説は，糺問的捜査観，職権主義的捜査観からの理解と言えましょう。

　これに対抗するのが，命令状説です。逮捕の権限は裁判官にあるとし，逮捕状は命令状であると解します。逮捕の目的については，裁判官ないし裁判所への出頭を確保するための行為とします。命令状説は，弾劾的捜査観，当事者主義的捜査観からの理解と言えます。

　逮捕に関する刑事訴訟法の規定は，逮捕の目的について明確ではありません。ただ，刑事訴訟規則143条の3は，逮捕の必要性を判断するに際して，罪証隠滅や逃亡の問題を考慮することを規定しています。逮捕の目的に，罪証隠滅等の要素が含まれているとは言えそうです。そうすると，残った大きな問題は，逮捕の目的に被疑者の取調べを含むことができるかどうかです。しかし，取調べのために逮捕を認めるのであれば，それは糺問的捜査を認めることになります。黙秘権の保障と矛盾しますので，被疑者取調べを逮捕の目的に含めることはできません。

　また，逮捕権限の問題ですが，構造上対立する一方当事者である捜査機関に，被疑者の身体拘束権限があるとするのは不当です。憲法33条が司法官憲（裁判官）の発する令状と明記していることを素直に読めば，命令状と解すべきです（通説）。もっとも，命令状であるのであれば，被逮捕者は裁判官のもとに速やかに引致すべきことになりますが，法は検察官または司法警察員のもとへ引致することにしています（法202）。裁判官の権限が令状発付により，この限りで個別的に捜査機関に付与されていると解されます（光藤Ⅰ56頁）。

4.2　逮捕の種類と要件

4.2.1　通常逮捕

（1）　概　要

　裁判官の発する逮捕状を得て，それに基づいて逮捕する場合です。憲法33条が規定する一般的形式ですので，通常逮捕と称されます。

　検察官と司法警察員（指定された警部以上の者）だけが，逮捕状を請求できます（法199Ⅱ）。請求権者を限定することによって，逮捕の慎重を期し，濫用の防止をはかっていると考えられます。一般に令状の請求は書面で行わなければならないので（規139Ⅰ），請求者は定められた記載事項に沿って逮捕状請求書を作成，提出するとともに（規142），逮捕の理由と必要性が認められる資料も提供しなければなりません（規143）。裁判官は必要と認めるときは，請求者に出頭を求めてその陳述を聴いたり，書類などの提出を求めることができます（規143の2）。なお，請求者は，同一の被疑事実について前に逮捕状の請求または発付があったときは，その旨を裁判所に通知しなければなりません（法199Ⅲ，規142Ⅰ⑧）。

（2）　要　件

　逮捕の理由と，必要性が要件です。逮捕の理由とは，被疑者に「罪を犯したことを疑うに足りる相当な理由」があることです（法199Ⅰ）。相当な嫌疑が必要であるということになります。この場合の嫌疑の程度は，被告人を有罪とする際の心証よりは低いとされます。他方で，人身の自由を侵害する要件なので，捜索・差押え令状発付時の犯罪の嫌疑よりは高いものと考えられます。

　第2の要件は，逮捕の必要性です（法199Ⅱ但書き）。「被疑者の年齢及び境遇並びに犯罪の軽重及び態様その他諸般の事情に照らし，被疑者が逃亡する虞がなく，かつ，罪証を隠滅する虞がない等」明らかに逮捕の必要がないと認めるときは，裁判官は逮捕状請求を却下しなければなりません（規143の3）。

　さらに，30万円以下の罰金，拘留または科料にあたる罪の場合には，住居不定又は不出頭のときでなければ，逮捕できません（法199Ⅰ但書き）。この場合，

住居不定もしくは不出頭の事実があることだけで，直ちに逮捕の必要性が肯定されるわけではありません。他の事情も含めて，逮捕の必要性を判断することになります。

（3）　執　行

逮捕状の執行は，検察官，検察事務官または司法警察職員が行います（法199Ⅰ）。執行できる者は，逮捕状請求権者よりも広くなっています。逮捕するにあたっては，逮捕状を被疑者に示さなければなりません（法201Ⅰ）。憲法33条は，理由となっている犯罪を明示した令状であることを要求しています。したがって，被疑事実の内容が被疑者に明確に伝わるように，捜査官は令状を示さなければなりません。自由権規約9条2項が「逮捕される者は，逮捕の時にその理由を告げられるものとし，自己に対する被疑事実を速やかに告げられる。」と規定しているのも，同じ趣旨の保障です。

逮捕状を所持しないためにこれを示すことができず，急速を要する場合には，被疑事実の要旨及び令状が発せられている旨を告げて，被疑者を逮捕することができます。ただし，その後で令状はできる限り速やかに示さなければなりません（法201Ⅱ）。これを逮捕状の緊急執行と言います。

4.2.2　現行犯逮捕

（1）　概　要

現に罪を行い，または現に罪を行い終った者を現行犯人と言います（法212Ⅰ）現行犯人は，何人でも，逮捕状なしに逮捕することができます（法213）。これが現行犯逮捕です。現行犯逮捕は，憲法が認める令状主義の例外です（憲法33）。逮捕者が犯罪を現認して犯人の明白性があるので，誤った身体拘束の危険性が少ない上に，急速な逮捕の必要性があるからと考えられています。

逮捕者の面前で現に犯罪が行われ，逮捕は基本的にその場所で（犯罪の現認・場所的接着性），かつ，犯行実行中もしくはその完了直後に（時間的接着性）なされなければなりません。誤認逮捕の可能性がなく，逮捕状を不要とするほどの明白性が必要です。被害者の供述に基づいてはじめて被疑者を犯人と認め得たにすぎない場合は，現行犯逮捕は不適法とされています（京都地決1969［昭44］年11月5日判時629-103）。なお，判例には，現行犯逮捕のため犯人を追跡し

た者の依頼により，海上で3時間追跡を継続して逮捕した行為を，適法な現行犯逮捕の行為と認めたものがあります（最判1975［昭50］年4月3日刑集29-4-132）。

(2)　準現行犯人

　法は，現行犯逮捕ができる対象範囲を拡張しています。いわゆる準現行犯人です。法212条2項は，次の1号なし4号のいずれかに該当し，かつ罪を行い終ってから間がないと明らかに認められる者を，現行犯人とみなしています。①犯人として追呼されているとき，②贓物（盗品等）または明らかに犯罪の用に供したと思われる兇器その他の物を所持しているとき，③身体または被服に犯罪の顕著な証跡があるとき，④誰何されて（呼び止め問いただされて）逃走しようとするとき，です。

　準現行犯については，①ないし④のいずれかに該当すること（犯罪と被逮捕者との結びつき）が必要である上に，犯行後「間がないと明らかに認められる」こと（場所的，時間的近接性）が必要です。このうち，④の要件は，①ないし③と異なり，被逮捕者と犯罪とを直接結びつけるものがありません。この要件を充足しただけで令状なしに逮捕できるとするのは，憲法上の疑義があります。

　判例には，犯行現場から直線で約4キロ離れた地点で，各々犯行終了後約1時間もしくは約1時間40分経過した時点で複数の被疑者を逮捕した事件で，その者たちの逃亡，篭手の装着や顔面の新しい傷跡などを根拠に，「いずれも法212条2項2号ないし4号に当たる者が罪を行い終わってから間がないと明らかに認められるときにされたものと認めることができる」としたものがあります（最決1996［平8］年1月29日刑集50-1-1）。しかし，場所的，時間的近接性の点で，疑問の残る判例です。

(3)　手　続

　前述した通り，現行犯人（準現行犯人を含む。以下同じ）は，（捜査機関に限らず）何人でも，逮捕することができます（法213）。ただし，30万円以下の罰金等にあたる罪の現行犯については，犯人の住居もしくは氏名が明らかでない場合または逃亡のおそれがある場合に限り，逮捕することができます（法217）。

　私人が現行犯人を逮捕したときは，その犯人を直ちに検察官または司法警察

職員に引き渡さなければなりません（法214）。

　現行犯人を逮捕する場合に，逮捕の必要性は要件になるでしょうか。明文の規定はありません。これについて，学説はほぼ異論なく，要件となると考えています。高裁判例には，「現行犯逮捕も人の身体の自由を拘束する強制処分であるから，その要件はできる限り厳格に解すべきであって，通常逮捕の場合と同様，逮捕の必要性をその要件と解するのが相当である」としたものがあります（大阪高判1985［昭60］年12月18日判時1201-93，判タ600-98）。

4.2.3　緊急逮捕

（1）　概　要

　法は，被疑者が，死刑または無期もしくは長期3年以上の懲役・禁錮にあたる罪を（犯罪の重大性）犯したことを疑うに足りる充分な理由がある場合で（嫌疑の充分性），急速を要し，裁判官の逮捕状を求めることができないときは（緊急性），捜査機関に逮捕する権限を認めています。この場合には，直ちに裁判官の逮捕状を求める手続をしなければなりません（法210 I）。これを，緊急逮捕と呼んでいます。

（2）　合憲性

　憲法33条が，令状逮捕の例外として現行犯逮捕しか認めていないため，緊急逮捕の合憲性が問題となります。合憲だと考える立場には，令状による逮捕の一種として考える説や憲法で定める現行犯の一種と考える説，合理的な逮捕の一種と考える説などがあります。しかし，これに対しては，違憲の疑いを指摘する説が，有力に展開されています。私も，憲法の規定から見て，緊急逮捕は端的に違憲だと思います。

　最高裁は，厳格な制約の下に，重大な一定の犯罪のみについて，緊急やむを得ない場合に限り，事後直ちに令状の発付を求めることを条件として逮捕を認めることは，憲法33条の趣旨に反するものではないとしました（最判1955［昭30］年12月14日刑集9-13-2760）。実務上はこの判例によって合憲性が確定しました。ただこの判旨は具体的な論拠を明らかにしたわけではありません。

　こうして，緊急逮捕は実務上利用されていますが，せめて緊急逮捕後の令状請求は即時に行うべきです。それが，上記判例の趣旨にも沿うと思うからです。

4.3 逮捕後の手続

4.3.1 概 観

　検察事務官または司法巡査が逮捕したときは，直ちに，検察事務官は検察官に，司法巡査は司法警察員に，それぞれ被疑者を引致しなければなりません（法202，同211，同216）。司法巡査が，私人が逮捕した現行犯人を受け取った場合には，逮捕者の氏名等を聴き取り，速やかに司法警察員に引致しなければなりません（法215）。

　司法警察員が，逮捕された被疑者を受け取ったとき，または自ら被疑者を逮捕したときは，直ちに犯罪事実の要旨を告げるとともに，弁護人がないときはそれを選任することができる旨を告げた上，弁解の機会を与えなければなりません（法203Ⅰ前段，同211，同216）。この手続は，憲法34条の規定に沿って設けられています。被疑事実の告知は，通常逮捕時の令状呈示とあわせ，防御活動の対象を告知する重要な意義があります。なお，弁護人選任権を告げる際に，国選弁護人の選任に関する手続についても教示しなければなりません（法203Ⅳ）。

　被疑者に弁解の機会を与えるのは被疑者取調べとは異なるので，黙秘権の告知は不要とされています。しかし，その区別は明確ではありませんし（犯罪捜査規範134条は，犯罪事実の核心に触れる等の供述は弁解の範囲外にわたるとしています），弁解録取書は後に証拠として用いられることがありますので，黙秘権の告知は必要だと考えます。

　引き続いて司法警察員は，被疑者の留置の必要を判断します。必要がないと思ったときには，直ちに釈放しなければなりません。留置の必要があると思ったときは，被疑者が身体を拘束された時から48時間以内に書類及び証拠物とともに，被疑者を検察官に送致する手続をしなければなりません（法203Ⅰ後段，同211，同216）。被疑者を受け取った検察官は，再度弁解の機会を与え，留置の必要がないと判断したときは直ちに釈放しなければなりません。留置の必要があると判断したときは，被疑者を受け取った時から24時間以内に裁判官に被疑者の勾留を請求しなければなりません（法205Ⅰ）。この勾留請求までの時間制限は，被疑者が身体を拘束された時から72時間を超えることができません（法

205Ⅱ）。ただし，これらの時間制限内に公訴を提起したときは，勾留の請求は必要ありません（法205Ⅲ）。勾留の請求も，公訴の提起もしないときは，直ちに被疑者を釈放しなければなりません（法205Ⅳ）。

　検察官が，自ら被疑者を逮捕した場合，あるいは逮捕した検察事務官や私人から被疑者を受け取った場合も，前述の司法警察員の場合と同様，犯罪事実の要旨告知等をしなければなりません。ただし，留置の必要があると判断するときは，その後の勾留の請求もしくは公訴の提起を行う時間的制限は，被疑者が身体を拘束された時から48時間以内とされています（法204）。

4.3.2　引致後の留置

　ほとんどすべての逮捕は，司法警察職員によって行われています（全逮捕117,016人中，検察庁における逮捕は172人。11頁参照）。そうすると，法の定めるところによれば，司法警察職員のもとで48時間，検察官に送致されてから24時間ですので，合計では逮捕されたときから勾留請求等の時まで，72時間の留置が認められることになります。この留置は，警察署内にある留置施設において行われるのが常態化しています。

　この72時間というのは，どのような時間と考えるべきでしょうか。実務上は，捜査機関の手持ち時間と考えて運用しています。これに対して学説の多くは，この制限時間はあくまでも最大限の時間を定めたものにすぎないとします。引き続き被疑者を留め置く必要があると考えるならば，遅滞無く勾留請求をして，裁判官の面前に早く被疑者を引致すべきだとします。この考え方は，令状主義は裁判官によるコントロールを受けることが核心なので，その完成は裁判官のもとに引致することによってなされるという見解に基づいています。基本的に正しいと思います。逮捕がなされたら，速やかに裁判官のもとに連れて行くべきです。法は現行犯逮捕の場合にも，72時間の留置まで認めています。現行犯逮捕の場合は裁判官による逮捕状審査がないので，できる限り早く裁判官の面前に引致するのが上記令状主義の趣旨に合致すると思います（立法論として，現行犯逮捕の場合も，直ちに逮捕状を求める手続を設けるべきだと思います）。また，勾留請求段階から国選弁護人の請求ができる現行法制下では，早くに勾留の請求をして，被疑者が早期に弁護人の公的援助を受けることができるようにすべきです。

〈逮捕から勾留請求まで〉

　整理のため，警察により逮捕されてから勾留され，その後釈放されることなく起訴されるまでの流れを示します。

逮　捕 → 留　置 → 検察官への送致 → 勾留請求 → 裁判官による勾留質問
→ 勾　留（→ 勾留延長） → 公訴提起【起訴】

4.4　逮捕された被疑者の権利

4.4.1　当番弁護士

　逮捕された被疑者は，司法警察員または検察官のもとに引致された時点で，弁護人の選任権が告知されます。しかし，被疑者国選弁護人は勾留段階以降になってはじめて選任されますので，逮捕された被疑者のほとんどはこの段階で弁護人の援助を受けることはできません。

　この点を補っているのが，当番弁護士制度です。逮捕されている被疑者から要請がある場合には（弁護人の援助を類型的に要する事件では，要請が無くても），初回無料で弁護士が接見します（詳しくは，10.3.3のコラム参照）。

　逮捕された被疑者は，家族等への連絡をどうすればいいのでしょうか。法は，逮捕後留置段階については何も規定していません。実際には，担当の警察官が必要に応じて家族等への連絡をとっているようですが，法律上義務づけられているわけではありません。また，その内容も，被疑者の側から見て十分なものではありません。被疑者から外部への連絡は，この段階で当番弁護士が仲介しなければならない重要な任務のひとつです。

4.4.2　逮捕に対する異議申立て

　逮捕に対して，その違法性を理由に取り消しを求めることができるでしょうか。逮捕に対して，いわゆる準抗告（法429）を申し立てることができるかという問題として争われてきました。逮捕により通例72時間も拘束（留置）が認め

られている上に，実務上も捜査機関に手持ち時間として利用されていることに鑑みて，法429条1項2号の規定を準用して準抗告を認める説が有力です。しかし判例は，逮捕に関する裁判及びこれに基づく処分は準抗告の対象となる裁判には含まれないと解しています（最決1982［昭57］年8月27日刑集36-6-726）。

第5章

勾　留

5.1　勾留の意義，目的

　勾留とは，被疑者・被告人を拘禁する裁判およびその執行を言います。有罪が確定する前の未決拘禁です。有罪確定後に執行される刑罰である拘留（刑9，同16）とは，全く異なる拘禁です。刑事訴訟法は，第一編総則の第八章で起訴後の被告人勾留等について定める規定を設け，それを基本的に被疑者の勾留にも準用するようにしています。法207条1項は「勾留の請求を受けた裁判官は，その処分に関し裁判所又は裁判長と同一の権限を有する」と規定しています。この規定が，法60条以下の勾留に関する裁判所または裁判長の権限に関わる規定を，捜査段階の被疑者勾留に準用するという意味になります。本章では，もっぱら被疑者の勾留について論じることにします。

　被疑者の勾留は，基本的に将来の公判廷への出頭の確保と罪証隠滅の防止を目的として，行われます。被疑者を取り調べるために勾留することは，刑事訴訟法に規定されていませんし，およそ許されません。それを認めると，糾問的な捜査を是認することになるからです。

5.2　勾留の要件，手続

5.2.1　勾留の要件

　勾留の実体的要件は，勾留の理由と勾留の必要の二つがあります。勾留の理

由は，第一に，罪を犯したことを疑うに足りる相当な理由があることです（法207Ⅰ・同60Ⅰ本文）。第二に，定まった住居を有しないこと（住居不定），罪証隠滅を疑うに足りる相当な理由があること（罪証隠滅の相当な理由），あるいは逃亡しまたは逃亡すると疑うに足りる相当な理由があること（逃亡の相当な理由）のいずれかをみたすことです（法207Ⅰ・同60Ⅰ①〜③）。これら二つの要件をあわせて，通例「勾留の理由」と呼んでいます。

　このうち，罪証隠滅の相当な理由は，理論的には，無罪を推定される被疑者の立場と矛盾する可能性をはらんでいます。実際にも，被疑者が否認していることだけを理由に罪証隠滅の相当な理由が肯定されてしまえば，被疑者の正当な防御活動が著しく制約されかねません。したがって，この要件は罪証隠滅のわずかな可能性（抽象的危険性）があれば充足されるとするわけにはいきません。より高度な可能性がある場合に限り充足されるとして，厳格に解釈されなければなりません。法60条1項2号，3号が罪証隠滅や逃亡の「おそれ」とは規定していないで，「相当な理由」と規定している意味が，ここにあります。この点について，判例も，罪証隠滅の現実的可能性の程度を問題とし，厳格な解釈をとることを明らかにしました（最決2014［平成26］年11月17日判時2245-124）。

　そのほか，5.1で述べましたが，被疑者を取り調べる目的で勾留をすることは，身体拘束の圧力を自白採取に利用することを意味し，許されません。黙秘権侵害の可能性もあります。法60条1項には，被疑者（被告人）の否認は要件として掲げられていません。そのことに注意すべきです。また，再犯の危険性も，勾留の理由として直接掲げられてはいません。

　勾留の要件には，もうひとつ「勾留の必要」があります。法87条1項は「勾留の理由又は勾留の必要」と規定し，両者があることが示されています。「勾留の必要」とは，勾留の相当性と考えられています。事件の性質や被疑者の個人的事情を考慮して，勾留をすることの相当性を判断します。たとえば，住居不定でも確実な身元引受け人がいるとか，事案軽微なので身体拘束をすることが重過ぎて均衡を失するという場合には，勾留の相当性はないとされます。

　条文の規定形式の違いもあり，逮捕の理由と必要性と，勾留の理由と必要性とは，その内容が異なっています。

法60条1項2号の「罪証を隠滅すると疑うに足りる相当な理由」や同項3号の「逃亡し又は逃亡すると疑うに足りる相当な理由」を，それぞれ「罪証隠滅のおそれ」や「逃亡のおそれ」と通称する人があります。しかし，それは不適切です。その理由は，旧刑訴法90条1項・同法87条1項が用いていた「虞」の文言を，現行刑訴法が改正した歴史的事実を踏まえていないからです。また，法60条1項が，規143の3の「虞」と区別して書き分けていることをも無視するものです。「おそれ」との言い方は実務で定着しているとして，引き続きこのような通称を用いようとする態度は，解釈法学のあり方として正しくありません。

5.2.2 勾留の手続

（1） 逮捕前置（先行）主義

逮捕された被疑者をさらに継続して拘束するために，勾留がなされます。まず，検察官からの請求が必要です（法204Ⅰ，同205Ⅰ）。裁判官の職権で，勾留することはできません。必ず逮捕が先行するやり方をとっているので，逮捕前置主義あるいは逮捕先行主義と称されます。このようなやり方をとっている実質的な理由は，逮捕と勾留の2段階の令状審査手続で慎重を期し，被疑者の身体拘束をできる限り短くし，よって人権保障にかなうことになるからと説明されています。

先行する逮捕が違法であった場合には，勾留請求の効力に影響を及ぼすと考えられています。東京高判1979［昭54］年8月14日判時973-130は，そのことを当然の前提として，勾留の違法性に関する判断をした下級審判例です。

（2） 勾留の裁判と執行

勾留の請求を受けた裁判官は，勾留の裁判を行います。被疑者を勾留するには，被疑者に対し被疑事件を告げ，これに関する陳述を聴いた後でなければ，これをすることができません（法207Ⅰ・同61）。被疑事件を告げる際には，被疑者にすでに弁護人がある場合を除き，弁護人選任権や国選弁護人選任請求権などについて，告知や教示をしなければなりません（法207Ⅱ～Ⅳ）。この手続を勾留質問と言います。

勾留質問は，逮捕された被疑者がはじめて裁判官に会い，直接に意見を述べ

ることができる機会です。不利益な処分を受ける人に対する告知と聴聞の場です。適正手続の保障の点で重要な意義を持ちます。勾留質問への弁護人の立会いを認める規定はなく，実務上弁護人の立会いは行われていません。しかし，被疑者の署名押印のある勾留質問調書が後の公判廷で証拠として用いられることもあり，勾留質問は決定的な場になります。勾留されるかどうかは被疑者にとって極めて重要ですので，被疑者の包括的代理人である弁護人の出席は認められるべきだと考えます。なお，実務上は行われているようですが，勾留質問に際しては黙秘権の告知をすべきです。勾留の裁判にあたっては，裁判官はこのほかに事実の取調べもできます（法43Ⅲ）。

　勾留の請求が不適法なとき，または勾留の理由もしくは必要がないときは，裁判官は勾留請求を却下して，直ちに被疑者の釈放を命じなければなりません（法207Ⅴ但書き）。そうではない場合は，裁判官は速やかに勾留状を発しなければなりません（法207Ⅴ本文）。勾留状は，検察官の指揮によって，検察事務官，司法警察職員または刑事施設職員が執行するのが原則です（法207Ⅰ・同70）。被疑者を勾留したときには，直ちに弁護人にその旨を通知しなければなりません。弁護人がいないときには，被疑者の配偶者等で被疑者の指定する者に通知しなければなりません（法207Ⅰ・同79）。

5.3　勾留の期間，場所

5.3.1　勾留の期間

　勾留の期間は，勾留の請求をした日から10日です。「やむを得ない事由」があるときには，さらに10日の範囲で延長できます（法208Ⅱ）。内乱罪等の罪にあたる事件については，再延長も可能です（法208条の2）。ただし，対象が限られていることもあり，再延長の事例はほとんどありません。期間の始期は，実際に勾留が行われた日ではなく，勾留請求がなされた日です。被疑者の利益のため，時効の計算に準じて，初日を算入して数えます（法55Ⅰ但書き参照）。

　裁判官は，勾留状を発付するにあたり，10日より短い勾留期間を定めることができるでしょうか。実務では，法208条の規定や，期間が勾留状の記載要件

にも入っていないことなどから，短い期間を定めて勾留状を発する例はほとんどないようです。ただ，それほどの日数を必要としない場合にまで画一的に10日間の勾留を認めるのは不合理です。人権侵害にもなります。期間を10日より短く限定した勾留状の発付も可能だと考えます。なお，勾留延長においては，法規定上，10日に満たない期間を定めることができますし，実際にも行われています。

　勾留延長を認める要件である「やむを得ない事由」とは，文字通り厳格に解するべきです。取調べ未了や余罪取調べ未了などをその事由とするわけにはいきません。なぜなら，勾留が取調べ目的に用いられてはならないからです。「やむを得ない事由」とは，勾留延長をしなければ公訴提起をするか否かの判断ができないなど，極めて例外的な場合に限られると思います。

5.3.2　勾留の場所

　裁判官は，勾留状に勾留すべき刑事施設を記載しなければなりません（法207 I・同64 I）。未決勾留の刑事施設は拘置所（拘置支所等を含む）と呼ばれる法務省の施設ですが，処遇法3条3号，同15条1項の規定により，刑事施設に代えて警察署内に主に設置されている留置施設に収容することもできます。実際，多くの被疑者は起訴前は留置施設に収容されています。かねてから，このことが代用監獄問題として，その弊害が指摘されてきました。つまり，被疑者の身体を警察が24時間管理することから，捜査の便宜——とりわけ虚偽自白の強要——に身体拘束が利用される危険が意識されてきたのです。勾留の場所が大きな問題になりうることは，常に意識しておく必要があります。

　検察官は，勾留の場所を変更する場合には，裁判官の同意を得て他の刑事施設に移送することができます（規302 I・同80 I）。判例は，勾留に関する処分を行う裁判官は，職権により被疑者の勾留場所を変更する旨の移監命令を発することができるとしています（最決1995［平7］年4月12日刑集49-4-609）。被疑者からの移送請求権はないとするのが判例の立場ですので，実務上，被疑者が移送を求める場合には裁判官の職権発動を求めることになります。しかし，被疑者にはそもそも勾留取消請求権がありますから，それを準用ないし類推して，請求権を肯定すべきであると思います。

　旧監獄法1条3項は、「警察官署ニ附属スル留置場ハ之ヲ監獄ニ代用スルコトヲ得」と規定していました。ここから、警察署内に設置されている留置場を代用監獄と呼ぶようになりました。この規定が、現行の処遇法15条1項本文の「刑事施設に収容することに代えて、留置施設に留置することができる」の規定に、ほぼそのまま受け継がれています。警察署内にある留置施設は、刑事施設の代用として現在も用いられています。

　留置施設に被疑者が勾留されていると、捜査担当者が被疑者取調べをする際には、極めて便利です。取調べのために、いちいち署外の刑事施設に赴く必要はありません。また、土休日であることなど、あまり時間的制約を気にすることもありません。代用監獄問題が、長時間の被疑者取調べや、ひいては虚偽自白の問題と結びつくことがわかると思います。

　法改正により名称が変わったので、警察署内の留置施設は「代用刑事施設」と呼ぶべきかもしれません。しかし、問題の本質は変わっていないですので、その問題性を指すときは引き続き「代用監獄問題」と呼んでいます。

5.4　勾留からの救済

5.4.1　概　観

　被疑者段階での勾留においては、保釈制度がありません。法207条1項但書きが、明確に除外しています。したがって、被疑者はひとたび勾留されると、通例10日、延長の場合には20日間身体が拘束されることを覚悟しなければなりません。しかも、逮捕に伴う72時間の留置期間もありますから、起訴までの身体拘束期間——特に警察内における拘束期間——がかなり長くなります。憲法が人身の自由を保障していることからすれば任意捜査が原則であり、身体拘束はできる限り避け、やむを得ない場合に限るべきです。被疑者勾留段階における保釈制度は、そのための選択肢を拡げる役割を担うものです。この点は早急に立法で解決すべき課題でしょう。それまでは、以下の救済制度が大きな意義を持つことになります。

5.4.2 勾留理由開示

　勾留された被疑者等は，裁判官に，その理由（必要性も含む）の開示を請求することができます（法207Ⅰ・同82）。開示は公開の法廷で行われます（法207Ⅰ・同83Ⅰ）。勾留理由の開示を求める権利は，憲法34条後段から直接根拠づけられる権利です。

　憲法34条にこのような規定が設けられた趣旨は，単に拘禁の理由を公開の法廷で示すこと自体にあるわけではありません。被拘禁者に拘禁の理由の説明を求める権利を保障し，そこから不当拘禁の救済につなげることにあります。そのことは，刑事訴訟法上，勾留理由開示の条文のすぐ後に勾留取消しの条文（法87）が置かれていること，上訴に関する規定の中で，勾留理由開示と不服申立ての関係が意識された規定（法354）が置かれていることが，その根拠になるでしょう。したがって，裁判官は法廷において勾留の理由を告げる場合には（法207Ⅰ・同84Ⅰ），被疑者等の不服申立てに資するように，客観的な根拠に基づいて具体的に告げなければなりません。被疑者または弁護人等は，意見を述べることができます（法207Ⅰ・同84Ⅱ）。さらに，裁判官が告げた内容につき，必要に応じて釈明を求めることができると考えられます。被疑者等の意見陳述にあたっては，上記趣旨を損なうことのないよう，十分な時間が確保されなければなりません。裁判官は，勾留理由開示の結果，勾留の理由ないし必要性がないと判断したら，直ちに勾留を取り消さなければなりません（法207Ⅰ・同87Ⅰ）。

　なお，被告人も勾留理由開示請求をすることができます。ただし，同一事件の勾留継続中は，勾留した裁判所に一回しかできないとするのが判例の立場です。

5.4.3 準　抗　告

　勾留に関する裁判に対して，不服がある場合には，その取消または変更を請求することができます（法429Ⅰ②）。法律上明記されてはいませんが，この不服申し立てを実務上準抗告と呼んでいます。準抗告という名称であっても，実際は重要な意義を有しています。なお，準抗告の申立ては，検察官もすることができますから，準抗告すべてが必ずしも被疑者のための救済制度というわけ

ではありません。

　勾留に関する裁判には，被疑者を勾留する裁判または勾留請求を却下する裁判，勾留期間を延長する裁判または延長請求を却下する裁判などがあります。簡易裁判所の裁判官がした勾留の裁判に対しては管轄地方裁判所に，その他の裁判官（たとえば地方裁判所の裁判官）がした裁判に対してはその裁判官が所属している裁判所（その地方裁判所）に，準抗告を申し立てます（法429Ⅰ本文）。

　被疑者側が準抗告を申し立てる場合に，犯罪の嫌疑がないことを理由にすることができるでしょうか。被疑者については肯定することができると考えます（詳しくは21.4.4参照）。

5.4.4　勾留の取消し

　勾留の理由または必要がなくなったときは，裁判官は，決定で勾留を取り消さなければなりません。検察官または被疑者，弁護人等は勾留の取消しを請求できます。また，裁判官が職権で取消すこともできます（法207Ⅰ・同87Ⅰ）。勾留が不当に長くなった場合にも，裁判官は同様に勾留を取り消さなければなりません（法207Ⅰ・同91Ⅰ）。これらの裁判に対しては，準抗告も可能です。

5.4.5　勾留の執行停止

　裁判官は，適当と認めるときは，決定で，勾留されている被疑者を親族，保護団体その他の者に委託し，または被疑者の住居を制限して，勾留の執行を停止することができます（法207Ⅰ・同95）。勾留の決定はそのまま継続しつつ，執行を仮に解くものです。保釈制度が被疑者の勾留に認められていない現行制度のもとでは，勾留の執行停止を活性化させることの意義が指摘されています。実際に認められるのは，病気治療のための入院，近親者の危篤または死亡，入学試験などの場合などです。

第6章

逮捕・勾留の諸問題

6.1 事件単位の原則

6.1.1 事件単位の原則

　逮捕・勾留の効力は，逮捕状や勾留状に記載される被疑事実を基準とし，その効力はその限りで生じると考えられています（通説・判例）。この考え方は，事件単位説とも言われます。被疑事実は，令状請求に際し明示され，それに基づいて裁判官が審査，判断をし，令状執行時に被疑者にそれが告知され，防御の対象が明確化されます。このような一連の手続が展開されるわけですから，事件単位の原則が貫かれるべきことは当然です。

　これに対し，かつては人単位説が主張されたこともありました。逮捕・勾留の効力を，被疑者その人について生じると考える立場です。その考え方によれば，すでに逮捕・勾留されている被疑者を，別の事件で同時に重ねて逮捕・勾留することはできません。他方，逮捕・勾留は被疑事実以外のその人の余罪についても生じていると考えますので，もっぱら余罪を取り調べることも可能とされます。さらに，勾留延長や保釈請求許否の判断をするに際しても，余罪の考慮ができるとします。しかし，それでは，令状に示された事実以外の事実まで考慮することになり，令状主義にもとることになってしまいます。したがって，この考え方は支持できません。

　なお，事件単位説によれば，A事実による勾留とB事実による勾留の二重勾留（勾留の競合）を認めます。そのことにより，場合によっては，被疑者の勾留期間が長くなることが無いわけではありません。しかし，明示された被疑

事実について裁判官による令状審査を個別，厳格になさしめることが，結果的には不当な勾留を抑制することにつながると思います。

6.1.2　逮捕前置主義との関係

　A事実で逮捕された被疑者を，別のB事実で勾留請求することは，逮捕前置主義との関係で許されません。それでは，A事実で逮捕された被疑者について，B事実を付加して，A＋B事実で勾留することはできるでしょうか。もちろん，事件単位の原則により二重勾留が許されることが前提です。この場合，B事実による逮捕・勾留を付加することはもちろん，B事実の逮捕なしに直接B事実を付加した勾留も，許されると考える説が有力です。

6.2　再逮捕・再勾留の禁止

6.2.1　逮捕・勾留一回性の原則

　同一の被疑事実については，逮捕・勾留は一回のみ許され，再逮捕・再勾留は禁止されます。広く，一罪一勾留の原則とも称されます。もし，同一被疑事実につき何回でも逮捕・勾留が許されるのであれば，逮捕・勾留について刑事訴訟法が時間的制限を定めたことは無意味になってしまいます。

　しかしながら，他方で，再逮捕を許容するような刑事訴訟法上の規定があります（法199Ⅲ，規142Ⅰ⑧）。したがって，再逮捕・再勾留については，原則的に許されないとしても，例外的に許される場合はどのような場合か，また再逮捕は許されるとしても，再勾留も許されるかどうかが問題となります。

　逮捕後留置前に被疑者が逃亡するなどして，比較的早期の段階で前の逮捕が終了した場合には，再逮捕を認めてもいいでしょう。しかし，前の逮捕が勾留延長まで進んだ後，証拠不十分で釈放された場合は，どうでしょうか。その再逮捕は，事件が重大でしかも重要な新証拠を発見したなど，事情変更がやむを得ないと考えられる場合にしか認められないと思います。

　再逮捕の後，その被疑事実で続けて再勾留できるでしょうか。そのことにつ

いては，それを認めるような明文の規定はありません。再勾留はかなり長期間にわたる被疑者の拘束を認めることになり，許されないと考えます。ただ，下級審判例では，「社会通念上捜査機関に強制捜査を断念させることが首肯し難く，また，身柄拘束の不当なむしかえしでないと認められる場合に限る」として，再勾留を認めたものがあります（東京地決1972［昭47］年4月4日判時665-103）。

6.2.2　科刑上一罪関係にある被疑事実の間での再逮捕・再勾留

　同一被疑事実の再逮捕・再勾留とは少し異なり，被疑事実の間に科刑上一罪（刑54 I）の関係がある場合，再逮捕・再勾留はどのように考えるべきでしょうか。たとえば，被疑者がＸの住居に侵入して，財布を盗んだとされる場合です。住居侵入と窃盗が牽連犯で，科刑上一罪の関係に立ちます。この場合，最初に窃盗の罪で逮捕・勾留されていた被疑者が釈放され，その後住居侵入の罪で，あらためてその被疑者を逮捕・勾留できるかです。このようなことを認めると，一罪を分割して被疑者の逮捕・勾留が繰り返される懸念が生じます。これも，安易には許されません。同一事件の場合と同じように，限定的に考えて行くべきです。やむを得ないと考えられる場合で，しかも再逮捕だけが認められると思います。再勾留は認められません。

6.3　別件逮捕・勾留

6.3.1　意　義

　別件逮捕・勾留とは，法令上の用語ではなく，学説や判例上で用いられている言葉です。犯罪捜査において，重大事件（たとえば殺人など。これを本件とします）について逮捕するだけの証拠がない段階で，犯人ではないかと見込んだ人を，証拠の整っている全く別な軽微な事件（たとえば暴行など。これを別件とします）で逮捕・勾留することです。その上で逮捕・勾留した人を取り調べ，本件について自白を得ようとするのです。その人がもし本件について自白した

ら，今度は本件で逮捕・勾留します。このような捜査手法を批判的に考察する
概念として，別件逮捕・勾留の用語が使われてきました。

6.3.2　問題の所在

　別件逮捕・勾留の問題は，どこにあるのでしょうか。基本的には，以下の通
り，重大な違法性を伴うと考えられます。

　①別件逮捕・勾留の捜査手法は，身体拘束を手段にして，その圧力によって
自白を獲得しようとします。取調べ目的で逮捕・勾留していますので，法60条
１項に定められていない理由で勾留を行うことになり，刑事訴訟法の規定に反
します。憲法38条１項の黙秘権を侵害する可能性が高いです。死刑確定後に再
審で無罪となった免田事件や松山事件をはじめ，冤罪事件の多くにおいては，
このような別件逮捕・勾留が自白強要に用いられました。

　②別件逮捕・勾留の後には，本件の逮捕・勾留がなされることが見込まれま
す。そうすると，別件逮捕・勾留と本件逮捕・勾留とあわせて，身体拘束が続
くことになります。それでは，逮捕・勾留に関して法203条以下が規定してい
る身体拘束期間の制限を，くぐり抜けることになります。もし，別件逮捕・勾
留を繰り返すことになれば，より一層時間的制限は無意味になります。

　③別件逮捕・勾留時に裁判官の令状審査は別件についてのみ行われ，本件に
ついての令状審査は行われません。裁判官には，別件事実しか示されないから
です。しかしながら，実質的には本件についての逮捕・勾留が行われています。
令状主義を潜脱し，憲法33条に反する重大な違法があります。また，適正手続
を保障した憲法31条にも反します。

　なお，別件逮捕・勾留の問題と余罪取調べの限界の問題は，表裏一体で重な
りあう部分があります。なぜなら，別件逮捕・勾留の手法は，取調べによって
自白を獲得しようとするところに目的があるからです。ただ一応，ここでは次
の区別を示しておきます。別件逮捕・勾留の問題は，その別件逮捕・勾留は違
法であるとするところを問題にします。これに対し，余罪取調べの問題は，そ
の（別件）逮捕・勾留は違法ではないことを前提にして，取調べが違法かどう
かを問題にします。概念的にはこの区別をしておき，余罪取調べの限界につい
ては，次章の被疑者取調べのところで説明することにします。

6.3.3 本件基準説と別件基準説

別件逮捕・勾留をめぐっては，いわゆる**本件基準説**と**別件基準説**とが対立してきました。多数説である本件基準説は，別件逮捕・勾留の違法性を，隠れた本件事件の逮捕・勾留に実質的にあたるかどうかを基準にして考える立場です。あたるとなれば，令状主義を潜脱する違法があるとされます。これに対し別件基準説は，別件について逮捕・勾留がなされている以上，その別件事件について要件が具備されているかどうかを基準に考える立場です。その上で，本件の取調べの問題は，せいぜい余罪取調べの限界の問題として論じれば足りるとします。しかし，別件事件について逮捕・勾留の要件が具備されていなければ，違法であるのは当たり前です。その考え方では，特に別件逮捕・勾留概念を用いて論じる実益はありません（浦和地判1990［平2］年10月12日判時1376-24）。

学説や実務が，これまで別件逮捕・勾留として概念を作り上げて論じてきた理由は，形式的には適法に見える逮捕・勾留でも，実態は異なる事件の逮捕・勾留であるところを問題としたかったからです。このような捜査手法は，裁判官の司法審査の目をかいくぐり，令状主義に反すると思われるからです。別件基準説ではおよそ問題の本質に近づけないと思います。本件基準説が妥当です。

なお，最近の学説に，起訴前の身体拘束期間と別件逮捕・勾留の問題とを関係づける立場があります。起訴前の逮捕・勾留の期間を，その事件（別件）の起訴・不起訴決定に向けた捜査期間と位置づけ，別件の捜査が完了したときには，それ以降の本件捜査のための身体拘束は違法となるとします。勾留の時間的制限を手持ち時間として利用する実務を規制しうる考え方として評価できます。しかし，そもそも別件逮捕・勾留に関する令状請求の時点から違法性を問題としてきた従来の議論からすると，やや後退するようにも思います。

6.3.4 違法と判断される場合

（1）判定する基準

別件事件についての令状を請求する段階から，捜査官が令状主義を潜脱する意図を有していれば，初期の時点から違法な別件逮捕・勾留と評価できます。しかし，捜査官の主観がその時点で明らかになっていることは，ありません

（明らかになっていれば，裁判官が令状請求を却下するでしょう）。別件逮捕・勾留の問題は，別件逮捕・勾留中に本件についての被疑者取調べと自白獲得がなされ，引き続いて本件の逮捕・勾留が行われた後に明らかになります。

　このような事情から，別件逮捕・勾留の違法性は，令状主義の原則を実質的に潜脱するものであったかどうかを，後になって判断するのが通例となります。これまでの裁判例では，①別件事実と本件事実との罪質などの比較，②別件事実と本件事実との関連性の程度，③別件事実についての身体拘束の必要性の程度，④本件事実についての取調べ状況，⑤本件事実についての証拠の収集程度，⑥取調べ担当者の主観的意図などを総合して，判断しています（福岡高判1986［昭61］年4月28日判時1201-3［鹿児島夫婦殺し事件］など）。

（2）　事前抑制と事後抑制

　別件逮捕・勾留を事前に抑制するのはなかなか困難です。前述の通り，令状審査においては，一見適法に見える別件に関する令状請求が行われ，本件に関する情報は裁判官に示されないからです。そのことを考えると，弁護人の果たすべき役割は大きいと言えます。弁護人は，接見において被疑者からどんな事件について取調べを受けているかを聞き取ることによって，違法な別件逮捕・勾留であるかどうかを知ることができるからです。後述しますが（10.3.3），被疑者国選弁護制度の実施により，弁護活動によって，別件逮捕・勾留に異議を申し立て，早い段階で抑制することが容易になりました。このような状況の進展もあり，最近は典型的な別件逮捕・勾留はかなり少なくなったように思います。

　それにもかかわらず，事前抑制できなければ，事後の救済が重要になります。別件逮捕・勾留は，憲法の定める令状主義に反するわけですから，違法性が重大です。したがって，違法な別件逮捕・勾留中に得られた自白は証拠から排除されます。また，別件逮捕・勾留に引き続いて行われた本件による逮捕・勾留は，当然違法となります。

第7章

取　調　べ
——被疑者と被疑者以外の者

7.1　概　観

7.1.1　取調べの意義

　被疑者取調べと被疑者以外の者（参考人など）の取調べを取り上げます。ここで取調べというのは，被疑者などから事情を聴き，その供述を得ることを目的とする捜査活動です。

　被疑者の取調べについては，捜査機関は，「犯罪の捜査をするについて必要があるときは，被疑者の出頭を求め，これを取り調べることができる。但し，被疑者は，逮捕又は勾留されている場合を除いては，出頭を拒み，又は出頭後，何時でも退去することができる」(法198 I)，と規定されています。この規定に基づき，被疑者は警察署や検察庁で取調べを受け，供述することが求められます。この規定からわかる通り，被疑者の取調べでは，逮捕・勾留されていない（在宅の）場合と，逮捕・勾留されている場合とが分けられ，そこに差異があるように見えます。

　被疑者以外の者の取調べについては，捜査機関は，「犯罪の捜査をするについて必要があるときは，被疑者以外の者の出頭を求め，これを取り調べ…ることができる」(法223 I)，と規定されています。被疑者以外の者の取調べは，参考人取調べとも呼ばれます。具体的には，被害者や目撃者のみならず，被疑者と共犯関係にあると思われている者や，被疑者ではないかと思われている者（重要参考人と呼ばれたりします）まで，いろいろな人たちが含まれています。

7.1.2 取調べと供述調書

　被疑者の取調べに際し，捜査機関は，あらかじめ，自己の意思に反して供述をする必要がない旨を告げなければなりません（法198Ⅱ）。黙秘権の告知です。

　被疑者の供述は調書に録取することができます（法198Ⅲ）。これを供述録取書あるいは供述調書と言います。調書の作成については，捜査官に裁量権があると解するのが通説です。しかし，必ず調書を作成しなければならないと解する有力説もあります。否認しているときには調書を作成せずに，理路整然とした自白が得られたときにのみ調書を作成するというのでは，問題だからです。もしそれが許されるとすると，自白を内容とした供述調書（以下「自白調書」）しか残らなくなり，被疑者が自白に至るまでの過程が全くわからなくなってしまいます。取調べのときには原則として調書を作成すべきとしている犯罪捜査規範177条1項があることなどを合わせ考えると，必ず取調べの内容がわかる調書を作成すべきだと思います。

　録取した調書は，被疑者に閲覧させるか読み聞かせて，誤りがないか問い，被疑者が増減変更を申し立てたときは，その供述を調書に記載しなければなりません（法198Ⅳ）。被疑者が調書に誤りがないと確認した場合には，署名押印することを求めることができます。ただし，被疑者にはそれを拒絶する自由があります（法198Ⅴ）。

　取調べは，捜査官が発問し，被疑者がそれに答えるやり取りの積み重ねです。作成された調書は，そのまとめでしかありません。詳しい過程は，調書からはわかりません。過程の検証には，録音・録画が不可欠だと思います。しかし，7.3.3で触れますが，録音・録画は極めて限定された範囲でのみ，法律上義務づけられているにすぎません。

7.2　逮捕・勾留されていない被疑者の取調べ
——任意出頭，任意同行

7.2.1　任意出頭

　法198条1項によれば，捜査機関は，必要があるときは被疑者に出頭を求め，

取調べをすることができます。多くの場合には、呼び出しを受けて、警察署や検察庁などに指定の時間に出頭し、取調べを受けることになります。しかし、逮捕・勾留されているわけではありませんから、被疑者は出頭を拒むことができますし、出頭後いつでも退去することができます（法198 I 但書き）。このような出頭を、任意出頭と呼んでいます。

7.2.2 任意同行

　被疑者の出頭を確保するため、捜査機関が被疑者の居宅等から警察署等へ同行することもあります。被疑者の任意同行と言いますが、法律に特に規定されているわけではありません。これは、任意捜査としての任意同行であって、警職法2条2項の任意同行とは異なります。警職法の任意同行は、職務質問の要件をみたした人に対し、「質問をすることが本人に対して不利であり、又は交通の妨害になると認められる場合に」のみ、同行を求めることができるものです。これに対し、被疑者の任意同行は、特定の犯罪について一定の嫌疑が生じている被疑者に対し、行うものです。

　任意同行については、法198条1項が任意出頭のみを認めていることなどを根拠に、禁止されているとする説もあります。しかし、実務上は被疑者の承諾がある限り許されるとして、用いられています。任意同行が用いられる理由は、まだ逮捕するまでの嫌疑がない被疑者につきその嫌疑の有無を確かめるためとか、すでに逮捕状の発付を受けている被疑者について、被疑者の名誉を守るため任意で手錠をかけずに同行させるためなどと説明されています。しかし、このような理由づけを掘り下げて考えてみれば、未だ嫌疑が整っていない被疑者から自白を得て逮捕に結びつけようとする危険や、任意同行によって逮捕に伴う時間的制限を免れようとするのではないかとの疑問が生じます。任意同行は、通例は、警察官等が複数で被疑者の居宅等に赴き実施するもので、強制的性格を帯びます。承諾留置が許されないのと同様に、たとえ被疑者の承諾があったとしても、私は許されないと思います。

　さて、任意同行として行われた捜査を、その実態から評価すると、実質的な逮捕と考えるべき場合があります。もしそうであれば、無令状の逮捕ということになり、令状主義に反する重大な違法になります。

　逮捕にあたるか否かについて、通説は、同行を求めた時刻・場所、同行の方

法・態様（同行警察官の数など），同行後の取調べ時間・態様，被疑者の監視状況，逮捕準備の状況など諸事情を考慮して，同行を拒絶できる状況であったかとか，取調べの途中で帰ることができる状況であったかどうかで，判断するとしています。そもそも同行の承諾を求めた段階で態様から見て逮捕にあたる場合もあるでしょうし，その段階では任意の捜査と評価し得ていたが，その後警察署内で取調べを受けている段階で逮捕にあたると判断される場合もあるでしょう。後者の場合については，次で述べることにします。

7.2.3　任意出頭・同行後の取調べ

　同行や出頭がそれ自体としては任意に行われた場合であっても，その後の任意取調べが長時間行われ，深夜に及んだり宿泊を伴うに至った場合には，どのように考えるべきでしょうか。この点について，次の二つの最高裁判例は，種々の事情を考慮して，社会通念上任意捜査として許されるとしました。

　まず，最決1984［昭59］年2月29日刑集38-3-479［高輪グリーン・マンション殺人事件］です。これは，殺人事件の被疑者を4夜にわたり警察署近くのホテルなどに宿泊させ，その動静を監視し，連日長時間にわたる取調べを行った事案です。最高裁は，「取調べは，宿泊の点など任意捜査の方法として必ずしも妥当とはいい難いところがあるものの，被告人が任意に応じていたものと認められるばかりでなく，事案の性質上，速やかに被告人から詳細な事情及び弁解を聴取する必要性があつたものと認められることなどの本件における具体的状況を総合すると，結局，社会通念上やむを得なかつたものというべく，任意捜査として許容される限界を越えた違法なものであつたとまでは断じ難い」としました。強制捜査であることを認めなかっただけではなく，違法な任意捜査であるともしませんでした。

　もうひとつは，最決1989［平1］年7月4日刑集43-7-581です。強盗殺人事件の被疑者について，午後11時過ぎに警察署に任意同行して徹夜で取調べが行われ，翌日朝に自白を得てからもさらに続けられ，同日午後9時過ぎに逮捕されるまで，合計約22時間取調べが行われた事案です。最高裁は，このような長時間にわたる被疑者に対する取調べは，特段の事情がない限り，容易にこれを是認できるものではないとしながらも，被疑者から冒頭進んで取調べを願う旨の承諾を得ていたことや，警察官において自白を強要するため取調べを続け

る意図はなかったことなど，被疑者が取調べを拒否して帰宅しようとしたり，休息させてほしいと申し出た形跡はないことを指摘した上，「本件事案の性質，重大性を総合勘案すると，本件取調べは，社会通念上任意捜査として許容される限度を逸脱したものであつたとまでは断ずることができ」ないとしました。

　二つの決定は，実質的に身体拘束にあたるかどうかよりも，被疑者の任意取調べにおける意思の自由の制約に判断の重心を置き，さらに事案の重大性など諸般の事情を利益衡量して，社会通念上相当であるかどうかから，適法性を肯定しました。しかし，いずれの事件でも少数意見が付されました。これに対して，学説上は，社会通念上許容されるとしたことに疑問を呈する立場が多いと思います。思うに，社会通念という概念を人権保障の局面で持ち出すのは不適切である上，これは極めて曖昧な概念だと思います。

　この点につき，任意同行後，午前8時ころから翌日午前零時ころまで行われた取調べについて，判断を示した注目すべき下級審判例があります。そこでは，「事実上の看視付きの長時間の深夜にまで及ぶ取調は，仮に被疑者から帰宅ないし退室について明示の申出がなされなかったとしても，任意の取調であるとする他の特段の事情の認められない限り，任意の取調とは認められない」として，少なくとも夕食時である午後7時以降の取調べは実質的には逮捕状によらない違法な逮捕であったとしました（富山地決1979［昭54］年7月26日判時946-137）。

　任意同行の許否はともかくとして，警察官から朝に自宅で任意同行を求められたとき，ほとんどの人は承諾して警察署に向かうと思います。このとき，承諾をした人の内心には，夕方までには帰宅できるとの期待があるのが一般的でしょう。また，長時間取調べを受けることを想定しているとは思いません。任意出頭の場合も同様です。他方で，取調べは警察署内など外部からほぼ遮断された場所で行われます。これらの要素をあわせ考えると，警察署内での取調べが夕方以降に及んだり，数時間以上に及んだ場合には，基本的に逮捕にあたり，違法と考えるべきだと思います。たとえ被疑者の承諾があった場合でも，許されない承諾留置にあたると思います。犯罪捜査規範168条3項には，やむを得ない理由がある場合を除き，深夜にまたは長時間にわたる取調べを避けるべきことが規定されています。この規定を，重く受け止めるべきだと考えます。

　なお，東京高判2002［平14］年9月4日判時1808-144は，同じく社会通念の判断枠組みを用いながら，違法な任意捜査であるとしました。この事案では，

被疑者は警察署に任意同行されて以来，警察の影響下から一度も解放されることなく連続して9泊もの宿泊を余儀なくされた上，10日間にもわたり警察官から厳重に監視され，ほぼ外界と隔絶された状態で，1日の休みもなく連日長時間の取調べに応じざるをえない状況に置かれました。裁判所は，「本件の捜査方法は社会通念に照らしてあまりにも行き過ぎであり，任意捜査の方法としてやむを得なかったものとはいえず，任意捜査として許容される限界を越えた違法なものである」としました。ただ私は，本件の事実関係からすると，実質的な逮捕・留置にあたると思います。

7.3 逮捕・勾留されている被疑者の取調べ

7.3.1 取調べ受忍義務

逮捕・勾留中の被疑者取調べは，事件（真実）解明と人権保障とが鋭く対立する局面です。歴史的に，身体が拘束されている被疑者の取調べは重用され，自白を採取しようとする捜査機関の強い意欲が発揮されてきました。しかし他方で，それは拷問や虚偽自白の強要につながり，冤罪事件の発生へと結びついてもきました。逮捕・勾留中の被疑者の取調べをどうすべきかは，現在もなお大きな課題です。

法198条1項但書きからは，逮捕・勾留されていない在宅の被疑者は，取調室への出頭義務も滞留義務もないことは明らかです。この出頭義務と滞留義務を併せて，取調べ受忍義務と呼んでいます。問題は，身体を拘束されている被疑者の取調べ受忍義務です。

但書きを反対解釈すると，逮捕・勾留されている被疑者には，取調べ受忍義務があるように読むことができます。しかしながら，憲法38条1項が黙秘権を保障していますので，それを侵害することはできません。このことをめぐって，実務，学説は大きく対立してきました。刑事訴訟法上最大の論点の一つと言って過言ではありません。

この点について最高裁の判例があるわけではありませんが，実務は受忍義務を肯定して運用されています。その根拠には，上記条文の存在のほか，取調べ

の有用性や必要性などが挙げられています。これに対し学説の多くは取調べ受忍義務を否定しています。その理由は，黙秘権を実質的に保障すべきであること，取調べ目的の逮捕・勾留は認められていないこと，被疑者の当事者的地位からすれば，それと対等な関係にある捜査機関にそのような権限を認めることは正当化されないと考えられること，などです。ただ受忍義務否定説に立った場合には，それでは法198条1項但書きをどう解するのかという問題があります。これについては，たとえば出頭拒否や退去を認めることが，逮捕・勾留の効力自体を否定するものではないことを注意的に明らかにしたものであるとか，同条は在宅の被疑者に対してもっぱら定めた規定であるなどという解釈が示されています。

　どう考えていくべきでしょうか。憲法の黙秘権保障から考えて，それを侵害するような取調べ受忍義務を課すことは許されません。たとえば，取調べを拒否する意思を明確にしている被疑者を，留置されている場所から取調室に連行したり，取調室にとどまることを強要するのは，不利益な供述を強要するとしか解せないと思います。逮捕・勾留中の被疑者の取調べも，被疑者の同意を得て行わなければなりません。法198条1項の規定はあくまでも捜査機関に被疑者の取調べ権限を認めたにとどまり，逮捕・勾留中の被疑者に取調べ受忍義務を積極的に認めたものと解するわけにはいかないと思います。

7.3.2　余罪取調べ

　逮捕・勾留中の被疑事実ではなく，それ以外の余罪についての取調べはどのように考えるべきでしょうか。取調べの権限，受忍義務の点で問題となります。

　取調べ受忍義務を肯定する実務を前提にして，捜査機関はいかなる余罪についても取調べできるとする立場もありえます。しかし，それは糺問的捜査を全面的に認める立場であり，そのような権限に法的根拠はありません。また，事件単位の原則を適用して，余罪について取調べ受忍義務はないとする立場もあります。この立場からは，逮捕・勾留の被疑事実と密接に関連する場合や同種余罪の場合，取調べ受忍義務のない純粋な任意の取調べの場合には，例外的に余罪取調べが許されるとします。そのことを明確にした下級審判例もあります（浦和地判1990［平2］年10月12日判時1376-24）。

　ただ，これに対しては，事件単位の原則はあくまでも逮捕・勾留の効力範囲

の問題であって，取調べが逮捕・勾留の目的ではない以上，その原則を取調べの問題に結びつけるのは理論的に間違いだとする見解も有力です。もっとも，学説も同種余罪などの取調べ自体を許されないとするわけではありません。現在の実務を前提とすると，被疑者にとって何度も余罪によって繰り返し逮捕・勾留されるよりも，一回の逮捕・勾留で同種余罪を一緒に処理してもらった方が望ましい場合もあります。学説も，違法な別件逮捕・勾留にあたらない範囲で，取調べ受忍義務が課されない余罪取調べは認めるのが多数説です。被疑者の同意を得て行う限りにおいて，関連性のある余罪についてのみ，取調べが許されると考えます。

7.3.3 逮捕・勾留中の取調べの問題とその規制

(1) 逮捕・勾留中の取調べの問題

逮捕・勾留中の被疑者が，取調べに応じない姿勢を実際に貫くことは至難の業です。前述した通り，実務は取調べ受忍義務があるとの前提で運用されています。また，被疑者は取調室で弁護人に立会ってもらい，直接の援助を受けることが認められてません。いわゆる代用監獄問題（5.3.2）もあり，取調べから逃れにくい客観的状況もあります。したがって，このような取調べは，事実上強制的な色彩を持ちます。

さらに，被疑者の自白調書は，法322条の規定により後の公判廷で証拠として利用しやすいようになっています（19.3参照）。検察官は自白調書を得てしまえば，最終的に有罪を立証できる確実さが高まります。したがって，捜査機関にとって，自白獲得に向けた被疑者の取調べは重要性を持つことになります。

しかしながら，このようにして行われる取調べは，他方では，人権侵害を招き，虚偽の自白を生み出し，ひいては誤判・冤罪に結びつく危険性を持ちます。一度自白調書が作成されてしまうと，公判廷で覆すことが難しくなります。冤罪事件で，捜査官が自白を強要し人権を侵害した事例は，最近でもしばしば明らかになっています。任意性を欠く自白は証拠とすることはできませんが（法319 I），取調室は密室で，事後的に被疑者・被告人側が任意性を欠いていると立証することには多大な困難があります。供述調書作成には署名押印などの手続が定められていますが，これが実際に適正に行われているのか検証する手段はほとんどありません。強制的色彩が払拭できない取調べにおいて，本当に黙

秘権を行使しうる状況が保障されていたのか，なかなか検証できません。

　捜査機関による取調べは，往々にして被疑者は犯人であるとする見立てのままに，そのまま突き進んでいくことが少なくありません。一度決めた思い込みはなかなか変わらないことが多く，まるで坂道をころがり落ちるボールのように止まりません。もし，誤った事件の見立てのままに取調べが進んでしまうと，結果的に冤罪に苦しむ人を生じさせてしまいます。身体拘束下の取調べが適正に行われるよう，規制していく必要があります。

（2）　取調べの録音・録画

　取調べをどのように規制していくかが，現在の日本の刑事訴訟法の大きな問題です。これに対処することを目的として考えられたのが，取調べの録音・録画制度（いわゆる取調べの可視化）です。

　2016年の刑事訴訟法改正により，一部事件について，取調べの録音・録画が義務づけられるようになりました（法301の2）。対象となる事件は，裁判員裁判対象事件（①死刑または無期の懲役若しくは禁錮に当たる罪に係る事件と，②短期1年以上の有期の懲役または禁錮に当たる罪であって故意の犯罪行為により被害者を死亡させたものに係る事件）と，検察官が独自に捜査した事件（③司法警察員が送致しまたは送付した事件以外の事件）です（法301の2Ⅰ①～③）。

　捜査機関は，これらの事件について，逮捕・勾留されている被疑者を取調べるときまたは被疑者に対して弁解の機会を与えるときは，被疑者の供述及びその状況を，録音及び録画を同時に行う方法により記録媒体に記録しておかなければなりません（法301の2Ⅳ）。ただし，例外的に，機器の故障その他のやむを得ない事情により，記録をすることができないときなどには，録音・録画の義務はありません（法301の2Ⅳ①～④）。

　なお，録音・録画対象事件について，後の公判廷においてその時作成された供述調書の任意性が争われたときには，検察官は上記規定により録音・録画された記録媒体の取調べを請求しなければなりません（法301の2Ⅰ）。

　取調べの録音・録画制度は立法化されましたが，まだ十分とは言えません。その理由は，対象犯罪が極めて限定されていますし，機器故障の場合など義務づけが免除される場合が広範に認められているからです。また，取調べを受けている時間以外には，録音・録画が義務づけられてもいません。もし，逮捕後取調室に連れていかれるときに入口で被疑者が暴行を受けたらどうでしょうか。

それは録音・録画が義務づけられている段階ではないので，記録媒体に残されることはありません。

(3)　その他の取調べ規制方法——弁護人の立会いなど

　取調べを適正なものにするために，可視化以外の方法も考えていくべきです。現在は法律上，取調べ方法自体を規制する規定はありません。たとえば，取調べの時間的規制（夜間や早朝の取調べ禁止や，1日あたりの最長取調べ時間の定めなど）を法律上明記すべきでしょう（犯罪捜査規範168条3項は，午後10時から午前5時までの間の取調べを避けるなど規定していますが，法律によりもっと厳格に規定すべきです）。

　取調べは，被疑者にとっては危機的な段階とも言えます。特に身に覚えのない事件で逮捕・勾留された被疑者にとっては，どのように取調べに対応していいのか困惑することも少なくありません。この段階こそが弁護人の援助を最も必要としている段階と考えられます。そのことからすれば，取調べへの弁護人の立会いを権利として認めていくべきだと思います。イギリスなどの外国においては，だいぶ前から保障されています。黙秘権が実際に行使できる環境を整える意味でも，取調べへの弁護人の立会いを認めるべきだと思います。

7.4　被疑者以外の者の取調べ

　被疑者以外の者の取調べ方法については，法223条2項が，被疑者取調べの規定を一部準用して定めています。それによると，いわゆる取調べ受忍義務はありませんが（法223Ⅱ・同198Ⅰ但書き），被疑者取調べと同様の手続で供述調書を作成することができます（法223・同198Ⅲ～Ⅴ）。

　法223条2項は法198条2項を準用していませんので，被疑者以外の者の取調べに際しては，黙秘権を告知する必要はありません。しかし，被疑者以外の者についても，憲法38条1項の保障は及びます。少なくとも，不利益な供述を強要されないことを，捜査官は告知しなければならないと考えます。取調べの過程で当初目撃者と思われていた人が，後に被疑者ではないかと思われることもあります。そもそも，参考人と被疑者との境界は明確に区別できるわけではありません。これらを考えると，実際上も，不利益な供述が義務づけられない旨

を告知することが必要だと思います。

　犯罪の捜査に欠くことのできない知識を有すると明らかに認められる者が，法223条1項の取調べに応じなかった場合には，第一回公判期日前に限り，検察官は，裁判官にその者の証人尋問を請求することができます（法226）。また，法223条1項の取調べに際して任意の供述をした者が，公判期日においては前にした供述と異なる供述をするおそれがあり，かつ，その者の供述が犯罪の証明に欠くことができないと認められる場合には，同様に検察官は，裁判官にその者の証人尋問を請求することができます（法227）。

7.5　協議・合意制度

7.5.1　概　説

　協議・合意制度は，2016年法改正により，刑事訴訟法の第二編第四章「証拠収集等への協力及び訴追に関する合意」として，新設されました。協議は取調べとは異なりますが，密接な関係を持っていますので，ここで取り上げることにします。

　この制度は，いわゆる司法取引の一種です。司法取引には，自己負罪型のもの（有罪答弁制度を導入した上での取引）と，捜査・公判協力型のものがあります。今回導入されたものは，後者の捜査・公判協力型の取引です。刑事訴訟法には取引とは明記されていませんが，当事者双方が提供すべきものについて協議・合意することを定めていますので，取引であると評価できます。

　具体的には，一定の財産犯罪や経済犯罪，薬物・銃器犯罪等（「特定犯罪」）について，被疑者・被告人（協力者）が，弁護人の同意のもとで，共犯者等の他人の刑事事件（標的事件）の解明に資する供述をしたり証拠物を提出するなどの協力行為をする一方で，検察官がその協力行為を被疑者・被告人（協力者）の事件において有利に考慮して，一定の軽い求刑をしたり不起訴処分にするなどの恩典を付与することを内容とする合意制度です（法350の2Ⅰ：次図参照）。

<協議・合意型取引>

協議・合意
検 察 官 ━━━━━ 被疑者・被告人（協力者）＋ 弁 護 人
恩典付与 ⟸⟹ 協力行為

　協議・合意制度の立法化にあたっては，協力者が虚偽供述などをして，標的となった他人に理由のない刑事責任を負わせる危険（引っ張り込みの危険）が強く指摘されました。冤罪を生み出す危険です。このため，弁護人の必要的関与や虚偽供述に対する罰則などが規定されています。しかし，これで十分だとは思われません。実際の事件では，協議・合意が虚偽供述を誘発していないか，その過程を録音・録画するなど，その適正さを厳格に担保していく必要があると思います。

7.5.2　手　続

<協議・合意手続の流れ>

協議の開始・継続
　一方当事者による協議の申し入れと相手方の受諾
　弁護人の常時関与
　協力者による協力行為の明示，協議供述
　検察官による協力内容の評価，恩典の提示

　（── 合意の不成立 ）

合意の成立　合意内容書面の作成

　（── 合意からの離脱 ）

合意に基づく協力行為の実施・恩典の付与

　（── 合意からの離脱・失効 ）

●協力者の刑事事件公判廷における合意の顕出
●他人の刑事事件公判廷における合意の顕出，証拠の使用

協議・合意の対象となる事件は，合意事件も標的事件も，前述した一定の「特定犯罪」に係る事件に限られています（法350の2Ⅱ）。合意をするため必要な協議は，原則として検察官と被疑者・被告人（協力者）および弁護人との間で行われます（例外的に，検察官と弁護人のみとの間で行われることもあります。法350の4）。被疑者・被告人の取調べなのかそれとも協議なのかは，弁護人の立会いを必須とするかに違いがあり，重要な点です。私は，どちらかが協議の持ちかけをした時点で，協議に該当し，弁護人の関与が必要となると考えます。

　協議において，検察官は，被疑者・被告人に対し，黙秘権を告知した上で，他人の刑事事件（標的事件）について供述を求めることができます（法350の5Ⅰ）。合意には，協力者の弁護人の同意が必要です（法350の3Ⅰ）。合意した場合には，検察官と被疑者・被告人および弁護人の連署した書面（合意内容書面）により，その内容を明らかにしておかなければなりません（法350の3Ⅱ）。

　検察官は，協力者の公判廷で，遅滞なく，合意内容書面の取調べを請求しなければなりません（法350の7Ⅰ）。また，合意に基づき作成された供述録取書等が，他人の刑事事件において証拠調べされようとするときも，検察官は，合意内容書面の取調べを請求しなければなりません（法350の8）。

　合意の当事者は，所定の事由があるときは，合意から離脱することができます（法350の10Ⅰ）。離脱は，その理由を記載した書面により相手方に告知して，行います（法350の10Ⅱ）。

　このほか，合意の当事者双方に対して，合意の履行の確保のための規定が設けられています（法350の13〜法350の15）。

第8章

物的証拠の収集・保全(1)
——捜索・差押え

8.1 概 観

　捜索は一定の場所，物，身体に立ち入り，物または人の発見を目的として行われる処分です。差押えは，物理的強制力を用いて占有を取得する処分です（法218）。領置は，物理的強制力を用いないで占有を取得する処分で，遺留物や任意提出物がその対象となります（法221。裁判所が行う場合は法101）。このほか，捜査活動ではありませんが，裁判所のみがなしうる提出命令（法99Ⅲ）があります。

　これらのうち，憲法35条の「押収」として令状主義の適用を受けるものは，刑訴法上の差押えです。これに対し，刑訴法上「押収」と規定されている場合には，差押えのほか，領置や提出命令も含んで用いられており，いずれも目録の作成や不服申立ての対象などになりえます（法120，同429Ⅰ②など）。

> ❖ 捜索等の規定
> 　捜査機関が行う捜索などの手続については，法222条によって，裁判所が行う捜索などの規定の多くを準用しています。裁判所が行う捜索・差押えなどは実際には少数ですが，旧刑事訴訟法典の編成を引き継いでいるためにこのような形式になっています。手元に刑事訴訟法の条文があるなら，わかりやすくするために，法222条が準用する各条文に何らかの目印をつけておくのがいいでしょう。

8.2 令状主義——憲法35条の意義

　憲法35条1項は，「住居，書類及び所持品について，侵入，捜索及び押収を受けることのない権利」と明記した上，憲法33条の場合を除き，「正当な理由に基いて発せられ，且つ捜索する場所及び押収する物を明示する令状がなければ，侵されない」とその権利保障を具体化しています。住居などの不可侵を定め，個人のプライバシーを強く保障しています。

　憲法33条の場合は別ですが，それ以外はたとえ正当な理由があったとしても，必ず令状を要するとしています。厳格な令状主義を定めているのが，特徴的です。また，あらゆる場所や物の捜索を許すような一般令状を禁止し，捜索する場所と押収物の明示，特定を要求しています。

　憲法35条2項は，「捜索又は押収は，権限を有する司法官憲が発する各別の令状により，これを行ふ」と定め，令状の発付権者は裁判官であることを明らかにし，各別の令状が必要であるとしています。もっとも，同一事件，同一場所，同一機会の捜索・差押えは，一通の「捜索差押許可状」のタイトルの下で行うことが許され，実務上はそれが一般的です。

　憲法35条は，捜索・差押えには，正当な理由が必要であること，場所や物が特定されていること，裁判官の発する令状が必要であることを，それぞれ明らかにしているのです。

8.3 捜索・差押え令状発付の要件

8.3.1 「正当な理由」の存在

（1）犯罪の嫌疑

　逮捕の場合とは異なり，刑事訴訟法の規定上は，犯罪の嫌疑が必要であるとは明記されていません（法218Ⅰなど）。しかし，犯罪の嫌疑がないのに，捜索などが許されるはずがありません。そのことは，憲法35条1項の「正当な理由」に含意されていると思います。したがって，捜査機関は令状の請求にあた

り，「罪を犯したと思料されるべき資料」を提供することが義務づけられています（規156Ⅰ）。ただ，そこで求められる嫌疑の程度は，逮捕において要求される嫌疑と比べ，幾分低いと考えられています。そのように考えることは，捜査のあり方としても適切です。なぜなら，逮捕を先行させて自白を得るよりも，捜索を先行させる捜査のやり方（証を得て，人を得る）に沿うからです。

(2) 物の存在の蓋然性

被疑者の住居などを捜索する場合は，被疑事実に関係する証拠が存在する蓋然性が高いと考えられます。しかし，被疑者以外の者の住居などを捜索する場合には，差し押えるべき物の存在を認めるに足りる状況がなければなりません（法222Ⅰ・同102Ⅱ，規156Ⅲ）。

8.3.2 場所および目的物の明示，特定——令状の記載要件

(1) 意 義

憲法35条1項は，令状に「捜索する場所及び押収する物を明示」することを要求し，法219条1項は「罪名，差し押さえるべき物，…捜索すべき場所，身体若しくは物」の記載を要求しています。これによって，捜査機関の権限行使可能な範囲，逆から見れば被処分者が権利制約を受ける受忍範囲を確定し，権限濫用の抑制と不服申立ての対象を明確にしています。ただ，捜査の初期段階では流動的な要素が多いことは否定できませんので，どの程度の明示，特定で足りるのかが問題となります。

(2) 罪名の記載

罪名の記載は，他の犯罪捜査への令状の流用を防止し，対象物の特定に役立つ機能を有します。実務上，刑法犯は窃盗や殺人など犯罪の通称で行われていますが，特別法犯は道路交通法違反など法令名の記載のみにとどめられることが多いようです。これについて判例は，罪名を地方公務員法違反とのみ記載した事案で，適用法条まで示して記載することは憲法の要求するところではないとしています（最決1958［昭33］年7月29日刑集12-12-2776）。しかし，特別法違反の場合には適用法条がわからなければどんな犯罪なのか不明であることが多く，特定性に欠けます。適用法条の記載が必要であると考えます。実務的にも

その記載が難しいとは思いません。

（3）　捜索すべき場所

　場所の特定は，居住している人のプライバシー保護を目的としていますから，アパートなどで各部屋が独立して占有されていれば，それぞれに令状が必要です。独立した管理権ごとに，一つの令状が必要です（一管理権一令状の原則）。これにより，空間的位置の明確性が確保され，一般探索的な捜索を防止する機能を果たします。下級審判例には，ある会館の「差押え物件が隠匿保管されていると思料される場所」との令状記載について，管理権を異にする団体の事務所が複数あり，場所の記載として特定を欠く違憲，違法なものとした例があります（佐賀地決1966［昭41］年11月19日下刑集 8 -11-1489）。当然の判断だと考えます。

（4）　差し押えるべき物

　物の明示は，詳細に特定することが，被処分者の権利保護に役立ちます。しかし，捜査段階の初期に，差し押えるべき物が詳しく判明しているわけでもありません。ある程度の概括的記載はやむを得ません。問題はその限界です。

　判例では，「会議議事録」などの記載に続けて，「本件に関係ありと思料せられる一切の文書及び物件」と記載された捜索・差押え令状について，物の明示に欠けることはないとしています（前掲最決1958［昭33］年 7 月29日刑集12-12-2776）。もっとも，（2）で述べた通り，この事件では地方公務員法違反の適用法条の記載がありませんでした。そのことをあわせ考えれば，本件では物の明示は不十分であると考えます。

8.3.3　捜索・差押えの必要性

　捜索・差押えの令状を発する際に，裁判官はその必要性についてまで審査権を持つでしょうか。逮捕の場合（法199Ⅱ但書き，規143の 3 ）と異なり，明文の根拠がないので問題となります。判例は，準抗告審裁判所の判断権の及ぶ範囲の文脈においてでしたが，裁判官に必要性の判断権を認めました（最決1969［昭44］年 3 月18日刑集23- 3 -153［國學院大学映画研究会事件］）。したがって実務上も，令状発付にあたり，裁判官は必要性について審査権限があるものと解されて運用されています。

8.3.4　郵便物等の捜索・差押え

　郵便物等の差押えについては，法は特別な規定を置いています。被疑者から発し，または被疑者に対して発した郵便物等で，郵便局などが保管または所持するものについては，差押えができるとしています（法222Ⅰ・同100Ⅰ）。また，それ以外の郵便物等の場合は，被疑事件に関係があると認めるに足りる状況があるものに限り，差押えができます（法222Ⅰ・同100Ⅱ）。しかし，これはそのような郵便物すべてを差押えすることが可能だという趣旨ではありません。郵便物等については，特に通信の秘密の保障（憲21Ⅱ2文）が及ぶ事項です。差押えにあたっては，たとえ被疑者の発受に関わるものであっても，証拠物または没収すべき物が含まれていると思料される（法99Ⅰ）郵便物等に限られると解されます。

　なお，郵便物等の捜索については，捜査当局が郵便局等内を直接捜索することは許されず，当該郵便物の選定には，郵便局等の職員に依頼してこれを行うべきものと解されています。

8.4　捜索・差押えの範囲

　捜索・差押えについて，令状の記載としては明示，特定がなされていても，現場でそれを執行する際に，それを具体的にどの範囲までできるのか，いくつかの場面で問題となります。もし，この範囲を緩く認めてしまうと，場所および物の明示・特定を要求している憲法の保障が無視されかねません。令状主義に反する別件捜索・差押えにもなりかねません。

8.4.1　捜索の範囲——現場に居合わせた者の身体等

　法222条1項が準用する法102条を見ると，捜索については，身体，物，住居その他の場所とを，分けて規定しています。また身体の場合は，場所に比較し，人身の自由に直接関わりを持ちます。このようなことからすると，場所に対する捜索令状では，原則としてその場に居合わせた人の身体や着衣を捜索できま

せん。ただ例外的に，捜索すべき場所にあった目的物が，身体や着衣に隠匿されたと疑うに足りる合理的な理由がある場合には，それらに対する捜索が許されると考えます。

　それでは，捜索現場に居合わせた者の所持品は，どうでしょうか。判例は，被疑者と同居する者の所持品に対する捜索が問題となった事案について，場所に対する捜索令状により捜索できるものと解するのが相当であるとしています（最決1994［平6］年9月8日刑集48-6-263）。同居する者の所持品が，その場所の共同管理権に含まれるとも考えられたのでしょう。それに対し，たまたま居合わせた第三者の所持品は，管理権を異にしますので，原則として捜索の対象とはなりません。

　このほか，ある人の居室に対する覚せい剤取締法違反の捜索実施中に，その人宛に配達され，同人が受領した荷物について，当該捜索差押許可状に基づき捜索できるものと解するのが相当であるとした判例があります（最決2007［平19］年2月8日刑集61-1-1）。

8.4.2　差押えの範囲

　捜索差押許可状には，特定の被疑事実との関係で差し押えるべき物が特定され，その範囲が限定されています。したがって，被疑事実とは関係のない別罪に関する証拠物は，その令状の執行として差押えすることはできません。それは令状審査を経ていない別件の差押えにあたるからです。

　もしこのような証拠物を捜索中に発見した場合には，捜査機関としてはどうすべきでしょうか。それが拳銃や覚せい剤など所持自体が犯罪となる場合であれば，所持人を現行犯逮捕した上で，捜索・差押えをすることになるでしょう。そうでない場合には，任意提出を求めるか，別途令状請求しなければなりません（犯捜規154 I 参照）。このような手段をとらずに，直ちに差押えをすることは許されません。

　恐喝被疑事件の捜索差押許可状に，目的物として同事件に関係ある「暴力団を標章する状，バッチ，メモ等」の記載がされていた事案において，別罪にあたる賭博の状況を記録したメモを差し押えたことが問題となりました。判例は，この賭博「メモには，奥島組の組員らによる常習的な賭博場開張の模様が克明に記録されており，これにより被疑者…と同組との関係を知りうるばかりでな

く，奥島組の組織内容と暴力団的性格を知ることができ」，恐喝被疑事件の証拠になるものであると認められるとして，差押えの目的物にあたり適法としました（最判1976［昭51］年11月18日判時837-104）。ただこの事案については，恐喝事件と賭博関係事件は関連性が希薄であり，私は違法とすべきだったと思います。これを適法とすると，暴力団事務所での差押え範囲は無限定になりかねないことを危惧します。

8.4.3 別件捜索・差押え

本件についての証拠を発見・収集する目的で，捜索・差押えの理由・必要性の欠けたないし乏しい事件の捜索・差押えの手続をとることです（三井(1)47頁）。裁判官の審査を経ない本件の捜査・差押えを企図する点で，令状主義を潜脱します。

判例によると，憲法35条1項及びこれを受けた法218条1項，法219条1項は，「その趣旨からすると，令状に明示されていない物の差押が禁止されるばかりでなく，捜査機関が専ら別罪の証拠に利用する目的で差押え許可状に明示された物を差し押えることも禁止される」としています（最判1976［昭51］年11月18日判時837-104）。

これに関連して，別件捜索中に本件の証拠を領置した事件について，本件の証拠を発見するため，ことさら捜索する必要性の乏しい別件の軽微な事件を利用して，捜索差押令状を得て捜索をしたとして，違法の疑いが強いと判示した下級審判例があります（広島高判1981［昭56］年11月26日判時1047-162）。当然の判断だと思います。

8.4.4 コンピュータなどの電子機器・電磁的記録情報と差押え

（1）問題の所在

コンピュータなどの電子機器それ自体を差し押えることが目的ではなく，その中に保存されている情報の差押えが目的となる場合に，どのようにすれば差押えが可能となるでしょうか。このような情報は，プリントアウトしない限り外界から容易に判読や識別ができない性質や，消去されやすい性質を持ちます。また，被疑事実と関係のない多くの人びとの個人情報などを含む可能性があり

ます。無関係な情報を大量に差し押えることは，差押え範囲の限定を逸脱し，違法となることも考えられます。

(2)　電磁的記録情報の差押え

　情報それ自体は，有体物ではないので差押えの対象にはなりません。差し押えるべきデータがスティック・メモリーなど電磁的記録媒体に入っていれば，電磁的記録媒体を差し押えることは可能です。パソコンも，同様に差押えの対象になります。

　捜索・差押えの現場で，大量のデータの中から目的物を探し出すのに困難な場合があります。そうした場合に，包括的なデータ差押えは許されるでしょうか。判例では，パソコン１台とフロッピー・ディスク108枚等を内容を確認せずに差し押えた事案で，被疑事実に関する「情報が実際に記録されているかをその場で確認していたのでは記録された情報を損壊される危険があるときは，内容を確認することなしに右パソコン，フロッピー・ディスク等を差し押さえることが許される」とされました（最決1998［平10］年５月１日刑集52-4-275）。

(3)　電磁的記録情報の特質を踏まえた捜査方法

　さらに2011年の法改正により，電磁的記録情報の取得などについて，以下の捜査方法が設けられました。

　①　記録命令付差押え

　捜査機関は，令状を得て，記録命令付差押えをすることができます（法218Ⅰ，同219Ⅰ）。記録命令付差押えとは，電磁的記録を保管する者などに命じて必要な電磁的記録媒体に記録させ，または印刷させた上，当該記録媒体を差し押えることです（法99の２）。

　②　リモート・アクセス

　令状によって差し押えるべき物がコンピュータ（電子計算機）であるとき，それとネットワーク接続して一定の状況を満たす記録媒体（たとえば，メールサーバーなど）から，その電磁的記録を当該コンピュータまたは他の記録媒体に複写した上で，それを差し押えることができます（法218Ⅱ，同219Ⅱ）。

　③　その他

　電磁的記録媒体の差押えについて，あらたな執行方法も明記されました。

　執行をする者は，その差押えに代えて，当該記録媒体に記録された電磁的記

録を他の記録媒体に複写・印刷・移転した上，当該他の記録媒体を差し押える
ことができます（法222Ⅰ・同110の2①）。執行をする者ではなく，差押えを受
ける者に同様に他の記録媒体に複写・印刷・移転させた上，当該他の記録媒体
を差し押えることもできます（法222Ⅰ・同110の2②）。

　差し押えるべき物が電磁的記録媒体であるときは，捜索・差押えの執行者は，
処分を受ける者に対し，コンピュータ操作などの必要な協力を求めることがで
きます（法222Ⅰ・同111の2）。

　このほか，捜査機関は，通信事業者などに対し，通信履歴の保全要請ができ
ます。すなわち，差押えまたは記録命令付差押えをするため必要があるときは，
電気通信事業者などに対し，業務上記録している電気通信の送信元など通信履
歴の電磁的記録のうち必要なものを特定し，30日を超えない期間を定めて（特
に必要があるときはさらに30日を超えない範囲内で延長可能），これを消去しないよ
う書面で求めることができます（法197Ⅲ，Ⅳ）。

8.5　捜索・差押えの実行

8.5.1　令状の呈示

　捜索・差押えの実行にあたっては，処分を受ける者に令状を示さなければな
りません（法222Ⅰ・同110）。これは，手続の公正さを担保するとともに，被処
分者の人権を保障するためのものです。呈示は，令状主義に基づく憲法上の要
請であると考えます。被処分者に，捜索・差押えを受忍すべき範囲をあらかじ
め知らせることが重要で，事前呈示を原則とします。

　ただ判例では，事前呈示を原則としつつも，例外も認めています。すなわち，
覚せい剤事犯の被疑者が宿泊しているホテル客室に，警察官がマスターキーに
よって立ち入った後に令状を呈示した事案につき，令状執行の動きを被疑者に
察知されれば，直ちに覚せい剤を洗面所に流すなどのおそれがあったなどの事
情の下においては，「捜索差押えの実効性を確保するためにやむを得ないとこ
ろであって，適法というべきである」としました（最決2002〔平14〕年10月4日
刑集56-8-507）。緊急例外的に認められることがあるかもしれませんが，本件

は真にやむを得なかったと言えるのか，疑問は残ります。

呈示された令状を，被処分者が書き写したり，コピーすることを認める規定は存在しません。しかし，事前呈示の趣旨に沿うものとして，特段の事情のない限り，許すべきだと考えます。それを認めることは，被処分者が異議申立ての権利を行使する際にも，必要であると思います。

8.5.2　実施，立会い等

捜索・差押えの実施には時間的制限があります。令状に夜間でも執行することができる旨の記載がなければ，原則として日出前，日没後には，令状執行のために人の住居内などに入ることはできません（法222Ⅲ・同116Ⅰ）。もっとも，賭博など一定の行為に常用されるものと認められる場所などについては，上記の時間制限を受けることはありません（法222Ⅲ・同117）。

公務所内で捜索・差押えを実施する場合は，その長またはこれに代るべき者に通知して立ち会わせなければなりません（法222Ⅰ・同114Ⅰ）。公務所以外の人の住居などで実施する場合は，住居主もしくは看守者またはこれらの者に代わるべき者を立ち会わせなければなりません（法222Ⅰ・同114Ⅱ1文）。代わるべき者には，代理としての弁護士も含むと考えます。これらの者を立ち会わせることができないときは，隣人または地方公共団体の職員を立ち会わせなければなりません（法222Ⅰ・同114Ⅱ2文）。これら立会いの規定は，被処分者等の権利保障や手続の公正さの担保のために，設けられていると解されています。

被疑者及びその弁護人の立会権は明文上認められていませんが（法222Ⅰは法113を準用していません），住居主等が被疑者である場合には立ち会うことはできます。なお，必要であるときは，捜査機関は被疑者を立ち会わせることができるとされています（法222Ⅵ）。必要であるときには，被疑者の防御上の必要も含めて考えるべきです。

8.5.3　実施後の措置

捜査機関は，捜索の結果，証拠物または没収すべきものがなかったときは，捜索を受けた者の請求により，その旨の証明書（捜索証明書。犯捜規150参照）を交付しなければなりません（法222Ⅰ・同119）。差押えをしたときには，必ずそ

の目録（押収品目録）を作り，所有者などに交付しなければなりません（法222
Ⅰ・同120）。

8.5.4 必要な処分

（1）意　義

　令状の執行については，錠をはずし，封を開き，その他必要な処分をすることができます（法222Ⅰ・同111Ⅰ）。

　前掲・最決2002年10月4日刑集56-8-507では，マスターキーで客室を開けて立ち入った措置が，必要な処分として認められるかも問題になりました。その点について，上記決定は，その「措置は，捜索差押えの実効性を確保するために必要であり，社会通念上相当な態様で行われていると認められるから，刑訴法222条1項，111条1項に基づく処分として許容される」としました。ただ，必要な処分は令状呈示後の問題なので，その根拠は事前呈示の緊急例外に求めるべきとの指摘があります。適切な指摘だと思います。

（2）写真撮影

　捜索・差押えの執行中に，捜査機関が写真撮影をすることは許されるでしょうか。証拠物の証拠価値を保存するために証拠物が発見されたときの場所や状態を写真撮影することや，捜索・差押え手続の適法性を担保するためにその執行状況を写真撮影することは，捜索・差押えに付随する処分として許されると考えられています（東京地決1989［平1］年3月1日判時1321-160）。

　問題は，それを逸脱して写真撮影をした場合です。判例には，捜索差押許可状の差し押えるべき物に該当しない印鑑，背広等について写真撮影した事案において，それ自体としては検証としての性質を有すると解されるから，法430条2項の準抗告の対象となる「押収に関する処分」にはあたらないとしたものがあります（最決1990［平2］年6月27日刑集44-4-385）。この決定は，そのような写真撮影が押収に関する処分には該当しないとはしたものの，違法かどうかの判断はしませんでした。しかし，これは令状に基づかない検証として，違法だと思います。なお，本決定の補足意見も指摘しているところですが，たとえば日記帳についてその内容を逐一撮影するような場合は，実質的には押収に関する処分になります。その場合には，準抗告の申立てが認められると考えます。

8.6　差押えの制限——押収拒絶権

差押えについては，国の重大な利益に関する秘密の保護や，一定の業務に対する信頼の保護をはかるため，押収拒絶権が認められています。

8.6.1　公務上の秘密

公務員または公務員であった者が保管し，または所持する物について，本人または当該公務所から職務上の秘密に関するものであることを申し立てたときは，当該監督官庁の承諾がなければ，押収をすることはできません。もっとも，監督官庁は，国の重大な利益を害する場合を除いては，承諾しなければなりません（法222Ⅰ・同103）。国会議員や国務大臣などについても，類似の規定があります（法222Ⅰ・同104）。

8.6.2　業務上の秘密

医師や弁護士等の職にある者またはこれらの職にあった者は，業務上委託を受けたため保管し，または所持する物で，他人の秘密に関するものについては，押収を拒むことができます（法222Ⅰ・同105）。ただし，本人（委託した人）が承諾を与えた場合などには，押収を拒絶することはできません。押収拒絶権を有する者は，法105条に列挙された者に限られるとするのが通説です。

8.6.3　報道の自由と押収拒絶権

報道関係者は，押収拒絶権を有する者として，法律上明記されてはいません。しかし，報道関係者には，報道の自由とともに，報道のための取材の自由があります。このことから，差押えの拒絶が認められ場合があると考えられています。

この点について判例は，取材の自由も，憲法21条の趣旨に照らし十分尊重されるべきものであるが，公正な裁判の実現というような憲法上の要請がある場合には，ある程度の制約を受けることがあるとして，「報道機関の取材結果に

対して差押をする場合において，差押の可否を決するに当たっては，捜査の対象である犯罪の性質，内容，軽重等及び差し押さえるべき取材結果の証拠としての価値，ひいては適正迅速な捜査を遂げるための必要性と，取材結果を証拠として押収されることによって報道機関の報道の自由が妨げられる程度及び将来の取材の自由が受ける影響その他諸般の事情を比較衡量すべきである」としています（最決1990［平2］年7月9日刑集44-5-421）。

8.7　令状によらない捜索・差押え

8.7.1　意　義

　憲法35条1項は「第33条の場合を除いては」と定め，例外的に令状によらない捜索・差押えを認めています。これを受けて法220条1項は，捜査機関は，逮捕する場合において必要があるときは，逮捕の現場で，差押え，捜索または検証ができると定めています。ここでは，問題となることが多い捜索・差押えについて触れます。

　このような捜索・差押えの例外が認められた理由をめぐり，二つの説が対立しています。ひとつは，緊急処分説ないし限定説と呼ばれる説で，通説です。もうひとつは，合理説ないし相当説と呼ばれる説です。緊急処分説は，逮捕に必要な緊急措置の限りで，捜索・差押えの正当性が認められるとします。具体的には，逮捕された者の逃亡防止や逮捕した者の安全確保，即時の罪証隠滅防止をするために必要不可欠の限度で捜索等が認められます。令状を求める余裕がない緊急の場合に，被逮捕者の身体及びその直接の支配下にある範囲についてのみ，捜索等が可能とします。これに対し合理説は，逮捕の現場には当該犯罪の証拠が存在する蓋然性が高いので，令状なしの捜索・差押えが認められるとします。このため，緊急処分説に比べ，捜索・差押えの範囲をあまり限定的には考えません。また，令状を求める余裕がない緊急の場合に限りません。合理説では，住居等に対するプライバシーの保護が不当に侵害されるおそれがあると考えます。令状主義の例外は広く認めるべきでなく，緊急処分説が妥当です。

なお，これ以外の場合に，無令状の捜索・差押えは許されません。緊急逮捕に類似した緊急捜索・差押えを認める規定は刑事訴訟法に存在しませんので，強制処分法定主義から，現行法上認められません。また，憲法35条１項の規定から考えると，緊急捜索・差押えの例外を認めることはできないと思います。

　それでは，令状に基づかなくても，承諾による捜索は許されるでしょうか。着衣や所持品については，本人の任意かつ真意に基づいた承諾があれば，任意処分として許されると考えられます。しかし，前に任意処分のところで述べましたが，いくら承諾があっても任意処分として許される範囲には限界があります。住居についてはプライバシーの侵害程度が高く，承諾に基づく家宅捜索は認められないと考えます（犯罪捜査規範108条も，承諾がある場合においても，住居等の捜索には令状発付を要するとしています）。

8.7.2　逮捕する場合──時間的範囲

　法220条１項の「逮捕する場合」とは，現に被疑者を逮捕する場合に限られるのか，それともより広い範囲まで含むのか。その時間的範囲が問題となります。

　判例には，緊急逮捕すべく被疑者宅に赴いた捜査機関が，被疑者が外出不在中に捜索を開始し，その20分後に帰宅した被疑者を逮捕した事案について，捜索・差押えは「逮捕との時間的接着を必要とするけれども，逮捕着手時の前後関係は，これを問わないものと解すべき」であるとして，適法としたものがあります（最判1961［昭36］年６月７日刑集15-6-915）。しかし，本判決に対しては，学説上，少なくとも逮捕に着手することを要するとか，被逮捕者が現在することを要するとして，批判する見解が多いです。緊急処分説からすれば，被疑者がいないのに捜索・差押えを認めることはできません。なお，本件でもし被疑者が帰宅しなかった場合には違憲・違法な捜索となっていたはずで，本判決が事後的な事情に依拠して適法としたのも，問題だったと思います。

　このほかに，緊急逮捕する要件が整っていたものの未だ緊急逮捕していなかった段階でなされた所持品検査につき，極めて接着した時間内にその現場で緊急逮捕手続が行われたことを理由に，逮捕の現場で時間的に接着してされた捜索手続と同一視しうるとした判例があります（最判1978［昭53］年６月20日刑集32-4-670［米子銀行強盗事件］）。

8.7.3　逮捕の現場——場所的範囲

　法220条１項の「逮捕の現場」とは，場所的にどの範囲までを含むのでしょうか。緊急処分説からすれば，被疑者の身体または被疑者の直接支配下にある場所に限定して解することになります。これに対し，合理説からすれば，より広く証拠の存在する蓋然性の高い範囲（逮捕現場と同一管理権内）にまで及ぶと解することになります。下級審判例には，ホテル５階待合所で逮捕した後，７階客室で捜索した事案を違法とはしなかったものがあります（東京高判1969［昭44］年６月20日高刑集22-3-352）。しかし，本件では令状を求める余裕がなかったとは認められないので，緊急処分説からすれば違法な捜索だったと思います。

　被逮捕者の身体または所持品を捜索する場合，逮捕したその場所で行わなければならないでしょうか。被逮捕者X, Y, Zのうち，Xに対しては逮捕から約５分後，逮捕場所から約500メートル離れた警察署に連行して差押えをし，またY, Zについては逮捕から約１時間後，約３キロメートル離れた警察署に連行してそれぞれ差押えをした事案で，このことが問題となりました。判例は，このような場合，「逮捕現場付近の状況に照らし，被疑者の名誉等を害し，被疑者らの抵抗による混乱を生じ，又は現場付近の交通を妨げるおそれがあるといった事情のため，その場で直ちに捜索，差押えを実施することが適当でないときには，速やかに被疑者を捜索，差押えの実施に適する最寄りの場所まで連行した上，これらの処分を実施することも，…『逮捕の現場』における捜索，差押えと同視することができる」として，本件事案につき，いずれも適法としました（最決1996［平８］年１月29日刑集50-1-1）。やむを得ない事情により，逮捕現場ではなく警察署等に連行して捜索することが認められる場合があるとは思いますが，本件で約３キロメートル離れた場所で行ったことを，「逮捕の現場」と同視できるのか疑問が残ります。このほかに，職務質問を継続する必要から，被疑者以外の住居内に，その居住者の承諾を得た上で移動し，その後被疑者を逮捕した事案で，その住居内の捜索・差押えに関して，違法と判断した下級審判例があります（福岡高判1993［平５］年３月８日判タ834-275）。この捜索は，逮捕に伴う捜索として正当化できないとされました。住居内にまで及ぶのは認められず，当然の判断だと思います。

8.8 不服申立て

　ここで，捜索・差押えに対する不服申し立て，救済の制度について簡単に触れておきましょう。捜索・押収に対して直接不服を申し立てる制度として，逮捕・勾留と同様，いわゆる準抗告の制度があります。裁判官が捜索・差押え令状を発付したその裁判自体に不服がある場合には，法429条1項2号に基づいて準抗告を申し立てることになります。しかし，これは裁判そのものの取消しを求めるものであって，捜索・差押えがなされてしまった後には，訴えの利益がなくなると考えられています。また，通常捜索差押えの令状が発付されたことは，被処分者には知らされません。したがって，実際に，捜査機関が執行現場で行った押収の処分について不服を申し立てる場合は，法430条1項，2項によって行うことになります。なお，押収された物の返還を求める場合は，還付もしくは仮還付を請求することになります（法222 I・同123 I，II）。

第9章

物的証拠の収集・保全(2)
——検証，鑑定，その他の捜査

9.1 検 証

9.1.1 意 義

　検証とは，五官（感）の作用によって，物や場所，人の身体の状態を認識する強制処分のことです。たとえば，凶器の検査や，犯行現場の状況の見分，人の身長や体重の測定などを強制的に行うことです。物の占有取得は行わず，物などの状態に関する情報を感得，記録するところに特徴があります。検証では，強制的に，個人の住居に侵入したり，プライバシーに関わる情報の取得を行います。それゆえ，憲法35条の保障が検証にも及び，原則として令状が必要になります。実務上は，この令状を検証許可状と称しています。

　物の物理的状況などの情報を得ることが，検証です。それでは，日記の中身を写真に撮って，そこに書かれている情報を感得，記録する行為はどうでしょうか。これは日記に記載されている意味内容を取得する行為で，検証というよりは，実質的に日記の押収と同等の効果をもたらします。

　検証に該当するのか，それとも押収に該当するのか，どちらも憲法35条の保障が及ぶ点で違いはありません。しかし，刑事訴訟法上の異議申立ての点に大きな違いがあります。法430条1項の規定によれば，捜査機関が行った押収については準抗告ができますが，検証については準抗告できません。この違いは，立法時点において，おそらく，検証は一過性の処分で不服申立てにはなじまないと考えられたことによります。しかし，現代では情報の取得は重要な意味を持ちます。形式的には検証にあたるとしても，個人情報の取得など実質的な押

収にあたる場合には，裁判を受ける権利の保障の一内容として，準抗告が認められると考えます。

　判例では，捜査機関が，荷送人や荷受人の承諾を得ることなく，宅配便荷物の外部からエックス線を照射して内容物の射影を観察した事案について，「その射影によって荷物の内容物の形状や材質をうかがい知ることができる上，内容物によってはその品目等を相当程度具体的に特定することも可能であって，荷送人や荷受人の内容物に対するプライバシー等を大きく侵害するものであるから，検証として強制処分に当たる」とした例があります（最決2009［平21］年9月28日刑集63-7-868）。本事案の観察はかなり捜索に近い性質を帯びているようにも見えますが，射影の観察にとどまり，検証となるとされました。

9.1.2　令状による検証

　捜査機関は，犯罪の捜査をするについて必要があるときは，裁判官の発する令状により，検証をすることができます。令状の請求，発付や実施に関しては，捜索・差押えの場合と類似の手続が定められています（法218，同219，同222）。なお，検証の結果は，検証調書として記録が作成されます（法321Ⅲ）。なお，検証として身体の検査をする場合には，特に身体検査令状によらなければなりません（法218Ⅰ）。

　検証については，身体の検査や死体の解剖，墳墓の発掘，物の破壊その他必要な処分をすることができます（法222Ⅰ・同129）。ただ，死体解剖保存法2条及び9条の規定によれば，死体の解剖は，基本的に専門家が解剖室において行わなければなりません。このため，医師に鑑定の嘱託をする必要があります（9.2参照）。

9.1.3　令状によらない検証

　令状によらない検証は，二種類あります。ひとつは，身体拘束下の被疑者に対する指紋採取等です。このような被疑者については，裸にしない限り，令状によらずに，指紋若しくは足型を採取し，身長若しくは体重を測定し，または写真を撮影することができます（法218Ⅲ）。身体拘束に付随する処分として，認められていると考えられます。

もうひとつは，捜索・差押えと同様に，逮捕の現場で検証することが認められています（法220 I ②）。もっとも，身体検査にまで及ぶ場合は，別途身体検査令状の発付を受ける必要があります。

❖ 実況見分 ══════════════════════

　捜査機関は，任意処分として，検証と同じ内容の処分を行うことがあります（犯捜規104）。これを実況見分と言います。たとえば，公道上で起きた交通事故の現場見分などがその例です。また，検証の処分を受ける者の承諾を得て行う場合も，実況見分になります。ただし，住居内の実況見分は，家宅捜索と同様，たとえその承諾があっても許されないと思います。検証令状を得て，実施しなければなりません。実況見分の結果は，実況見分調書として作成されます。なお，「見分」の字を間違うことのないよう，注意してください。

9.1.4　身体検査

(1)　三つの態様

　日常用語では同じ身体の検査といっても，刑事訴訟法上は三種類あると考えられています。①身体捜索，すなわち捜索としての身体検査（法222 I ・同102）と，②検証としての身体検査（法218 I ，同222 I ・同129），③鑑定としての身体検査（法225 I ，同168 I ）です。①は，たとえば被検査者の上着ポケットの中などに手を入れ，物を捜索することです。②は，たとえば被検査者を裸にして，その体表や体腔の検査をすることなどです。③は，たとえば血液採取や薬物や器具を用いた検査など，身体への侵襲を伴う検査をすることなどです。

　①捜索としての身体検査は，あくまでも捜索として行われるものですので，その範囲内で考えることになります。③鑑定としての身体検査は，次の鑑定のところで，項をあらためて取り上げることにします。そこで，以下では，②検証としての身体検査を考えてみます。

(2)　検証としての身体検査

　検証としての身体検査（狭義の身体検査）は，人の身体外表の形状等を認識，感得する処分です。裸にすることも行われるため，直接的に人権や人間の尊厳に関わります。そのため，特に身体検査令状が必要です（法218 I 2文）。

　身体検査令状の請求にあたっては，身体の検査を必要とする理由及び身体の

検査を受ける者の性別，健康状態などを示さなければなりません（法218Ⅴ）。裁判官は，令状を発するに際し，身体の検査に関して，適当と認める条件を附することができます（法218Ⅵ）。実施にあたっては，被検査者の性別，健康状態等の事情を考慮した上で，特にその方法に注意し，その人の名誉を害しないように注意しなければなりません（法222Ⅰ・同131Ⅰ）。女性に対する身体検査に際しては，医師または成年の女子を立ち会わせなければなりません（法222Ⅰ・同131Ⅱ）。しかし，この法131条2項の規定は医師や女子の立会いを義務付けるだけで，女性の人権を十分保障するものとは思えません。特段の事情がない限りは，女性の身体検査は成年の女子のみによって実施しなければ，適正手続の保障に反すると考えます。裁判官は，法218条4項に基づき，成年女子のみによる実施を条件として令状に付すべきです。

　身体検査は，捜査機関自身が行います。身体検査を拒否する者には，刑罰や過料の制裁で間接強制することができます（法222Ⅰ・同137，同138）。間接強制で効果がないと認められるときは，直接強制をすることができます（法222Ⅰ・同139，同140）。ただ，直接強制も検証としての身体検査の範囲内に限られ，体表，体腔内を検査するまでが限度と考えられています。

9.2　鑑　定

9.2.1　総　説

　鑑定とは，特別の知識経験を有する者が，知りうる事実の法則またはその法則を具体的事実に適用して得た意見，判断のことです。鑑定は，法165条以下で規定されている手続にしたがって，起訴後に裁判所が命じて行うこともあります。ただそれについては，後の公判手続のところで取り上げることにし，ここでは捜査として行われる鑑定を取り上げます。

9.2.2　嘱託鑑定

　捜査段階での鑑定は，捜査機関が専門家に鑑定の嘱託をすることによって行

われます（法223Ⅰ）。これを，嘱託鑑定と言います。基本的に任意捜査です。しかし，鑑定受託者は，必要がある場合には，鑑定処分許可状を得て，人の住居等に入り，身体を検査し，死体を解剖し，墳墓を発掘し，または物を破壊することができます（法225Ⅰ，同168Ⅰ）。鑑定処分許可状は，捜査機関が請求し，裁判官がこれを相当と認めたときに発します（法225Ⅱ，Ⅲ，規159）。たとえば，殺人事件があったときには，司法解剖と称される死体の解剖が行われます。通例，捜査機関が法医学の専門家に鑑定を嘱託し，裁判官から鑑定処分許可状を得て，実施しています。また，捜査機関は，被疑者の心神または身体に関する鑑定をさせるについてその留置を必要とするときは，裁判官に鑑定留置を請求しなければなりません（法224，同167）。

　なお，裁判所が命令する鑑定とは異なり，鑑定人の宣誓はありませんし，弁護人の立会権も認められていません。さらに，法225条は法139条や法172条を準用していませんので，直接強制はできません。

9.2.3　鑑定としての身体検査

　捜査機関が，医師や医療専門職の人に鑑定を嘱託して，身体検査を実施する場合です。たとえば，身体の外表部分の検査を越えて，血液の採取や嚥下物の探索，採取など身体への侵襲を伴う行為は，主に医師の手によって行わなければなりません。このような場合には，鑑定処分許可状を得て行うことになります。ただし，直接強制が必要な場合には，身体検査令状も得て，併用して実施することになります。

9.3　体液の採取

9.3.1　血液の採取

　酒酔い運転などの事件において，血液中のアルコール濃度測定のために，血液の採取がなされる場合があります。ごく微量の採血の場合には，本人の真摯な同意があれば，任意捜査として可能だとされています。

それでは，本人の同意が得られない場合には，どうすべきでしょうか。下級審判例には，意識を喪失していた人の静脈から，医師が無令状で注射器を用いて血液を採取させた事件について，違法としたものがあります（仙台高判1972［昭47］年1月25日刑月4−1−14）。この事案では，鑑定処分許可状を得て実施すべきであったと判示されました。もっとも，鑑定処分許可状だけでは直接強制ができないので，本人の同意が得られないときは，身体検査令状と鑑定処分許可状の両者を得て実施すべきだとするのが多数説です。私も多数説が妥当だと思いますが，その場合でも侵襲の程度は必要最小限度に止めるべきだと考えます。

9.3.2　尿の採取

(1)　覚せい剤事犯と尿検査

　覚せい剤自己使用罪の捜査においては，被疑者の尿を採取して，覚せい剤成分の検出を鑑定によって行うことが通例行われています。というのも，それが唯一の客観的証拠であることが多く，また尿中の残留覚せい剤検出可能期間が使用後2週間程度と比較的長期であるため，事後的に証拠採取が可能だからです。このような場合，被疑者が捜査機関の求めに応じて尿を任意提出するならば，特に問題にはなりません。しかし，被疑者が提出を拒否する場合に，強制採尿を実施することが許されるのか，問題となりました。

(2)　カテーテルによる強制採尿

　強制採尿は，医師に依頼して，カテーテル（導尿管）を被疑者の尿道に挿入し，尿を採取する方法です。このような強制採尿は，被疑者に大きな屈辱感等を与え，人間の尊厳に反する可能性は否定できません。そのため，およそ許されないとする見解も有力で，私自身も違憲だと思います。たとえ，違憲説を脇に置くとしても，覚せい剤自己使用罪について，身体の秘部にまで侵襲する捜査手法を正当化するのはバランスを欠くと考えます。

　しかしながら，判例は，「強制採尿が捜査手続上の強制処分として絶対に許されないとすべき理由はなく，被疑事件の重大性，嫌疑の存在，当該証拠の重要性とその取得の必要性，適当な代替手段の不存在等の事情に照らし，犯罪の捜査上真にやむをえないと認められる場合には，最終的手段として，適切な法

律上の手続を経てこれを行うことも許されてしかるべき」であるとしました。その上で，適切な法律上の手続について言及し，「体内に存在する尿を犯罪の証拠物として強制的に採取する行為は捜索・差押の性質を有するものとみるべきであるから，捜査機関がこれを実施するには捜索差押令状を必要とすると解すべきである。ただし，右行為は人権の侵害にわたるおそれがある点では，一般の捜索・差押と異なり，検証の方法としての身体検査と共通の性質を有しているので，身体検査令状に関する刑訴法218条5項が右捜索差押令状に準用されるべきであって，令状の記載要件として，強制採尿は医師をして医学的に相当と認められる方法により行わせなければならない旨の条件の記載が不可欠である」としました（最決1980［昭55］年10月23日刑集34-5-300）。

　この結果，現在の実務では，このような条件の記載が付された捜索差押え令状（後に最高裁自身もこれを強制採尿令状と称するようになりました）を得て，強制採尿を実施しています。ただ，強制採尿自体の許否は別にして，この判例に対しては，体内の尿採取を，捜索・差押えの範疇で認めることができるのかとの疑問が呈されています。さらに，実質的には判例による強制採尿令状の創設であり，強制処分法定主義に抵触するのではないかとの批判もなされています。

（3）　強制採尿令状による連行

　いわゆる強制採尿令状で，身体拘束されていない被疑者を，最寄りの採尿場所へ連行することが可能でしょうか。判例は，「強制採尿令状の効力として，採尿に適する最寄りの場所まで被疑者を連行することができ，その際，必要最小限度の有形力を行使することができるものと解するのが相当である」としました（最決1994［平6］年9月16日刑集48-6-420）。私は強制採尿令状そのものを違憲とする立場ですが，それを別にしても本判例には大きな問題があります。本事案では明文上認められていない被疑者の勾引を実質的に行っている上，身体の連行についての司法審査も行っていません。人身の自由に対する侵害であると考えます。

9.4 盗　聴——通信傍受など

9.4.1 盗聴の種類

　会話や通信について，その当事者のいずれからも承諾を得ずに密かに聴き取ることは，一般的に「盗聴」と呼ばれていました。捜査としての盗聴を正面から許容する法規定が存在しなかったこともあり，そこにはおよそ許されないものとのニュアンスがありました。しかし，現在では犯罪捜査のための通信傍受に関する法律（通信傍受法）が制定され，「傍受」が法律上の用語として用いられるようになりました。本書では，通信傍受法に関する記述の際には傍受の用語を用いますが，それ以外の場合には盗聴の用語を用いることにします。

　盗聴といっても，広く考えれば，様々のものがあります。たとえば，他人の家の軒下に潜んで住居内の会話を聞く盗聴や，発信器付き盗聴器をあらかじめ住居内に設置して会話を聞く盗聴，あるいは電話など通信の盗聴などです。同意を得ずにこれらの盗聴を行うことは，プライバシーの保障（憲13）や通信の秘密の保障（憲21Ⅱ）を侵害し，基本的に強制処分と考えられます。

　このうち，最も重要なのは，電話盗聴をはじめとする電気通信の傍受（以下通信傍受）です。通信傍受には，インターネットを用いた電子メールやSNSなどの傍受も含まれます（すでに受信された電子メールなどの内容を捜査する場合には，記録媒体の差押えを含む捜索差押えなどの問題になります）。現代のコミュニケーションの中心は電気通信になっており，それが捜査の対象となることが少なくありません。他方で，憲法上の人権保障に直接関わる捜査となり，様々な問題が生じてきます。

　なお，住居の軒下における盗聴や，盗聴器を用いた住居内の盗聴は，強制処分として法定されていません。したがって，強制処分法定主義からすれば，現段階で実施することは許されません。また，このような盗聴を法律上認めた場合にはプライバシー保障がかなり制約されることになりますので，そもそも憲法上許されるのか疑問があります。

9.4.2 通信傍受——問題の所在

通信の傍受は強制処分と考えられていますから，憲法31条や35条の保障を充足しなければなりません。特に，対象物の特定，明示などを要求する令状主義から考えて，いくつか根本的疑問が投げかけられてきました。たとえば，事前の令状審査において，あらかじめ傍受すべき会話内容を特定することは困難であるとか，実際の傍受にあたって犯罪とは無関係の通話も傍受してしまう危険性があるとか，処分を受ける人に令状を事前に呈示できないなどの問題性です。このような疑問から，通信の傍受は，基本的に違憲性を払拭することはできないと思います。

9.4.3 傍受令状

(1) 強制処分法定主義

根本的疑問は投げかけられましたが，1999年に通信傍受法が成立し，2000年から傍受令状による通信傍受が実施されています。これは新たな強制処分の導入でしたので，強制処分法定主義を充足する観点から，刑事訴訟法上に明記しておく必要がありました。このため，同時に刑事訴訟法が改正され，「通信の当事者のいずれの同意も得ないで電気通信の傍受を行う強制処分」については，別に法律の定めるところによると定められました（法222の2）。これを受けて，通信傍受法が設けられています。

(2) 手 続

傍受令状の発付にあたっては，①対象犯罪の嫌疑の十分な理由があり，当該犯罪が数人の共謀によるものであると疑うに足りる状況など（対象犯罪の嫌疑の十分性），②犯罪関連通信が行われると疑うに足りる状況（犯罪関連通信の蓋然性），③他の方法によっては犯人を特定するなどの捜査が著しく困難であること（補充性）の要件を充足しなければなりません（通信傍受法3Ⅰ）。なお，対象犯罪は，組織的な殺人，薬物及び銃器の不正取引に係る犯罪等の犯罪（通信傍受法別表第一）と，爆発物取締罰則違反や殺人，傷害，詐欺，児童買春など（通信傍受法別表第二）です。

令状の請求権者は指定された検察官または警察官（警視以上）に限定されており，令状発付権者も地裁裁判官に限られています（通信傍受法4Ⅰ）。傍受の期間は原則10日以内で（通信傍受法5Ⅰ），通じて30日までの延長をすることが可能です（通信傍受法7Ⅰ）。

傍受の実施主体は，検察官または司法警察員に限られています（通信傍受法3Ⅰ）。傍受にあたっては，傍受令状を通信事業者等に提示し（通信傍受法10Ⅰ），立会人を置かなければなりません（通信傍受法13Ⅰ）。立会人は，傍受の実施に関し意見を述べることができ（通信傍受法13Ⅱ），傍受の記録媒体の封印をします（通信傍受法25Ⅰ）。これはリアルタイムの傍受ですが，それ以外に一時的保存を命じて行う通信傍受（通信傍受法20〜22）と特定電子計算機を用いて行う通信傍受（通信傍受法23）が認められています。これらは暗号化された通信について，復号化した上で傍受するやり方で，立会人が不要とされています。傍受手続の合理化・効率化のために新たに認められるに至ったものですが，傍受の適正を担保する上で不十分であると思います。

検察官等は，傍受実施中に，傍受すべき通信であるかどうか明らかでない通信について，その該当性を判断するために，最小限度の範囲内で，当該通信を傍受（スポット傍受）することができます（通信傍受法14Ⅰ，同21Ⅲ，同23Ⅳ）。また，傍受実施中には，一定の場合に被疑事実以外の犯罪についても，傍受できるとされています（通信傍受法15，同21Ⅴ，同23Ⅳ）。しかしながら，これはいわば別件傍受を認めるもので，令状主義に反し違憲の疑いがあります。

傍受終了後，傍受した記録媒体は，遅滞なく，裁判官に提出されます（通信傍受法25Ⅳ，同26Ⅳ）。傍受記録に記録された通信の当事者には，原則として傍受終了後30日以内に傍受記録に関する通知が発せられます（通信傍受法30）。当事者は，傍受に関する裁判や処分に対し，不服の申立てができます（通信傍受法33）。このほか，政府は毎年，傍受実施状況に関し国会に報告し，公表することになっています（通信傍受法36）。

9.4.4 当事者録音，同意盗聴

会話の一方当事者が，相手方の承諾を得ずに秘密に会話を録音すること（当事者録音）があります。録音する当事者が，警察官である場合もあります。あるいは，会話の一方当事者が，相手方の承諾を得ずに，捜査機関などに依頼し

て会話を録音してもらうこと（同意盗聴）もあります。

　これらの録音は，相手方の同意を得ずに録音が行われている点で，会話やプライバシーに対する期待を大きく損なう可能性があります。原則として違法と考えます。ただ，盗聴や秘密録音をする正当な理由があり，当の会話がプライバシーをそれほど期待しえない状況でなされたものであったなどの場合に，例外的に適法と考えます。下級審判例には，このような判断枠組みを用いて，捜索・差押えに際して立会人の声を秘密録音した警察官の行為を，例外的に適法としたものがあります（千葉地決1991［平3］年3月29日判時1384-141）。

❖ **検証令状による電話傍受** ════════════════════════════

　通信傍受法が施行される前には，検証令状を得て，電話盗聴が行われることがありました（電話検証）。これについて判例は，「電話傍受は，通信の秘密を侵害し，ひいては，個人のプライバシーを侵害する強制処分である」としつつ，「重大な犯罪に係る被疑事件について，被疑者が罪を犯したと疑うに足りる十分な理由があり，かつ，当該電話により被疑事実に関連する通話の行われる蓋然性があるとともに，電話傍受以外の方法によってはその罪に関する重要かつ必要な証拠を得ることが著しく困難であるなどの事情が存する場合において，電話傍受により侵害される利益の内容，程度を慎重に考慮した上で，なお電話傍受を行うことが犯罪の捜査上真にやむを得ないと認められるときには」，電話検証を実施することは許されるとしました（最決1999［平11］年12月16日刑集53-9-1327）。しかし，これについては，検証という強制処分に会話内容を把握することも含まれるのか極めて疑問である上，令状主義や強制処分法定主義にも反すると考えられます。最高裁は，違憲ないし少なくとも違法とすべきであったと思います。

──

9.5　写真，ビデオ等の撮影

9.5.1　問題の所在

　一般的に，写真（以下ビデオ等の動画を含みます）撮影はその性格上は，検証ないし実況見分（検証を任意処分として行うこと）になります。ここでの問題は，本人の承諾なしに，無令状で，被疑者など個人の容貌を写真等に撮る捜査活動

は許されるのかです。法218条3項が逮捕・勾留されている被疑者の写真撮影を認めていますが，それ以外に写真撮影を定めた明文の規定はありません。人の容貌を承諾なしに撮影することは，プライバシー保護や肖像権保障との関係で問題となります。

9.5.2　法的性格

　写真撮影はそもそも任意処分なのか，それとも強制処分なのかをめぐって，学説上争われてきました。撮影は有形力を加えるものではないので任意処分であるとする見解，プライバシー侵害の程度に応じて，街頭を歩行している際の写真撮影は任意処分とし，通常外から見えない住居内を望遠レンズ等を用いてする写真撮影は強制処分とする見解，肖像権ないしプライバシーの法益侵害があるので，基本的に強制処分であるとする見解などがあります。私は，基本的に強制処分になるとして，逮捕の現場に準ずる状況がある場合に限り許されるとする説（光藤 I 169頁）を支持します。

　判例を概観します。リーディング・ケースは，最判1969［昭44］年12月24日刑集23-12-1625［京都府学連事件］です。この事件では，違法なデモ行進を撮影していた警察官の行為が問題とされました。判決は，何人も，その承諾なしに，みだりにその容ぼう・姿態を撮影されない自由を有するとした上で，本人の同意も令状もない場合であっても，「現に犯罪が行なわれもしくは行なわれたのち間がないと認められる場合であつて，しかも証拠保全の必要性および緊急性があり，かつその撮影が一般的に許容される限度をこえない相当な方法をもつて行なわれるとき」，犯人の容ぼう等のほか，犯人等の近くにいた第三者の容ぼう等を含むことになっても，憲法13条，35条に違反しないと解すべきであるとしました。また，最判1986［昭61］年2月14日刑集40-1-48は，「速度違反車両の自動撮影を行う本件自動速度監視装置による運転者の容ぼうの写真撮影は，現に犯罪が行われている場合になされ，犯罪の性質，態様からいつて緊急に証拠保全をする必要性があり，その方法も一般的に許容される限度を超えない相当なものである」として，憲法に違反しないとしました。

　これらは，いずれも現行犯的な状況があった場合の判例ですが，それ以外の場合にも裁判例が積み重ねられています。最決2008［平20］年4月15日刑集62-5-1398では，強盗殺人事件の捜査過程で，防犯ビデオに写っていた人物と

被告人との同一性を確かめるため，公道上やパチンコ店内で被告人の容ぼう等をビデオ撮影したことなどが問題となりました。最高裁は，被告人が犯人である疑いを持つ合理的理由が存在していたとした上で，「捜査目的を達成するため，必要な範囲において，かつ，相当な方法によって行われたものといえ，捜査活動として適法なものというべきである」としました。

さらに，東京高判1988［昭63］年4月1日判時1278-152は，犯罪の予防や犯罪発生時の証拠保全を目的として設置された監視カメラの画像が，後に証拠として用いられた点が問題となった事案です。裁判所は，「当該現場において犯罪が発生する相当高度の蓋然性が認められる場合であり，あらかじめ証拠保全の手段，方法をとっておく必要性及び緊急性があり，かつ，その撮影，録画が社会通念に照らして相当と認められる方法でもって行われるときには，現に犯罪が行われる時点以前から犯罪の発生が予測される場所を継続的，自動的に撮影，録画することも許されると解すべき」であるとしました。

また，東京地判2005［平17］年6月2日判時1930-174は，捜査官がビデオカメラを設置して，被告人方玄関ドア付近を，承諾を得ずに撮影した事案です。裁判所は，被告人が放火事件の犯人であると考えた点で合理的な理由が存したとした上で，事案の重大性などを考慮して，撮影を行う十分な必要性が認められ，その緊急性も肯認できるとし，「被告人が被るであろうプライバシーの侵害も最小限度に止まっており，本件事案の重大性を考慮すれば，やむを得ないところであり，その方法が社会通念に照らし相当とされる範ちゅうを逸脱していたとまではいえない」としました。

これらの判例は，一般的に，問題となった態様での写真撮影はいずれも任意捜査にあたり，捜査比例の原則から相当性があるかどうかを判断しています。

ただ，2005年東京地判の事案では，ビデオカメラを設置して被疑者の住居入口を継続的に撮影していました。このような態様の撮影は，被疑者及びその同居人の動静を24時間監視することを可能にし，住居の平穏に影響を与え，プライバシー侵害の程度が相当高いと考えます。判例の枠組みをとるとしても，強制処分にあたるように思います。したがって，検証令状を得て実施すべきであったと考えます。

現代社会では，監視カメラの設置が急速に進行しています。刑事訴訟法の問題にとどまりませんが，カメラ設置や画像データの利用・保存等について，統一的かつ明確な法的規律が必要であると思います。

9.6 尾行・張り込みと GPS 捜査

9.6.1 尾行・張り込み

　捜査活動として，被疑者の行動や動静を監視するため，尾行や張り込みが行われることがあります。刑事訴訟法上，特にこれらについて定めた規定はありません。公道上など公の場所で行われる場合には，通例プライバシー侵害があるとまでは言えませんので，任意処分として相当と認められる範囲内で行うことができます。もっとも，尾行や張り込みなどによる監視が継続的，網羅的に行われ，個人のプライバシーを相当程度侵害するとか，個人の行動の自由を侵害する程度に達した場合には，強制処分に該当すると思います。

9.6.2 GPS 捜査

　GPS 捜査とは，捜査機関が，所有者や使用者らの承諾なく，車両に秘かに GPS 端末を取り付けて，位置情報を検索し把握する捜査手法のことです（2.3.3 参照）。いわゆる装着型 GPS 捜査のことを指します。これに対して，携帯電話等の GPS 情報に関する捜査は，ここでは取り扱いません（このような場合，捜査機関が事後的に GPS 情報を取得することは，携帯電話の通信履歴データ等の取得と同様に考えられます）。

　この捜査手法をめぐって争われた事案がありました。令状を得ずに，捜査官が被疑者やその関係者の車両19台に端末を取り付け，約6ヶ月半の間，各車両の GPS 位置情報を取得して追尾等を行った捜査が問題となりました。最高裁は，「このような捜査手法は，個人の行動を継続的，網羅的に把握することを必然的に伴うから，個人のプライバシーを侵害し得るものであり，また，そのような侵害を可能とする機器を個人の所持品に秘かに装着することによって行う点において，公道上の所在を肉眼で把握したりカメラで撮影したりするような手法とは異なり，公権力による私的領域への侵入を伴うものというべき」とした上で，「個人のプライバシーの侵害を可能とする機器をその所持品に秘かに装着することによって，合理的に推認される個人の意思に反してその私的領

域に侵入する捜査手法である GPS 捜査は，個人の意思を制圧して憲法の保障する重要な法的利益を侵害するものとして，刑訴法上，特別の根拠規定がなければ許容されない強制の処分に当たる。」としました（最判2017［平29］年3月15日刑集71-3-13）。その上で，刑訴法が規定する従来の令状を発付することには疑義があると結論づけました。当然の結論であると思います。

9.7　おとり捜査

9.7.1　意義と問題点

　おとり捜査とは，捜査機関またはその協力者たる私人が，その身分や意図などを秘して相手方に犯罪を行うように働きかけ，その実行を待って検挙する捜査方法のことです。アメリカ合衆国で早くから用いられてきました。薬物犯罪や贈収賄事件など，直接の被害者がおらず，事件が外部に現れにくい犯罪の捜査において，特に利用されてきました。明文でおとり捜査を認める規定はありませんが，捜査官が薬物や銃器を適法に譲り受けることができることを定めている法律があります（麻薬取締法58条など）。

　このような捜査は，強制等の手段が用いられない限り，任意処分として許されるとするのが一般的です。しかし，他の任意処分とは異なり，おとり捜査は国家が犯罪を作り出す側面があり，その適正さに特別な疑問が生じかねません。このため，行き過ぎたおとり捜査の適法性を判断するにあたっては，手続的正義の観点から公正さを害していないかどうか，対象者の人格的自律権を侵害していないかどうか，特に判断する必要があります。

9.7.2　適法性の基準

　おとり捜査の基準については，従来はアメリカ法の理論的影響を受けて，おとり捜査を機会提供型と犯意誘発型に分け，前者を適法，後者を（任意処分として）違法とする考え方が一般的でした。ただ，機会提供型の場合にも違法とされる場合があるのではないかとも指摘され，捜査の態様など客観的な側面に着

目して，必要性や相当性などの枠組みを用いるべきとされています。

　判例は，「少なくとも，直接の被害者がいない薬物犯罪等の捜査において，通常の捜査方法のみでは当該犯罪の摘発が困難である場合に，機会があれば犯罪を行う意思があると疑われる者を対象におとり捜査を行うことは，刑訴法197条1項に基づく任意捜査として許容される」(最決2004［平16］年7月12日刑集58-5-333) としています。この判例では，いくつかの条件を挙げて，機会提供型のおとり捜査について適法性を検討しています。

9.7.3　違法とされた場合の措置

　おとり捜査が違法とされた場合，その結果得られた証拠は，違法収集証拠として排除される可能性があります。さらに学説では，違法なおとり捜査に基づいて起訴された場合は，形式裁判で手続を打ち切るべきことが主張され，免訴説，公訴棄却説などがあります。

9.8　コントロールド・デリバリー

　監視付き移転と訳されています。日本への入国審査手続や税関手続で発見された禁制品をその場で押収せず，厳重な監視の下でその運搬を継続させ，それを追跡して不正取引に関与する者を発見・検挙する捜査方法のことです。いわゆる「泳がせ」捜査にあたります。麻薬特例法3条，4条によって，この捜査方法が認められるようになりました。

　禁制品を抜き取り別の物品と差し替えるクリーン・コントロールド・デリバリーと，抜き取らずにそのままにしておくライブ・コントロールド・デリバリーとがあります。荷物を抜き取る場合には，強制処分にあたりますから，別途捜索・差押えの令状が必要になります。

　コンロールド・デリバリー自体は任意捜査として適法に実施できるとされていますが，もちろん追跡の態様などは相当なものでなければいけません。電波発信器（ビーパー）を荷物に設置して追跡するのも，必要性・緊急性の要件を充足し，方法として相当であれば許されるとされています。ただし，それが個人の行動を継続的，網羅的に把握する程度に至れば，強制処分となります。

第10章

防御権

10.1 概観

　捜査について取り上げてきましたが，これまでは主に捜査をする側（捜査機関）の権限とその限界を中心にして述べてきました。これは，刑事訴訟法の捜査に関する規定が，そういった形式で規定されていることによります。しかしながら，捜査において，もう一方の当事者は被疑者です。そこで，以下では被疑者の権利について述べていきましょう。

　被疑者・被告人には，防御権が保障されています。その中身は，自分自身による防御権（自己防御権）が中核にあり，さらに弁護人による防御権（弁護人の援助を受ける権利）があります。

10.2 黙秘権

10.2.1 意義

　被疑者の防御権の中で，大きな柱は黙秘権です。同時に，これは被告人の重要な権利でもありますので，被疑者・被告人の黙秘権としてここで一緒に取り上げることにします。

　憲法38条1項は「何人も，自己に不利益な供述を強要されない」と規定し，黙秘権 right to silence を保障しています。この規定は同時に，自己負罪拒否特権 privilege against self-incrimination を保障しています。

自己負罪拒否特権は，供述義務を課されている人に対し，ある一定の範囲で自己負罪を拒否することを認めるものです。一般的に供述義務があるにもかかわらず，その範囲で解除を受けることができるので，特権と呼ばれます。たとえば，供述義務を負う証人が，自己が刑事責任を負うおそれのある証言を拒むことができます（法146）。

　これに対し，刑訴法上，被疑者・被告人には，終始沈黙することができる権利が保障されています（法198Ⅱ，同291Ⅳ，同311Ⅰ）。これは，利益，不利益を問わず，一切の供述を拒否できる権利なので，**包括的黙秘権**と言われています。通説や実務では，被告人には証人適格はないと考えられていますので，自分の公判廷でおよそ供述義務を負うことはありません。特権との違いがあることを明確にするためにも，被疑者・被告人が供述を拒否する権利を，通常黙秘権と呼んでいます。

　憲法38条１項は，被疑者・被告人には黙秘権を，証人には自己負罪拒否特権を保障し，それを受けて刑事訴訟法の関連規定が設けられています。判例は，憲法38条１項が「不利益な」と規定していることから，憲法は被告人にとって不利益な供述だけを拒む権利を認めているとする限定説の立場を取っています。この立場によれば，終始沈黙する権利を認める法311条１項などの規定は，憲法の保障を拡張していると解されています。しかし，憲法は被疑者・被告人には一切の供述を拒むことのできる包括的黙秘権を保障していると解する説が，最近は有力になっています。被疑者・被告人は国家権力の刑罰権行使にさらされようとしている弱い立場です。それを考えれば，憲法が包括的黙秘権を保障しているとする説が正しいと考えます。

10.2.2　効果，範囲

（1）　黙秘権の告知

　法198条２項は，取調べに際して，被疑者に黙秘権の告知をすることを捜査官に義務づけています。同様に，法291条４項は，公判手続の冒頭で，被告人に黙秘権の告知をすることを裁判長に義務づけています。この告知は，憲法38条１項の要請する保障内容でしょうか。

　判例は，黙秘権の告知は憲法上の要請ではないとして，告知しなかった手続は違憲とは言えないとしています（最判1950［昭25］年11月21日刑集４-11-2359）。

ただ，下級審判例には，それを前提にしつつも，黙秘権不告知の事実から警察官の黙秘権尊重の態度が認められないなどとして，自白の任意性を否定した例があります（浦和地判1991［平3］年3月25日判タ760-261）。

　学説上は，告知も憲法上の要請と考えるべきとする有力説があります。私もその説を支持します。生命や自由の剥奪を内容とする刑罰は，国家が課しうる最も重い不利益処分です。自白はそれを導く危険と直結します。このような重大な局面において，憲法は国家に対し市民が自己を防御するための権利の告知を義務づけていると考えるのは，適正手続の保障としても当然であるように思います。

(2)　黙秘権の効果

　黙秘権保障の効果として，①黙秘することに対する刑罰などの制裁禁止，②黙秘した事実からの不利益推認の禁止，③黙秘権を侵害して得られた供述証拠の使用禁止が，挙げられています。このうち，②の関連では，被告人が一貫して黙秘し供述を拒否していた事実を，殺意認定の「1個の情況証拠として扱うことは，それはまさに被告人に黙秘権，供述拒否権が与えられている趣旨を実質的に没却することになる」として許されないとした高裁判例があります（札幌高判2002［平14］年3月19日判時1803-147）。

(3)　黙秘権の範囲——氏名の黙秘，ポリグラフ検査など

　包括的な黙秘権が被疑者・被告人に保障されていることからすれば，自己の氏名についても黙秘権の保障は及ぶはずです。しかし判例は，憲法38条1項は，「何人も自己が刑事上の責任を問われる虞ある事項について供述を強要されないことを保障したものと解すべき」と述べた上で，「氏名のごときは，原則としてここにいわゆる不利益な事項に該当するものではない」としました（最判1957［昭32］年2月20日刑集11-2-802）。これは，氏名を黙秘して監房番号等で自己を特定してなされた弁護人選任届が却下されたため，選任の必要上氏名を開示せざるをえなくなった点が争われた事案です。しかし，被告人が氏名を明らかにすることは「不利益な供述」となりえますから，「氏名のごときは」とするこの判例は失当だと思います。

　憲法38条1項が「供述」を強要されないと規定していることからわかる通り，供述証拠がその対象となります。この点で，いわゆるポリグラフ検査が問題と

なります。ポリグラフとは，供述者の身体に測定装置をつけて，呼吸や脈拍，血圧などの生理的変化を計測，記録する装置です。これだけでは非供述証拠のようにも思えます。しかし，供述者が発問に対して応答したときの生理的変化をとらえて，その供述内容の真実性を問題としますので，供述証拠と考えるべきでしょう。判例は，法326条1項の同意があったポリグラフ検査結果回答書に証拠能力を認めていますが，これは供述証拠と考えていることが前提になっています（最決1968［昭43］年2月8日刑集22-2-55。16.7.3参照）。ポリグラフ検査には少なくとも被検者（供述者）の同意が必要です。もし同意なしに検査が実施された場合には，供述の強要に該当すると思います。

　このほか，道路交通法上の呼気検査拒否罪による処罰が，憲法38条1項に違反するか否も問題となりました。判例は「検査は，酒気を帯びて車両等を運転することの防止を目的として運転者らから呼気を採取してアルコール保有の程度を調査するものであって，その供述を得ようとするものではない」として，憲法38条1項に反するものではないとしています（最判1997［平9］年1月30日刑集51-1-335）。

　行政法規の中には，一定の申告や報告などを義務づけ，その義務違反に対し刑罰を定めているものがあります。たとえば，交通事故を起こした運転者には，道路交通法72条1項により交通事故が発生した日時および場所等を警察官に報告する義務があり，違反した者には刑罰が科されます。これについて，旧法の道路交通取締法についてですが，刑事責任を問われるおそれのある事項にはあたらないなどとして，憲法38条1項に反することにはならないとした判例があります（最判1962［昭37］年5月2日刑集16-5-495）。しかし，犯罪発生の端緒となる事実の報告を義務づけているように思われ，刑事責任を問われるおそれのある事項にあたるように思います。同様に判例は，医師法21条が医師に異状死の通報義務を課していることも，憲法38条1項に違反しないとしています（最判2004［平16］年4月13日刑集58-4-247）。

10.3 弁護人の援助を受ける権利

10.3.1 弁護人の役割

　民事訴訟では当事者に法的な援助を与える立場である弁護士を，代理人と呼びます。これに対し，刑事訴訟では弁護人と呼んでいます。このことからだけでも，弁護人は単なる代理人ではないことがわかります。

　弁護人は，被疑者・被告人に法的な助言をするばかりでなく，その訴訟法上の権利・利益を包括的に擁護，代弁します。弁護人が有する権限，権利は，被疑者・被告人の代理人としてのものと，弁護人に固有のものとがあると考えられています。

　弁護人の義務として，実体的真実発見に協力する義務があるかどうかは，大きな論争のテーマとなってきました。この点について，被告人から真犯人である旨の告白を弁護人が受けていたとしても，いまだ証拠は不十分で無罪である旨の弁論をする事は許されると考えます。

10.3.2 弁護人の援助を受ける権利
──あらゆる権利に続くドアとしての権利

　憲法34条前段は身体を拘束されるに際して，また憲法37条3項後段は刑事被告人に関して，それぞれ弁護人を依頼する権利を定めています。これを踏まえて，法30条1項は被疑者・被告人はいつでも弁護人を選任することができると規定し，常にその援助を得ることができることを保障しています。

　しかし，いつでも選任する機会が保障されていたとしても，資力がないなどの理由で弁護人を依頼することができないのであれば，実際には弁護人の助力を得ることができません。憲法の保障するところは，形式的に被疑者がいつでも弁護人を選任できる機会を保障しているだけではなく，実質的に弁護人の援助を受ける権利を保障していると考えるべきです。なぜなら，貧困を理由に弁護人を選任することができなかったために十分な防御ができず，その結果被告人が不当な判決を言い渡されることになった場合には，そのような裁判は憲法の定める適正手続に反し，公正な裁判とは言えないからです。したがって，憲

法が保障する権利のことを弁護人の援助を受ける権利と呼んで，実質的に有効な弁護を受ける権利である趣旨を明らかにしています。判例も，憲法34条前段の趣旨については，「単に被疑者が弁護人を選任することを官憲が妨害してはならないというにとどまるものではなく，被疑者に対し，弁護人を選任した上で，弁護人に相談し，その助言を受けるなど弁護人から援助を受ける機会を持つことを実質的に保障しているものと解すべきである」(最判1999［平11］年3月24日民集53-3-514）としています。

　被疑者・被告人には，黙秘権をはじめ憲法上多くの権利（包括的防御権）が保障されています。しかし，そもそもその存在や内容を知らなければ，行使することすらできません。防御権を実効あらしめるためには，弁護人の有効な援助を受ける権利が保障されていなければ意味がありません。このため，弁護人の援助を受ける権利は，被疑者・被告人のあらゆる権利へと続くドアとしての意味を持つ権利と言われます。また，刑事訴訟法発展の歴史は，弁護権拡張の歴史であるとも言われてきました。これらの言葉からも，この権利の重要性を理解することができます。

10.3.3　被疑者国選弁護制度

　貧困その他の理由で，被疑者・被告人自ら弁護人を選任できない場合には，国が選任する国選弁護制度があります（被疑者等が自ら選任する場合は，私選弁護と呼んでいます）。従来，刑事訴訟法は起訴後の被告人に対してしか，国選弁護制度を保障していませんでした。しかし，学説上は憲法34条や憲法37条3項が被疑者国選弁護制度を保障しているとする解釈が有力であった上，多くの誤判冤罪事件の教訓から，被疑者段階での国選弁護制度の必要性が強く意識され，その導入を求める声が強くなってきました。

　このような流れの中で，ようやく2004年の刑事訴訟法改正において被疑者国選弁護制度が設けられました。その後改正を重ね，現在では，勾留状が発せられているすべての事件において，被疑者が貧困等の事由により弁護人を選任することができないときは，その請求により，国選弁護人が付されるようになりました（法37の2）。また，被疑者から弁護人選任の請求がない場合であっても，精神上の障害などの事由により本人が判断することが困難である疑いがある場合などには，裁判官は，職権で国選弁護人を付すこともできます（法37の4）。

ただ，被疑者国選弁護制度は導入されたものの，まだ不十分な点が残っています。選任時期が遅い点です。被疑者国選弁護を請求する権利の告知は，被疑者が逮捕された段階でなされるものの（法203Ⅳ，同204Ⅲ），法37条の2の規定により，選任は勾留状が発せられた後に限られます。つまり，逮捕・留置されてから勾留状が発せられるまでの期間（通例2，3日程度）は，国選弁護人は付されません。したがって，この間隙を埋めるためには，弁護士会が運営している当番弁護士制度になお依存せざるをえません。逮捕段階から国選弁護人が選任できるように，早急に法改正する必要があります。

❖ 当番弁護士制度 ════════════════════════════════

　逮捕された被疑者に，弁護士会が，弁護士の初回接見を無料で提供しているサービスのことです。弁護士会から派遣される弁護士のことを，当番弁護士と呼んでいます。逮捕された被疑者もしくはその家族などから依頼を受け，弁護士会は当日当番となっている弁護士を派遣しています。原則として，依頼当日に接見しています。派遣の際の報酬は弁護士会の予算から支出され，公的な支援はありません。弁護士会による完全なボランティア活動です。

10.4　接見交通権

10.4.1　意　義

　弁護人の援助を受ける権利の中で，逮捕・勾留されている被疑者にとって最も重要なのは，接見交通権です。接見交通とは，被疑者と弁護人とが面会して相談し，また書類や物のやり取りをすることです。被疑者に弁護人がついていても，弁護人と相談し，その助言を受けることができなければ，援助を受けることはできません。外界と遮断された被疑者にとって弁護人は外との窓口になりますし，黙秘権等の自己の権利についての教示を受けることができます。そして，弁護人との相談を通じて，身体拘束からの早期解放，公判への準備等をすることができるわけです。弁護人が接見室に持ち込む物について，法律上制限する規定はありません。法39条1項は，身体拘束下の被疑者・被告人が，弁護人または弁護人となろうとする者（当番弁護士を含みます）と，原則としてい

つでも立会人なしに接見や書類等の授受をすることができるとして，秘密の接見交通権を保障しています。

接見交通権は，憲法34条が定める弁護人依頼権の一内容と考えられています。判例は，法39条1項は憲法34条前段の趣旨にのっとり規定されたもので，「弁護人等との接見交通権は，身体を拘束された被疑者が弁護人の援助を受けることができるための刑事手続上最も重要な基本的権利に属するものであるとともに，弁護人からいえばその固有権の最も重要なものの一つであることはいうまでもない」（最判1978［昭53］年7月10日民集32-5-820）としています。

なお，この判例からもわかる通り，接見交通に関する権利は，被疑者が有する権利と弁護人が有する権利と，双方の権利として考えられています。これは，面会が二者の相互交流で構成されることからすれば，当たり前のことです。

10.4.2　接見指定

(1)　概　観

接見交通の自由が法39条1項によって規定されている一方で，法39条3項は検察官，検察事務官または司法警察職員に，捜査のため必要があるときは，被疑者に限り，接見の日時等を指定する権限を定めています。ただし，その指定は，被疑者が防御の準備をする権利を不当に制限するものであってはなりません（法39Ⅲ但書き）。

接見指定の規定は，そもそも弁護人の援助を受ける権利を侵害するものであるとして，違憲論が展開されてきました。正しい主張だと思います。それは別にしても，実際に行われた接見指定は，接見交通を大きく制約する内容を持つことから，長い間その是非をめぐって捜査当局と弁護人側との間で鋭く争われてきました。特に，かつては否認事件などについては，接見交通について，原則自由と例外指定となっている法39条の規定を逆転させるような状況が作り出されたことがありました。弁護人が警察署に赴いてもなかなか接見できない，あるいは接見できても時間が著しく短時間に制限されることなどが珍しくありませんでした。このため，弁護人から弁護権が制限されたとして，接見指定の違法性をめぐって国家賠償請求訴訟が提起され，重要な判例が相次いで出されていきました。(2)で紹介する判例は，このようにして形成されてきたものです。国家賠償請求訴訟を提起する弁護人たちの努力は接見指定の実務に徐々に

変化をもたらし，ついに2008年には，取調べ中であってもできる限り早期に接見の機会を与える旨の最高検察庁ならびに警察庁の通達が発せられるに至りました。その結果，接見指定をめぐる現場での争いや国賠訴訟は，ほとんどなくなりました。しかし，このような実務が実現したのは，多くの弁護人の努力があったからであることを忘れるべきではないと思います。

(2) 要 件

接見指定をめぐる争いは，法39条3項が規定する「捜査の必要」の解釈をめぐる争いとして出現しました。その解釈については，取調べや実況見分中などを含まず，現に被疑者が接見場所にいないなど物理的に不可能な場合に限定されるとする物理的限定説（狭義説）から，被疑者を現に取調べ中，または実況見分・検証等の立会いのため被疑者の身体を現に必要としている場合に限定されるとする物理的限定説（広義説），これにもう少し広く，間近いときに取調べ等が予定されている場合も含まれるとする準限定説，罪証隠滅の防止等を含めて，広く捜査の遂行に支障を生じるおそれがある場合（捜査全般の必要性）を言うとする捜査全般説まで，多くの説が主張されてきました。捜査全般説は，もっぱら捜査機関側からなされてきた主張です。

これについて判例は，「現に被疑者を取調べ中であるとか，実況見分，検証等に立ち会わせているというような場合だけでなく，間近い時に右取調べ等をする確実な予定があって，弁護人等の必要とする接見等を認めたのでは，右取調べ等が予定どおり開始できなくなるおそれがある場合も含むものと解すべきである」（最判1991［平3］年5月10日民集45-5-919）としています。この判例は，取調べを弁護人の援助を受ける権利よりも優先させるもので，不当だと思います。

ただし，その後判例は，「捜査のため必要があるとき」として接見指定の要件を具備している場合であっても，初回接見は憲法34条の保障の出発点を成すものとして，被疑者の防御の準備のために特に重要であることを考慮して（法39Ⅲ但書き），捜査機関は「弁護人となろうとする者と協議して，即時又は近接した時点での接見を認めても接見の時間を指定すれば捜査に顕著な支障が生じるのを避けることが可能かどうかを検討し，これが可能なときは，留置施設の管理運営上支障があるなど特段の事情のない限り，…たとい比較的短時間であっても，時間を指定した上で即時又は近接した時点での接見を認めるようにす

べき」（最判2000 ［平12］年 6 月13日民集54-5-1635）だとしました。

　このほか，検察官が，接見施設がないため，弁護人の接見申出を適法に拒否できる場合でも，秘密交通権の保障されないような態様の短時間の接見（いわゆる面会接見）などの可能性を検討することについて，検察官に特別な配慮をする義務を認めた判例もあります（最判2005 ［平17］年 4 月19日民集59-3-563）。

（3）　起訴後の余罪捜査と接見指定

　同一人が，ある事件では起訴されて被告人となっている一方で，別の被疑事実（余罪）でも逮捕・勾留されている場合があります。このような場合に，余罪被疑事実を理由にして，被告人の弁護人に対して，捜査の必要を理由に接見指定ができるかという問題があります。判例は，「検察官等は，被告事件について防禦権の不当な制限にわたらない限り，刑訴法39条 3 項の接見等の指定権を行使することができるもの」と解しています（最決1980 ［昭55］年 4 月28日刑集34-3-178）。

（4）　任意取調べ中の被疑者との接見

　法39条 1 項は，文言上は身体拘束を受けている被疑者の接見だけを規定しています。それでは，身体拘束を受けていない被疑者が警察署等で任意の取調べを受けている際に，弁護人が面会を求めてきた場合，捜査機関はどうすべきでしょうか。この点については，捜査機関は原則として取調べを中断して，その旨を被疑者に伝え，被疑者が面会を希望するときは，その実現のための措置を執るべきであるとした下級審判例があります（福岡高判1993 ［平 5 ］年11月16日判時1480-82）。当然のことです。

10.4.3　秘密交通権

　法39条 1 項は弁護人と被疑者・被告人が「立会人なくして」接見できると規定し，接見内容の秘密を保障しています（秘密交通権）。接見内容が捜査機関に知られてしまうのであれば，そもそも被疑者等が弁護人を信頼して話をすることができず，そのため実質的かつ効果的な弁護人の援助を受けることはできません。弁護人を信頼するための基本的要素のひとつが，秘密性です。したがって，「立ち会いなくして」とは，捜査機関が立ち会わなければ足りるというこ

とではなく，捜査機関はおよそ接見内容について知ることができません。この点について，検察官が被疑者に接見内容を聴取したことの違法性が争われた事件で，「捜査機関は，刑訴法39条1項の趣旨を損なうような接見内容の聴取を控えるべき義務を負っているから，原則として，弁護人等との接見における供述について聴取することは禁止されているというべきである」（福岡高判2011〔平23〕年7月1日判時2127-9）とした判例があります。

　ただ，処遇法135条2項，222条3項は，被疑者・被告人から発する弁護人宛の信書の検査を認めており，秘密交通権と抵触する可能性がある点で問題だと思います。したがって，この検査は，内容に及ぶものであってはなりません。

　秘密交通権との関係で，最近，接見時に弁護人が写真撮影をしたり，録音・録画をすることが問題になっています。また，それとも関連しますが，パソコンやスマホなどの電子機器持込みの可否も問題になっています。私は，被疑者・被告人と弁護人とには，証拠を秘密に検討する権利が保障されると考えています。それは，自由権規約14条3項(b)の「防御の準備のために十分な時間及び便益を与えられ」の保障にも沿うものです。そう考えると，弁護人への信頼を前提にすれば，基本的にいずれの持込みも認められるべきだと思います。

10.5　その他の防御等

10.5.1　弁護人以外の者との接見交通（一般接見）

　勾留中の被疑者は，弁護人等以外の者と，法令の範囲内で接見をすることができます（法207Ⅰ・同80）。いわゆる一般接見です。身体を拘束して人身の自由を制限するのがやむを得ない場合であっても，できる限り被疑者の市民的な営みを続けることができるように保障しなければならないからです。逮捕・留置中の被疑者には，一般接見は許されないとされています（法209が法80を準用していない）。ただ市民的営み保障の観点からすれば，具体的な支障がなければ許すべきだと思います。なお，法80条の「法令の範囲」としては，処遇法116条1項，同218条1項などがあり，施設職員の立会いなどが必ず行われます。

　一般接見については，逃亡や罪証隠滅を疑う相当な理由のある場合には，裁

判官が接見等を禁じることができます（法207Ⅰ・同81）。ただ，施設職員の立会いがある接見ですので，通例は逃亡や罪証隠滅防止のために接見自体を禁止する必要まではないと考えます。

10.5.2　証拠保全請求権など

　被疑者・被告人または弁護人は，あらかじめ証拠保全をしておかなければその証拠を使用することが困難な事情があるときは，第1回の公判期日前に限り，裁判官に押収等の証拠保全を請求することができます（法179Ⅰ）。これは，容易に証拠について強制処分を用いることができる捜査機関と，そうではない被疑者等との実質的対等をはかるために設けられた制度です。

　すでに述べたところですが，その他，いわゆる準抗告制度（法429，同430）などの不服申立て制度も，被疑者の防御のために用いられます。

第11章

公訴の提起⑴

11.1　捜査の終結——検察官への送致

　司法警察員は，犯罪の捜査をしたときは，原則として，速やかに書類および証拠物とともに事件を検察官に送致（送検）しなければなりません（法246本文）。例外としては，検察官の一般的指示（法193Ⅰ）として定められた微罪処分により，送致しないことがあります（法246但書き）。微罪処分とは，極めて軽微な窃盗などの事件について，被疑者に訓戒を加えるなどして，警察限りで手続を打ち切るものです。このような例外を別にすれば，検察官が自ら捜査を開始したものも含め，捜査が終結すると，検察官がその事件について終局処分を決めることになります。

11.2　公訴の提起

11.2.1　公訴と検察官

　公訴は，裁判所に対して，特定の刑事事件につき審判を求める意思表示です。公訴は，検察官がこれを行います（法247）。被害者や一般市民ではなく，国家機関である検察官が，国家を代表して公訴の提起・遂行の権限を行使します（国家訴追主義）。若干の例外はありますが，検察官だけが公訴の担当者です（起訴独占主義）。日本の検察官が，国際的に見て，強大な権限を持っているとされる根拠のひとつです。

捜査が終結すると，検察官はその事件処理を行います。終局処分は，大きく分けて公訴提起（起訴）するか，公訴提起しない（不起訴）かの二つに分かれます（このほか，少年事件については，家庭裁判所への送致があります）。

11.2.2　起　訴

　起訴がなされると，一般に通常の公判手続が開始されることになります。起訴に際し，検察官は，即決裁判手続の申立て（法350の16）もしくは略式命令の請求（法461）を，あわせてすることもできます。それぞれの手続による科刑制限はありますが，このような選択肢があることは検察官の裁量の幅を大きくしています。なお，裁判員裁判による公判審理は，原則として罪種により法定されていますので，検察官に選択の裁量権があるわけではありません。

11.2.3　不 起 訴

　起訴がなされないときには，その理由により，いくつかに分類できます。大きくは，犯罪の嫌疑（証拠）がないかあるいは不十分であると認められた場合と，嫌疑（証拠）はあると認められるが起訴猶予をする場合です。もちろん，被疑者が亡くなっていたり，公訴時効が成立しているなど，訴訟条件がないと認められる場合にも，起訴はなされません。

11.2.4　起訴便宜（裁量）主義

　起訴猶予を認める法制度を，起訴便宜主義あるいは起訴裁量主義と言います。これに対し，検察官の裁量権を認めず，訴訟条件があり，犯罪の嫌疑もあると考えられる場合には必ず起訴しなければならないという法制度を，起訴法定主義と言います。
　法248条は，「犯人の性格，年齢及び境遇，犯罪の軽重及び情状並びに犯罪後の情況により訴追を必要としないときは，公訴を提起しないことができる」と定め，起訴便宜主義をとることを明らかにしています。この規定が掲げる起訴猶予の判断基準は，①犯人本人に関する事項，②犯罪自体に関する事項，③犯罪後の情況の三種類に分けて理解されています。起訴猶予と呼ばれていますが，

実務上は同じ事件で後に起訴することはまずありませんので，起訴放棄型の起訴猶予と言われたりもしています（三井Ⅱ30頁）。

　起訴猶予処分は，軽微な事件などあえて刑罰を科すまでもない事件について，被疑者を刑事手続から早期に解放する機能を果たし，刑事裁判に携わる者の負担も軽減します。日本では起訴されると社会的な非難が強く，また休職をせざるをえない職場が多いなど大きな不利益を生じますので，起訴便宜主義には大きなメリットがあります。捜査段階で，事実関係に争いがない事件においては，被疑者が反省と悔悟を深め，被害者に被害弁償などの行動をした結果，起訴猶予になることが少なくありません。こうした行動を促すためにも，起訴便宜主義は効用があると思います。

　ただ，検察官にこのような裁量権を認めたことにより，その権限は強大になりました。起訴便宜主義は，適正な基準に基づき，公正に運用されなければなりません。そうでなければ，恣意的な公訴権の行使になってしまいます。法248条は判断基準の事項を示しているだけで，基準の具体化や客観化がなされているわけではありません。起訴便宜主義の意義は評価されている一方で，運用においてなお改善の必要があると指摘されています。

　検察官が公訴提起に関し裁量権を有していることから，併合罪関係にある数個の犯罪のうちその一部だけを起訴し，それ以外を起訴猶予とすることができます。そればかりでなく，一罪の一部のみを起訴することも許されると考えられています。たとえば，科刑上一罪関係にある住居侵入・窃盗のうち窃盗だけを起訴する場合とか，業務上過失致死を業務上過失傷害で起訴する場合などです（判例として，最決1984［昭59］年1月27日刑集38-1-136など）。

　また，検察官は一度起訴した場合でも，一審判決があるまでは，公訴を取り消すことができます（法257）。公訴が取り消された場合は，裁判所は決定で公訴を棄却します（法339Ⅰ③）。もっとも，検察官は公訴の取消後犯罪事実につき新たな重要な証拠を発見した場合に限り，同一事件について再起訴ができます（法340）。しかしながら，再起訴を認めるこの規定に対しては，憲法39条に違反する疑いがあるとする有力な見解もあります。一方的に応訴を強制され，その後に再度有罪の危険にさらされる被告人の地位を考えれば，妥当な見解だと思います。

11.2.5 手　続

　公訴の提起は，起訴状を提出して行わなければなりません（法256Ⅰ）。口頭で行うことはできません。公訴の提起によって，事件は裁判所に係属します。また，被疑者は，被告人と称されるようになります。

　検察官は，公訴の提起と同時に起訴状の謄本を裁判所に差し出さなければなりません（規165Ⅰ）。裁判所は，これを受け取ったときは，直ちに被告人へ送達しなければなりません（法271Ⅰ，規176Ⅰ）。公訴提起が書面で行われ，その内容が直ちに被告人に伝わるように規定されている理由は，被告人に審判の対象を明示し，速やかに防御を尽くすことができるよう防御権を保障していることにあります。

　このような観点からすれば，日本語を解さない外国人被告人への起訴状謄本送達にあたっては，理解できる言語で訳文を添付しなければならないと考えます（自由権規約14Ⅲ(a)参照）。しかし，下級審判例には，訳文の添付等が好ましいとはしながらも，それが直ちに憲法31条の要請するところとは考えられないとしたものがあります（東京高判1990［平2］年11月29日高刑集43-3-202）。防御権保障の点で，疑問が残ります。

　検察官は，公訴を提起しない処分をした場合は，被疑者の請求により，速やかにその旨を告げなければなりません（法259）。不安定な地位から被疑者を解放することを意味しますので，請求がない場合でも，原則として告げるべきだと思います。

11.2.6　起訴後の捜査

　捜査が終結してすでに起訴された事件において，補充的な捜査などが行われることがあります。しかし，もはや事件は裁判所に係属している段階ですから，このような捜査は公判中心主義に抵触します。また，被告人の防御活動にも支障を与えかねません。このため，強制捜査は許されず，必要な場合に任意捜査に限り許されると考えられます。

　任意捜査といっても，被告人の取調べはどうでしょうか。基本的には，検察官が公判廷で被告人に質問すれば足りますので，認められません。これについ

て判例は，起訴後においても，「捜査官はその公訴を維持するために必要な取調を行うことができる」(最決1961［昭36］年11月21日刑集15-10-1764) としています。ただ，この事案は第1回公判期日前の取調べについてのものであることに，注意すべきです。

11.3　訴追裁量権のコントロール

11.3.1　概　説

　検察官の訴追裁量権は広範であり，その権限は強大です。人が被告人の地位に置かれるということは，それだけでその人の日常生活や人生に多大な影響を与えます。したがって，不当な起訴は大きな人権侵害です。他方で，逆に不当な不起訴は，被害者を傷つけることにもなりかねません。あるいは，職務犯罪を行った政治家が，不当にも不起訴になってしまうのであれば，公正な民主社会の実現は望むべくもありません。このようなことから，検察官の権限行使は適切に行われなければなりません。訴追裁量権の行使をコントロールするため，いくつかの制度あるいは理論が存在しています。

　その前に，このようなコントロールが動き出す契機として，検察官の処分結果を関係者に通知する必要があります。この前提を確認しておく必要があります。検察官は起訴，不起訴の処分をしたときは，速やかに告訴人や告発人等に対して，その旨を通知しなければなりません (法260)。また，告訴人や告発人等から請求がある場合には，検察官は速やかにその理由を告げなければなりません (法261)。

11.3.2　不当な不起訴に対するコントロール

(1)　検察審査会

　公訴権の実行に関し民意を反映させてその適正を図るため (検審法1 I)，各地方裁判所にひとつ以上の検察審査会が置かれています。検察審査会は，衆議院議員の選挙権を有する者の中から，くじで選ばれた11人の検察審査員で組織

されます（検審法4）。これは，アメリカ合衆国の大陪審制度をモデルにした制度と言われています。

　検察審査会の主たる役割は，検察官の不起訴処分の当否の審査です（検審法2Ⅰ①）。告訴人や告発人，被害者などが，検察官の不起訴処分に不服があるときは，内乱罪などごく一部の犯罪を除き，管轄する検察審査会にその処分の当否の審査を申し立てることができます（検審法30）。検察審査会は，審査の結果，起訴相当，不起訴不当，不起訴相当の議決を行います（検審法39の5Ⅰ）。議決は過半数で決しますが（検審法27），起訴相当の議決をするときに限り8人以上の多数によらなければなりません（検審法39の5Ⅱ）。起訴相当の議決がなされると，検察官は，起訴すべきか否かを再度検討しなければなりません（検審法41Ⅰ）。もし検察官がそれでもまた不起訴処分にした場合には，検察審査会は再審査をし，再度起訴相当と認めたなら起訴議決をすることができます（検審法41の2，同41の6）。起訴議決がなされると，検察官の職務を行う指定弁護士が裁判所から指定され，公訴の提起がなされます（検審法41の9，同41の10）。2014年から2018年の5年間で，検察審査会は11,136件の審査事件を処理し，うち起訴相当の議決が20件，不起訴不当の議決が481件，再審査の上の起訴議決は3件でした（法曹時報72巻2号455頁）。

　この制度は，国家訴追主義の例外となる制度です。不当な不起訴処分の抑制のみならず，刑事司法への市民参加の意義があります。被害者の求めによる加害者の訴追ばかりでなく，政治家や高級官僚，警察官に対する訴追などとしても，機能します。他方で，起訴は被告人に応訴の負担を強制することを意味するため，慎重な運用が必要です。もし証拠が十分でない事件を起訴して，結局無罪判決になった場合には，被告人に無用の負担を負わせることになります。そればかりではなく，かえって被害者の苦しみを長期化させ，傷つかせることにもなりかねません。

(2)　準起訴手続（付審判手続）

　公務員による職権濫用などの権力犯罪については，特別な手続が定められています。これらの犯罪が不起訴処分になったときは，その告訴人または告発人は，管轄地方裁判所に事件を裁判所の審判に付することを請求することができます（法262）。審理の結果，請求に理由があると認められたときは，事件を管轄地方裁判所の審判に付する決定がなされます（法266②）。この決定により，

公訴の提起があったものとみなされます（法267）。その後は，裁判所により指定された弁護士が検察官の職務を行い，公訴の維持をはかります（法268）。この手続を，準起訴手続あるいは付審判手続と言います。

付審判請求事件の審理をする請求審については，法265条と規173条の規定があるだけで，審理方式の手続は詳しく定められていません。このため，手続の法的性格をめぐっては，捜査に引きつけて理解する説から，裁判に引きつけて理解する説まで，様々な見解の対立があります。たとえば，捜査に引きつけて理解すれば，請求人自身が審理に関与することは否定的に解されることになります。判例は，捜査に類似する性格をも有する公訴提起前における職権手続であり，本質的には対立当事者の存在を前提とする対審構造を有しないとしています（最決1974［昭49］年3月13日刑集28-2-1）。

この手続は，現行刑訴法で採用された制度です。公務員の職権濫用などの権力犯罪が起訴されなければ，その事実は闇に葬られてしまいます。この制度は，市民の人権保障や権利救済に資する制度と位置づけられています。ただ，実際に付審判決定がなされる数は，極めて少ないです。2009年から2018年の10年間で，全国で3,307人の付審判請求事件の処理（同時期の新受入員は3,293人）がありましたが，付審判決定のあったものは5人だけでした（法曹時報72巻2号323頁）。この数字から，制度に期待された機能が必ずしも発揮されていないのではないかと指摘されています。

11.4 不当な起訴に対するコントロール

11.4.1 形式裁判による訴訟の打ち切り

不当な起訴処分については，それを直接的にコントロールする法制度は存在しません。もちろん刑事訴訟法は，検察官の公訴権行使に何の制約も課していないわけではありません。法329条や法337条〜339条は，裁判所が形式裁判で手続を打ち切ることを定めています。検察官は，これら形式裁判で手続が打ち切られるような事由があるのであれば，起訴するわけにはいきません。

これらの場合は別にして，それ以外に不当な起訴はないでしょうか。たとえ

ば，通例ならば起訴しないような軽微な事件について，被疑者の思想や心情を理由にあえて起訴した場合には，弾圧のための不当な起訴にならないでしょうか。もし，不当にも被告人の地位に置かれて，応訴を強制されるのは大きな負担であり，刑事手続から早期に解放する必要があります。このような問題意識を背景にして，公訴権濫用論が発展してきました。刑事事件の弁護実践の中から提起され，学説上検討が加えられ，定着したものです。

11.4.2 公訴権濫用論

検察官の起訴行為がひとつの処分であるならば，それが違法・無効の場合がありうるでしょう。そのこと自体を，当該刑事裁判の審査対象とするのが，公訴権濫用論です。従来から検討されてきたのは，次の三つの類型の不当な起訴処分です。

（1）嫌疑のない起訴

犯罪の嫌疑が，公訴提起の際の前提条件かどうかについては，学説上争われてきたところです。嫌疑のない起訴とは証拠が十分でない起訴ですから，無罪判決を言い渡せばいいだけだとも考えられるからです。しかし現在では，嫌疑のない起訴（有罪判決が得られる見込みがない起訴）は，一般に違法と考えられています。

無罪判決の確定した元被告人から提起された国家賠償請求訴訟においてですが，「検察官の心証は，その性質上，判決時における裁判官の心証と異なり，起訴時あるいは公訴追行時における各種の証拠資料を総合勘案して合理的な判断過程により有罪と認められる嫌疑があれば足りるものと解するのが相当である」と判示した判例があります（最判1978［昭53］年10月20日民集32-7-1367）。このような嫌疑が明らかに存在しない場合には，応訴の負担から被告人を一刻も早く解放する必要があります。被告人がそれを求めた場合には，形式裁判で直ちに手続を打ち切るべきだと思います。

（2）起訴猶予すべきものの起訴（訴追裁量権逸脱の起訴）

検察官が起訴猶予にすべきだった事件を，起訴した場合が問題とされます。たとえば，通常は起訴されないような軽微な事件を起訴したときや，平等原則

に反して差別的な起訴をしたときなどです。嫌疑なき起訴の場合と異なり証拠は十分あるとされる場合ですから，公訴棄却や免訴などの形式裁判で打ち切らなければ，有罪になります。検察官に広範な訴追裁量権が認められているといっても，そこには限界があるはずです。明らかに不当と思われる起訴などについては，無効と解されます。

　判例は，チッソ川本事件において，「検察官の裁量権の逸脱が公訴の提起を無効ならしめる場合のありうることを否定することはできないが，それはたとえば公訴の提起自体が職務犯罪を構成するような極限的な場合に限られるものというべきである」としています（最決1980［昭55］年12月17日刑集34-7-672）。この判例は，起訴が無効となるのは極限的な場合に限るとしました。しかし，これでは不平等な起訴をされた被告人には厳しすぎ，その救済には結びつきません。

❖ **チッソ川本事件**
　　水俣病の原因企業であるチッソ株式会社と水俣病患者との自主交渉の過程で，水俣病患者の川本輝夫氏がチッソ従業員らに傷害を加えたとして起訴された事件です。控訴審裁判所は，水俣病被害の拡大を防止することができたのに，それを怠った国，県は水俣病に対して一半の責任があること，また自主交渉の過程でチッソ従業員側も患者や支援者に傷害を負わせているのに全く起訴されていないことなどを理由にして，「本件は訴追を猶予することによって社会的に弊害の認むべきものがなく，むしろ訴追することによって国家が加害会社に加担するという誤りをおかすものでその弊害が大きいと考えられ，訴追裁量の濫用に当たる事案である」として公訴棄却判決を言い渡しました（東京高判1977［昭52］年6月14日判時853-3）。これに対して検察官が上告し，上記最高裁決定がなされました。最高裁は，本件は起訴を無効とするほどではないとしながらも，本件の極めて特異な背景事情等を考慮して，控訴審の判決を破棄はしませんでした。その結果，川本氏の訴追は手続が打ち切られて決着しました。

(3)　違法捜査に基づく起訴

　捜査の過程に重大な違法がある場合には，その後の起訴が無効になる場合はないでしょうか。たとえば，逮捕に際して警察官が違法に暴力を行使した場合や，違法なおとり捜査が行われた場合などです。

　判例には，スピード違反のタクシー運転手を逮捕した際に，警察官が暴行して傷害を負わせた事案で，「逮捕の手続に所論の違法があつたとしても本件公

訴提起の手続が憲法31条に違反し無効となるものとはいえない」としたものがあります（最判1966［昭41］年7月21日刑集20-6-696）。しかし，捜査に著しい違法がある場合には公訴提起は無効になるとする説が有力です。違法に収集された証拠は排除されるとするのが通説・判例ですので（16.9参照），その延長線上で無効になる場合があると考えることができると思います。

11.5　訴訟条件

11.5.1　訴訟条件とは何か

　訴訟を適法・有効に成立させ，実体判決をするための条件です。起訴の時点から，実体審理を経て，実体判決の言渡しをする時点まで，終始備えられていなければなりません。訴訟条件の本質は，検察官から見ると，公訴を適法・有効に成立させる公訴条件と解されています。しかし，その本質を，被告人から見て不当な応訴の強制を拒む条件（訴訟障害）として解する見解も有力です。刑事訴訟の意義を被告人の権利の体系と理解するのであれば，この後者の見解がより適合的であると思います。

11.5.2　分　類

　訴訟条件が備えられていない場合には，刑事訴訟法上，管轄違い（法329）や免訴（法337），公訴棄却（法338，同339）の形式裁判によって，手続が打ち切られます。したがって，具体的な訴訟条件は，このような形式裁判をもたらす個々の事由がないことを，指すことになります。たとえば，時効が完成していないこと（法337④）が，ひとつの訴訟条件となるわけです。
　訴訟条件には，種々の事由が含まれています。これを分類する方法も，いくつか提起されていますが，以下では，類型的訴訟条件と非類型的（非典型的）訴訟条件とに形式的に分けて説明します。

11.5.3 類型的訴訟条件

　法律上明文で手続の打切りが定められている訴訟条件です。法定訴訟条件とも呼ばれます。

(1)　管轄違いの判決となる事由
　被告事件が、裁判所の事物管轄または土地管轄に属しないときは、判決で管轄違いの言渡しをしなければなりません（法329）。ただし土地管轄については、被告人の申立てがなければ、管轄違いの言渡しをすることができませんし、その申立ては証拠調べ開始後にはすることができません（法331）。

(2)　免訴判決となる事由
　以下の四つの事由のどれかがある場合には、判決で免訴の言渡しをしなければなりません。
　①　その事件について、すでに確定判決があるときです（法337①）。略式命令も、正式裁判請求期間の経過後などには、確定判決と同一の効力を有します（法470）。
　②　犯罪後の法令により、刑が廃止されたときです（法337②）。
　③　大赦があったときです（法337③）。大赦とは恩赦の一種で、政令で罪を定めて行われます（恩赦法2）。まだ有罪の言渡しを受けない者については、その公訴権を消滅させるなどの効果を生じさせます（恩赦法3）。
　④　時効が完成しているときです（法337④）。ここで言う時効とは、法定の公訴時効のことを指します（法250以下）。公訴時効については、11.6で触れることにします。

(3)　公訴棄却判決となる事由
　以下の四つの事由のどれかがある場合には、判決で公訴を棄却しなければなりません。
　①　被告人に対して、裁判権を有しないときです（法338①）。たとえば、治外法権を持つ外国元首等に対しては、日本の裁判権はありません。
　②　法340条の規定に違反して、公訴が提起されたときです（法338②）。すな

わち，公訴取消後に，あらたに重要な証拠が発見されたわけではないのに，再起訴されたときです。

③　公訴の提起があった事件について，さらに同一裁判所に公訴が提起されたときです（法338③）。同一の裁判所への二重起訴の場合で，後から起訴された事件を公訴棄却にします。

④　公訴提起の手続が，その規定に違反したため無効であるときです（法338④）。たとえば，起訴状が定められた方式（法256）に違反して起訴された場合や親告罪について告訴がないのに起訴された場合，道路交通法の反則行為に関わる違反事件で交通反則通告手続を経ずに起訴された場合など，があります。なお，法338条4号は広範な事由をカバーしうる規定になっており，形式裁判を言い渡す包括的，一般的な規定と考えられています。このため，非類型的訴訟条件の場合には，この規定を用いて手続を打ち切ることがほとんどです。

(4)　公訴棄却決定となる事由

以下の五つの事由のどれかがある場合には，決定で公訴を棄却しなければなりません。判決ではなく決定によるので，口頭弁論に基づいてすることを要しません（法43Ⅱ）。

①　法271条2項の規定により，公訴の提起がその効力を失ったときです（法339Ⅰ①）。すなわち，起訴された日から2ヶ月以内に起訴状謄本が被告人に送達されなかったため，公訴の提起がさかのぼってその効力を失ったときです。

②　起訴状に記載された事実が真実であっても，何らの罪となるべき事実を包含していないときです（法339Ⅰ②）。たとえば，刑法典からすでに削除された姦通罪の罪で，起訴された場合などです。

③　公訴が取り消されたときです（法339Ⅰ③）。公訴は，第一審の判決があるまでは取り消すことができます（法257）。

④　被告人が死亡し，または被告人たる法人が存続しなくなったときです（法339Ⅰ④）。

⑤　法10条または法11条の規定により，審判してはならないときです（法339Ⅰ⑤）。数個の裁判所に二重起訴された場合で，法338条3号とは異なる場合です。

11.5.4 非類型的訴訟条件

類型的訴訟条件の場合のほかに，憲法上の権利保障の観点などから手続を打ち切るべき場合があるとして，判例・学説上いろいろと検討されてきました。いわば開かれた訴訟条件とも言われるものです。これは非典型的訴訟条件とも呼ばれています。

まず，被告人が訴訟能力を欠いてそれが回復不能であると認められるときについては，以前から手続を打ち切るべきであるとの意見がありました（最決1995［平7］年2月28日刑集49-2-481の千種補足意見参照）。そして，ついに最高裁は，「被告人に訴訟能力がないために公判手続が停止された後，訴訟能力の回復の見込みがなく公判手続の再開の可能性がないと判断される場合，裁判所は，刑訴法338条4号に準じて，判決で公訴を棄却することができると解するのが相当である」として，手続を打ち切った一審判決を支持しました（最判2016［平28］年12月19日刑集70-8-865）。

また，後述しますが，憲法37条1項の保障する迅速な裁判を受ける権利が侵害されたとして，免訴判決によって手続を打ち切った判例があります（最決1972［昭47］年12月20日刑集26-10-631［高田事件］）。

11.6 公訴時効

11.6.1 概　説

公訴時効とは，犯罪後一定の期間の経過によって，公訴が提起できなくなる制度です。時効が完成した場合には，起訴しても免訴判決が言い渡されます（法337④）。なお，刑法が定める刑の時効（刑31，同32）は，刑の言渡し判決が確定した後の一定の期間経過によってその執行の免除を得る制度で，判決の確定しない事件の時効を定める公訴時効とは異なります。

公訴時効は犯罪の法定刑を基準にして，その期間が定められています（法250）。ただし，人を死亡させた犯罪で刑罰に死刑が法定されているもの（殺人

罪など）については，2010年に公訴時効は廃止されました。この公訴時効の廃止をめぐっては，廃止前の事件について起訴された被告人が，遡求処罰禁止を定めた憲法39条などに違反するとして争った事案がありましたが，最高裁はその主張を認めませんでした（最判2015［平27］年12月3日刑集69-8-815）。

　公訴時効の性質は，どのようにとらえるべきでしょうか。なぜ期間の経過により，犯人と思われる人を起訴できなくなるのでしょうか。その根拠はどう考えるべきでしょうか。いろいろな説が唱えられてきましたが，ある人が一定の期間訴追されていない事実状態を尊重して，国家がもはや公訴権を行使しないという制度と考えるのが通説です。

11.6.2　公訴時効の起算，停止

　公訴時効は，犯罪行為が終わった時から進行します（法253Ⅰ）。終わった時とは，実行行為が終了した時ではなく，結果犯においては結果が発生した時点とされています（最決1988［昭63］年2月29日刑集42-2-314［熊本水俣病事件］）。

　公訴時効は，公訴の提起によってその進行を停止し，管轄違いまたは公訴棄却の裁判が確定した時から再び進行します（法254Ⅰ）。また，犯人が国外にいるなどの場合にも，その期間中は進行を停止します（法255Ⅰ）。時効の中断とは違い，停止していた期間を除いた時効進行の期間を通算し，公訴時効が完成したかどうかを判断します。起訴状謄本が送達されなかった場合には公訴棄却の決定がなされることがありますが（法339Ⅰ①），判例は，この場合も法254Ⅰが適用され，進行を停止していた公訴時効は，公訴棄却決定が確定した時から再びその進行を始めると解しています（最決1980［昭55］年5月12日刑集34-3-185）。

第12章

公訴の提起(2)

12.1　起訴状記載事項

　すでに述べた通り，公訴提起は起訴状を提出して行います（法256 I）。起訴状には，被告人の氏名その他被告人を特定するに足りる事項，公訴事実，罪名を記載しなければなりません（法256 II）。次頁に，起訴状の例を示しておきます。

　被告人の氏名が不詳のまま起訴する場合には，人相，体格，留置番号など被告人を特定する事項を記載し，あわせて写真を貼付するなどの方法がとられます。このほか起訴状には，被告人の年齢，職業，住居及び本籍を記載しなければなりません（規164 I①本文）。これらが明らかでないときは，その旨を記載すれば足ります（規164 II）。また，被告人が逮捕または勾留されているときは，その旨も記載しなければなりません（規164 I②）。

　公訴事実は，訴因を明示して記載しなければなりません（法256 III）。ここで記載される訴因が，検察官が主張する具体的な犯罪事実であり，裁判における審判の対象となります。公訴事実は，内容としては，訴因のことを指します。公訴事実それ自体は実質的な意味は持ちません。ただ，起訴状という書類中のタイトルになっているだけです。法312条1項の「公訴事実の同一性」は全く別概念ですので，注意してください（後に述べます）。

　罪名としては，適用すべき罰条を示して記載しなければなりません（法256 IV本文）。罰条の記載は，訴因の内容を明確にする補助的な機能を営みます。記載の誤りは，被告人の防御に実質的な不利益を生ずるおそれがない限り，公訴提起の効力に影響を及ぼしません（法256 IV但書き）。

〈起訴状の例〉

〇〇年検第0001号

起　訴　状

〇〇年11月21日

京都地方裁判所　殿

京都地方検察庁
検察官　検事　光　源　氏　㊞

下記被告事件につき公訴を提起する。

記

本　籍　　京都市下京区本塩竈町　六条院
住　居　　京都市上京区京都御苑　平安宮内裏
職　業　　無職

勾留中　　　　　六　条　御　息　所
〇△年2月3日生

公　訴　事　実

　被告人は，〇〇年10月29日午後6時40分ころ，京都市上京区京都御苑平安宮内裏所在の自宅物置部屋において，夫東宮（当時25歳）に対し，その頭部，顔面，頸部等を所携のカッターナイフ（刃体の長さ約2センチメートル）で多数回にわたり切りつける暴行を加え，よって，同人に加療約20日間を要する後頭部，顔面，頸部等多発切創の傷害を負わせたものである。

罪　名　及　び　罰　条

傷　害　　　　　　　　　　　　　　　　刑法第204条

12.2　被告人の特定

　起訴状に氏名が記載されている被告人と，公判廷で被告人として行動した者とは通例は同一ですが，一致しない事態が生じることがあります。たとえば，公判廷にいる被告人が，他人の氏名，住所を勝手に用いた場合（氏名冒用）などのときです。

　このような場合に，誰を被告人として確定するかが問題となります。基本的には，起訴状に記載された表示で被告人を確定させることを原則としつつ，検察官の意思や被告人としての行動をも加味して，判断しています。判例においても，起訴状において表示された者ではなく，逮捕，勾留，保釈されその後公判廷に出頭して執行猶予判決を受けた者を，被告人であるとした判断が是認されています（最決1985［昭60］年11月29日刑集39-7-532）。

　もっとも，略式手続の場合は，書面主義によって手続が進行するため，原則として略式命令請求書（起訴状でもある）の表示に基づいて判断します。ただし，逮捕・勾留され，そのまま略式命令が発せられるのを庁舎内で待って罰金を支払った者の場合は，命令に表示された者ではなく，罰金を支払った者を被告人とすべきでしょう。

12.3　訴因制度

　起訴状の「公訴事実」の欄に，記載されている具体的事実が訴因です。訴因という言葉は，アメリカ法の count の訳語からもたらされたものです。現行の刑事訴訟法（1948年刑事訴訟法）においてはじめて，起訴状に訴因を記載し，厳格な規制がはたらく制度になりました。

　それ以前の旧刑事訴訟法の時代までは，起訴状では「犯罪事実」及び罪名を示すべしとされていただけで，厳しい規律はありませんでした。職権主義のもとで，真実を探求する任務を有すると考えられていた裁判所は，「犯罪事実」を超えて被告人の罪を審判することも可能でした。しかし，これでは被告人は何に焦点を絞って防御活動をすればいいのかわからず，不安定な地位に置かれることになります。極端なことを言えば，被告人の一生のあらゆる部分が審理

されることになってしまうとまで，評されました。

　このような理由から，訴因制度が採用されました。訴因制度の導入により，審判の対象は訴因であり，それは検察官の主張であるということが明確になりました。被告人は，それに対して防御を尽くすことに専念できるようになり，また裁判所は中立的なアンパイヤ（審判者）に純化することが可能になりました。訴因制度の導入は，日本の刑事訴訟が，職権主義から当事者主義に転換したことの大きな証と言えるでしょう。前述しましたが，起訴状内のタイトルとして掲げられている公訴事実には，実質的な意味はありません。見出しとして，審判の対象という意味を有するだけです。

　訴因は，裁判所に対しては，審判の対象を限定する機能（識別機能）を果たします。他方で，被告人に対しては，防御の範囲を画定する機能（防御機能）を果たします。二つの機能は不可分です。しかし，学説上は，識別機能を重視し，訴因は他の犯罪事実から識別できる程度に特定されていれば足りるとする説（識別説）と，それだけでは足りずに被告人の防御権行使に支障がない程度に特定されていなければならないとする説（防御権説）とがあります。刑事訴訟法においては被告人の人権保障こそが重要であり，訴因の防御機能を重視する防御権説が妥当です。

　なお，裁判所の審判対象が訴因に限定されたことから，検察官が犯罪行為の一部だけを起訴をした場合には，その起訴部分の訴因だけが審判の対象となります（最決2003［平15］年4月23日刑集57-4-467参照）。もし裁判所が，判決で訴因以外の事実を認定したときには，審判の請求を受けない事件について判決したことになり（法378③後段参照），違法となります。

12.4　訴因の明示，特定

12.4.1　意　義

　起訴状の訴因を明示するには，できる限り日時，場所および方法をもって罪となるべき事実を特定してこれをしなければなりません（法256Ⅲ）。具体的には，5W1Hに沿って（誰が，いつ，どこで，誰に，何を，どのようにしたのか），

罪となるべき事実を特定しなければなりません（140頁「起訴状の例」を参照）。このようにして特定がなされなければ，裁判所の審判の対象を訴因と限定したことが無意味になってしまいます。

さらにより重要なことは，被告人に対する防御権保障の点です。防御の範囲が明確にされることが，重要です。たとえば，アリバイ（現場不在）を被告人が主張しようと思っても，犯行の日時や場所が漠然としていたならばどうでしょうか。具体的にアリバイを主張することが著しく困難になるでしょう。もし，そのような起訴状が許されるならば，判決の認定が被告人に不意打ちをもたらすことにもなります。

「できる限り」というのは，検察官が「知っている限り」でいいという意味ではなく，「できるだけ正確に」記載するよう努めなければならないという意味であると理解されています。「知っている限り」でよければ，結果として訴因が不特定であってもよいことになり，それでは被告人の防御権を侵害するおそれがあるからです。したがって，どうしても訴因が不特定のままにとどまり，法の要求を満たすことができない場合には，起訴状は無効と解されることになります。

判例では，「犯罪の日時，場所及び方法は，これら事項が，犯罪を構成する要素になつている場合を除き，本来は，罪となるべき事実そのものではなく，ただ訴因を特定する一手段として，できる限り具体的に表示すべきことを要請されている」ものと位置づけられています（最判1962［昭37］年11月28日刑集16-11-1633［白山丸事件］）。しかしながら，覚せい剤の自己使用事犯など特殊な場合を除き，日時，場所，方法等は，一般的に検察官の主張する具体的事実の不可欠な要素を構成すると考えられますから，単なる訴因特定の一手段と位置づけるべきではないように思います。

12.4.2 特定の程度

具体的に，どの程度まで罪となるべき事実を特定すべきかが問題となります。いくつか特殊な事例においてこの点が争点となり，その限界を検討する上での判例になっています。

前述の白山丸事件は中国への密出国事件の事案で，方法の具体的明示がなく，日時は6年余りの幅のある期間で，場所は本邦よりと記載されているだけだっ

た起訴状につき，違法性が問題となりました。最高裁は，犯罪の種類，性質等の如何により，詳らかにすることができない特殊事情がある場合には，（訴因明示の）法の目的を害さない限りの幅のある表示をしても，それだけで違法ということはできないとしました。

　覚せい剤の自己使用事件で，日時は昭和54年9月26日ころから同年10月3日までの間，場所は広島県高田郡吉田町内及びその周辺においてとされた上，覚せい剤成分を含有するもの若干量を使用したものである旨記載された起訴状が問題となった事案もありました。判例は，「本件公訴事実の記載は，日時，場所の表示にある程度の幅があり，かつ，使用量，使用方法の表示にも明確を欠くところがあるとしても，検察官において起訴当時の証拠に基づきできる限り特定したものである以上，覚せい剤使用罪の訴因の特定に欠けるところはない」としました（最決1981［昭56］年4月25日刑集35-3-116）。

　また，約4ヶ月間または約1ヶ月間という一定期間内に，被告人が，単独であるいは共犯者と共謀の上，2人の被害者に対して，暴行を反復して加え，その結果傷害を与えた傷害罪の事件について，訴因の特定が問題となりました。というのも，個別の機会の暴行と傷害の発生，拡大ないし悪化との対応関係を個々に特定はできない事情があったからです。最高裁は，それぞれの被害者に対する事件につき包括一罪が成立するとした上で，「いずれの事件も，…訴因における罪となるべき事実は，その共犯者，被害者，期間，場所，暴行の態様及び傷害結果の記載により，他の犯罪事実との区別が可能であり，また，それが傷害罪の構成要件に該当するかどうかを判定するに足りる程度に具体的に明らかにされているから，訴因の特定に欠けるところはない」としました（最決2014［平26］年3月17日刑集68-3-368）。

　さて，上記三つの判例について，考えてみましょう。白山丸事件の場合は，当時中国とは国交がなく詳細が不明とならざるをえない事情があり，また被告人が帰国してきた以上はそれ以前に密出国の事実があると考えられました。二つめの覚せい剤自己使用事件の場合は，被告人は否認をしていた一方，覚せい剤成分検出の尿鑑定結果から，科学的実証に基づき，2週間程度遡った期間内に覚せい剤が被告人の体内に摂取された事実がかなり確実に認められる事情がありました。三つめの傷害事件の場合は，加害者が2人の被害者を長期にわたり支配・服従させてきた特殊な関係があり，しかも場所がある程度限定された事情がありました。幅のある訴因の記載が許されたのは，例外的にいずれもこ

のような特殊事情があり，しかも被告人の防御に支障を与えていなかったからと思われます。一般化すべきではないと考えます。

12.4.3 特定が不十分な場合

訴因が不特定の場合には，起訴状は無効であり，裁判所は公訴棄却の判決をしなければなりません（法338④）。ただ，実務上は，およそ訴因が不特定で補正の余地がない場合を除き，まず検察官に釈明を求めます。検察官がそれに応じて訴因を補正し，これを明確にすれば，有効な公訴提起と扱います（最判1958［昭33］年1月23日刑集12-1-34）。そこまでいかない程度の誤字修正などは，訂正と呼ばれます（規44Ⅰ㉞括弧内参照）。

もし訴因が不特定で公訴棄却判決となっても，あらためて訴追される可能性を考えると，被告人にとって必ずしも有利であるとは言えません。また，訴訟経済にも反しかねません。しかし，公訴提起は書面（起訴状）による要式行為として内容が厳格に定められ，被告人にあらかじめ防御範囲を明確に示し，その権利保障をはかっています。もし，無効な起訴状を補正によって安易に有効とすることになれば，公訴提起時点における訴因特定の趣旨を没却させかねません。この点に関連して，補正には被告人の同意を要するとする有力説があります。支持したいと思います。

12.5 訴因の予備的・択一的記載

数個の訴因および罰条は，予備的にまたは択一的に記載することができます（法256Ⅴ）。**予備的記載**は，二個の訴因に順序をつけて，「A訴因（本位的訴因），それが成立しない場合はB訴因（予備的訴因）」と記載する場合です。殺人，さもなくば傷害致死と記載するのが，その例です。**択一的記載**は「C訴因またはD訴因」と記載する場合です。詐欺または窃盗と記載するのがその例です。

このような記載を認めた趣旨は，検察官の公訴提起を容易にしようとしたためと言われています。しかし，被告人の防御の観点から考えたときには，問題があります。もっとも，実務上このような記載がされることは，ほとんどありません。

12.6 起訴状一本主義

12.6.1 意　義

　起訴状には，裁判官に事件につき予断を生ぜしめるおそれのある書類その他の物を添付し，またはその内容を引用してはなりません（法256Ⅵ）。これを起訴状一本主義と呼んでいます。制度的に裁判官の予断排除を確実なものとし，憲法37条１項に定める「公平な裁判所」の理念を実現しようとする原則です。

　旧刑事訴訟法時代には，公訴提起とともに捜査書類などの一件記録と証拠物が，検察官から裁判官に提出されていました。裁判官は，あらかじめそれらに目を通してから公判審理に臨みましたから，検察官の形成した心証（嫌疑）を多かれ少なかれ引き継ぐことになりました。このようなやり方では，裁判官は，被告人はクロであるという印象から自由ではありえません。第一に，起訴状一本主義は，このような予断を排除しようとしたわけです。

　第二に，起訴状一本主義により捜査と公判の関係が大きく変更され，当事者主義の刑事訴訟構造が確立することになりました。裁判官は第１回公判期日（公判廷で審理を行う期日）には，起訴状だけを見て臨むことになりました。そのため，審理は公判廷での当事者の主張，立証に委ねざるをえなくなりました。また起訴状の訴因は，一方当事者である検察官の主張にすぎないことも明確になりました。これにより，裁判官は当事者の攻防（やり取り）を中立的な立場で検討し，判断することが可能となったわけです。このようなことから，当事者主義，公判中心主義の起点が，起訴状一本主義にあると言ってよいでしょう。

12.6.2 文書の添付・引用，余事記載

　公訴提起に際しては起訴状以外の文書を添付，引用してはならないばかりでなく，起訴状自体に予断を与えるような記載をしてはいけません。起訴状に無関係な些細な事項を記した程度であれば，その部分を削除すれば済みますが，予断を生じさせる程の余事記載は公訴提起の効力自体を失わせることになります。判例では，詐欺事件において，「被告人は詐欺罪により既に二度処罰を受

けたものであるが」と冒頭に記載した起訴状が無効とされ，法338条4号により公訴棄却となった例があります（最判1952［昭27］年3月5日刑集6-3-351）。

　もっとも，訴因の明示・特定の要請から，起訴状に書類内容の引用をする場合もないわけではありません。恐喝事件で，問題となった文書のほぼ全文を引用した起訴状について，要約摘示したのではその文書の趣旨が判明し難い場合には，このような引用も違法ではないとした判例があります（最判1958［昭33］年5月20日刑集12-7-1398）。しかし，この判決の少数意見が指摘している通り，法256条6項に違反している疑いは払拭できません。

　このほか，傷害共犯事件の起訴状で，公訴事実の冒頭に被告人Aは暴力団甲組の若頭補佐，被告人B，同Cは同組の組員である旨記載された事案において，「所論のような記載は，被告人と共犯者の関係を明らかにすることによつて共謀の態様を明示し，公訴事実を特定するためのものであるとも解せられ」るとして，違法ではないとした高裁判例があります（大阪高判1982［昭57］年9月27日判タ481-146）。ただ，この判決は，予断排除原則を軽く見ているように思います。暴力団に所属していることは，その人の悪性格を示す事実です。そのような事実を起訴状に記すことは，原則として許されません。他方で，本件のこのような記載が，共謀の態様を直接的に明示するとは思えません。暴力団云々の記載は，有罪心証を強く印象付ける効果を持ち，違法だと考えます。

第13章

公判準備と公判前整理手続

13.1 被告人の身体拘束と人身の自由

13.1.1 概　観

　被告人が公判廷へ出席することは，裁判を受ける権利が保障する一内容であり，防御権行使のための大前提です。しかし，他面においては，出頭，在廷は被告人の義務でもあります（法286など）。そのため，被告人の出頭確保を目的として，召喚や勾引，勾留の制度が設けられています。

　身体拘束は人身の自由を制限するばかりでなく，被告人の防御権行使に事実上大きな制約をもたらします。このため，被告人の身体拘束はやむを得ない場合に限られます。したがって，他に出頭を確保できる手段や見込みがあるならば，被告人の拘束は許されません。このような確保手段として法律で定められている制度が，保釈です。

13.1.2 被告人の召喚

　召喚とは，被告人を，裁判所などの一定の場所に，一定の時刻に出頭を命じる裁判のことです。裁判所は，相当の猶予期間を置いて，被告人を召喚することができます（法57，規67）。召喚には強制力はありませんが，被告人がそれに応じない場合には，勾引されることがあります。召喚は召喚状を送達して行うのが原則ですが，口頭による場合などの例外があります（法62，同65）。裁判所は，公判期日には，被告人を召喚しなければなりません（法273Ⅱ）。このほか，

裁判所は捜索・差押えなどへの立会いに際し，被告人に出頭や同行を命じることができます（法68）。

13.1.3 被告人の勾引

　勾引とは，被告人を，裁判所などの一定の場所に，引致することを命じる裁判と，その執行のことです。裁判所は，被告人が住居不定のときや，正当な理由なく召喚に応じないときなどに，勾引することができます（法58）。出頭命令や同行命令に応じない場合にも，勾引することができます（法68）。勾引状は裁判所が発し（法62），検察官の指揮により執行します（法70）。勾引した被告人については，裁判所に引致したときから24時間以内に勾留状が発せられないときは，釈放しなければなりません（法59）。

13.1.4 被告人の勾留

　被疑者段階から勾留されている人が起訴されると，略式命令が同時に請求された場合を除き，引き続き被告人として勾留されます。このような場合には，起訴の段階では特に何の手続も行われず，被疑者の勾留から被告人の勾留に自動的に切り替わると解されています（法208Ⅰと同60Ⅱを根拠とする）。しかし，証拠の収集・確保が完了して，嫌疑が十分あると検察官が判断したからこそ，起訴がなされたはずです。そうすると，罪証隠滅の可能性については一般的に大きく減少したと考えられます。また，起訴によって2ヶ月にも及ぶ期間の身体拘束（法60Ⅱ）が何の審査もなく継続されるというのは，捜査段階での勾留延長には裁判官による審査が必要とされていることと比較すると（法208Ⅱ），バランスを欠きます。何よりも，被疑者段階で勾留ないし勾留延長を認めた裁判官は，起訴後の勾留についてまで審査はしていないと思います。これらの理由から，起訴された時点において，勾留に関する裁判を担当する裁判官（法280Ⅰ，規187Ⅰ）は，職権による勾留取消（法87）の可能性について常に判断すべきだと思います。勾留質問（法61）も行うべきだと思います（白取269頁）。被告人には必要であれば勾引の手段をとることができますから，勾留の理由と必要性の判断は厳格に行うべきでしょう。

　被告人として勾留される場合としては，このほかに，逮捕中の被疑者が法

204条または法205条の時間制限内に起訴されて（実務上起訴状に「逮捕中求令状」と記す）勾留される場合（法280Ⅱ）や，在宅の被疑者が起訴されて（同じく「求令状起訴」と記す）逮捕を経ずに勾留される場合（法280Ⅲ・同60）などがあります。これらの場合には，勾留質問や弁護人選任権などの告知が必要です（法61，同77Ⅰ）。いずれの勾留も期間は2ヶ月で，1ヶ月毎に更新することが可能です（法60Ⅱ）。

13.1.5 保 釈

（1） 概 説

　保釈とは，保証金の支払いを条件にして，勾留の執行を停止して被告人を釈放する裁判ならびにその執行のことです。起訴後の勾留にのみ認められています（法207Ⅰ但書き）。しかし起訴後だけでは不十分で，起訴前の被疑者勾留に対しても，保釈制度を早期に立法化すべきです。身体拘束は人身の自由を制限するものであり，やむを得ない場合の最終手段であるべきです。もし保釈制度があれば釈放できる被疑者を，勾留し続けるべきではないと思います。

　保釈は，被告人または弁護人，配偶者などが請求することができます（法88Ⅰ）。法定の除外事由にあたらない限り，保釈は許さなければなりません（法89。権利保釈）。ただ，除外事由のひとつに罪証隠滅の相当な理由が規定されています（法89④）。その際注意すべきは，被告人が否認していることをもって，罪証隠滅の相当な理由に該当すると安易に判断してはいけないことです。もしそう判断してしまうと，防御権行使をしようとする被告人には，権利保釈がほぼ認められないことになるからです。

　権利保釈が認められない場合でも，適当と認められる場合には，裁判所または裁判官（以下裁判所または裁判官を表す場合は，「裁判所（官）」）は職権で保釈を許すことができます（法90。職権保釈ないし裁量保釈）。さらに，勾留が不当に長くなったときには，請求または職権で保釈を許さなければなりません（法91Ⅰ。義務的保釈）。

（2） 手 続

　保釈の請求を受けた裁判所（官）は，検察官の意見を聴かなければなりません。職権で保釈を許す決定をする場合も同様です（法92Ⅰ）。保釈を許す場合に

は，被告人の出頭を保証するに足りる相当な保証金額を定めなければなりません（法93Ⅰ，Ⅱ）。被告人の住居を制限するなど，その他適当と認める条件を付すこともできます（法93Ⅲ）。保釈保証金の納付があった後に，保釈決定が執行され，被告人が釈放されます（法94Ⅰ）。被告人が正当な理由なく公判期日に出頭しないなどの場合には，保釈が取り消されます（法96Ⅰ）。その場合には，裁判所（官）は決定で保証金の全部または一部を没取することができます（法96Ⅱ）。

最近の保釈保証金額は，罪種にかかわらず，最低150万円であることが多いとされ，高額化が批判されています。貧困のため国選弁護人を選任する際には，資力申告書の提出を求めて基準額（政令により50万円）以上の流動資産がないことを確認していますから，このような人については資産を考慮して，積極的に保証金額の低廉化をはかるべきだと思います（法93Ⅱ）。そうでなければ，資産のない人はほとんど保釈されなくなります。なお，保釈保証金を用立てるため，保証金を立て替える民間事業が増え，現在ではそれを利用する被告人が珍しくありません。

（3）　保釈と余罪

勾留は事件単位に行われていますので，保釈の許否の判断も事件単位で行わなければなりません。すなわち，権利保釈の場合には勾留状記載の犯罪事実についてのみ判断すべきで，余罪を考慮することは許されません。ただ，判例では，裁量保釈の許否を判断する場合には，その一資料として，勾留状の発せられていない起訴事実をも考慮することを禁ずべき理由はないとしています（最決1969［昭44］年7月14日刑集23-8-1057）。しかし，これでは勾留状の発せられていない事実について勾留を認める（保釈を許さない）ことにもなりかねません。事件単位を貫くべきであると思います。

13.2　弁護人の選任

13.2.1　選任手続と国選弁護人

起訴前に選任されていた弁護人は，そのまま第一審においても弁護人となり

ます（法32Ⅰ）。被疑者段階で選任された国選弁護人も，含まれます。弁護人がいない場合には，裁判所は起訴後遅滞なく，被告人に弁護人選任権があることと，国選弁護人の選任請求権があることを知らせなければなりません（法272Ⅰ）。

国選弁護人の選任は，憲法37条3項が保障しています。ところが，国選弁護人選任請求権の告知義務は，憲法37条3項の要請ではないとするのが判例の立場です（最判1949［昭24］年11月30日刑集3-11-1857）。つまり，裁判所の告知義務は，法272条1項の規定によってはじめて根拠づけられていると解しています。このことから，起訴と同時に略式命令を請求された被告人は法272条1項の適用外とされ，実務上請求権の告知がなされていません。しかし，憲法37条3項は，貧困などの状況にある被告人が，その制度を知らないがために弁護人の援助を受けられない状況に置かれることを是認するのでしょうか。国選弁護人選任請求権の告知は，憲法上の要求だと考えよう。

国選弁護人の選任は，被告人の請求により行います（法36）。被告人が請求しない場合で，被告人が未成年である場合などには，裁判所が職権によって付することができます（法37）。なお，判例は，被告人の選任請求が権利濫用にあたるときは，裁判所はそれに応じる義務はないとしています（最判1979［昭54］年7月24日刑集33-5-416）。

国選弁護人は辞任を申し出ても，裁判所が解任しない限り，その地位を失うものではありません。裁判所による解任は，所定の事由があると認められるときに，行われます（法38の3）。

13.2.2 必要的弁護制度

死刑または無期，もしくは長期3年を超える懲役・禁錮にあたる事件を審理する場合には，弁護人がなければ開廷することができません。弁護人がいないときには，裁判長は職権で国選弁護人を付さなければなりません（法289）。判例によれば，いかなる事件をこの必要的弁護事件となすべきかはもっぱら刑訴法によって決すべきものであって，憲法31条や37条3項によって定まるものではないとされています（最判1950［昭25］年2月1日刑集4-2-100）。しかし，憲法31条や37条3項は，重大な事件においては必ず弁護人が付されていることを要求しているように思います。必要的弁護制度は，憲法の要求する弁護権保障と考えるべきだと思います。

必要的弁護事件において，例外的に弁護人なしに開廷することは許されるで
しょうか。判例では，「裁判所が弁護人出頭確保のための方策を尽したにもか
かわらず，被告人が，弁護人の公判期日への出頭を妨げるなど，弁護人が在廷
しての公判審理ができない事態を生じさせ，かつ，その事態を解消することが
極めて困難な場合には，当該公判期日については，刑訴法289条１項の適用が
ないものと解する」とした例があります（最決1995［平7］年3月27日刑集49-3-
525）。これに対しては，必要的弁護制度を憲法上の保障と解する学説から，批
判がなされています。

　なお，このほか，公判前整理手続（期日間整理手続を含む）や即決裁判手続に
おいては，それらの手続を進める上で弁護人が必要とされています（法316の4，
同350の23）。

13.2.3　弁護人の義務

　弁護人の義務として，誠実義務と真実義務が論じられてきました。弁護士は
誠実にその職務を行うことが定められ（弁護士法1Ⅱ），刑事弁護人の場合，被
疑者・被告人を誠実に弁護する義務があります。基本的に，被疑者・被告人の
意思や自己決定に沿った弁護活動を行うことが求められます。もっとも判例に
は，被告人が公判途中から否認に転じたのに，弁護人が有罪基調の最終弁論を
した事案について，弁護人は，「証拠関係，審理経過を踏まえた上で，その中
で被告人に最大限有利な認定がなされることを企図した主張をしたものとみる
ことができる」として，違法はないとしたものがあります（最決2005［平17］年
11月29日刑集59-9-1847）。

　真実義務とは，裁判所の真実発見に協力する義務のことです。弁護士は基本
的人権を擁護し，社会正義を実現することを使命としている（弁護士法1Ⅰ）
ことにてらして，論じられています。しかし，社会正義の実現には，被疑者・
被告人の人権擁護が前提とされていますので，犯人必罰を意味するわけではあ
りません。弁護人としては，被告人から真犯人である旨打ち明けられたとして
も，証拠不十分を理由に無罪を主張することはできると考えます。真実義務と
いっても，積極的なものではなく，真実発見を妨害しない消極的な義務を負う
にとどまると考えます。

13.3 公判前整理手続

13.3.1 意 義

　2005年に導入された手続です。裁判所は,「充実した公判の審理を継続的,計画的かつ迅速に行うため必要があると認めるとき」は,検察官,被告人もしくは弁護人の請求によりまたは職権で,第1回公判期日前に,決定で,事件を公判前整理手続に付することができます(法316の2Ⅰ)。なお,裁判員裁判対象事件については,公判前整理手続に必ず付さなければなりません(裁判員法49)。
　この手続は,事件の争点および証拠を整理するための公判準備と位置づけられており(法316の2Ⅰ),訴因・罰条の明確化などの争点の整理,証拠調べ請求から決定に至るまでの証拠整理,証拠開示に関する裁定,審理計画の策定などの事項が行われます(法316の5)。後に述べるように,被告人・弁護人にとっては,特に証拠開示がなされることが重要です。

13.3.2 手 続

　公判前整理手続は,訴訟関係人を出頭・陳述させるか,または訴訟関係人に書面提出させる方法により行われます(法316の2Ⅲ)。出頭させて行うときは,整理手続期日を定めて,あらかじめ検察官,被告人・弁護人に通知します(法316の6Ⅰ,同Ⅱ)。検察官および弁護人双方が出席しなければ,整理手続期日を行うことはできません(法316の7)。被告人も出頭することができますが,義務はありません(法316の9Ⅰ)。公判審理ではないので,非公開で行われます。
　最初に,争点および証拠の整理のため,検察官が証明予定事実記載書面を提出ならびに送付するとともに,その事実を証明するために必要な証拠調べ請求をしなければなりません(法316の13Ⅰ,同Ⅱ)。また,検察官は証拠調べ請求した証拠を,速やかに被告人または弁護人(以下「被告人側」)に開示しなければなりません(法316の14)。検察官からの証拠開示は,それ以外の証拠についても行われます(法316の15,316の20)。詳しいことは,13.4.2で述べます。

被告人側は，検察官請求証拠につき，書証への同意の有無，物証取調べへの異議の有無などを明らかにしなければなりません（法316の16Ⅰ）。さらに，被告人側も，証明予定事実等を明示し，それを証明する証拠の取調べ請求もしなければなりません（法316の17Ⅰ，Ⅱ）。取調べ請求予定の証拠は，検察官に開示しなければなりません（法316の18）。

13.3.3　問 題 点

　公判前整理手続については，いくつか問題点が指摘されています。

　第一に，公判前整理手続を担当する裁判所と，公判審理を担当する裁判所が分離・切断されていない点です。したがって，第1回公判期日前に公判審理担当の裁判所が，公判前整理手続において当事者の主張や証拠の概要に触れることになります。予断排除の原則，とりわけ起訴状一本主義と抵触する可能性を持ちます。これについては，公判前整理手続には，検察官と被告人側双方が臨むので，公平な裁判所には反しないと説明されています。しかし，公開の法廷で裁判所は初めて証拠に接して心証を形成すべきであることからすれば，問題は払拭できないと思います。また，公判前整理手続で心証は形成しないことになっているといっても，それを確保する手段に欠けます。

　さらに，裁判員裁判の場合には，もうひとつ別な問題も生じます。公判前整理手続から事件に関する情報に接していた裁判官と，第1回公判期日で初めて情報に接する裁判員との間には，情報の格差のみならず，心証形成の差もついてしまうように思われます。このような状況下で，裁判員が裁判官と平等に評議できるものなのか，懸念が残ります。

　第二に，法316条の17第1項および第2項が，被告人側に証明予定事実等の事実上及び法律上の主張を明らかにするよう義務づけ（主張明示義務），それを証明するための証拠取調べ請求も義務づけ（証拠調べ請求義務）ている点です。この義務づけが，自己に不利益な供述の強要を禁ずる憲法38条1項に反しないか問題となりました。判例は，「被告人に対し自己が刑事上の責任を問われるおそれのある事項について認めるように義務づけるものではなく，また，公判期日において主張をするかどうかも被告人の判断に委ねられているのであって，主張をすること自体を強要するものでもない」として，違憲ではないとしました（最決2013［平25］年3月18日刑集67-3-325）。

第三に，公判前整理手続を経た公判審理には，証拠調べ請求に制限がかけられる点です。法316条の32第1項は，「やむを得ない事由」で公判前整理手続において請求できなかったものを除き，公判前整理手続終了後に証拠調べを請求することができないと定めています。この規定が設けられた理由は，新たな証拠調べ請求を無制限に許すと，公判前整理手続の争点整理の実効性が損なわれるからと説明されています。

　しかし，やむを得ない事由を過度に狭くすると，被告人の防御の機会が奪われかねません。無辜の不処罰という大きな原則から考えると，被告人の証拠請求に関しては，やむを得ない事由を広く解する必要があると思います。もし，弁護人の過誤によって証拠調べ請求を怠った場合であっても，その不利益を無辜の被告人に負わせるわけにはいかないと考えるからです。下級審判例には，公判廷における証人の「供述の証明力を争うため」（法328）の弾劾証拠として提出する場合，対象となる証人供述が存在していない公判前整理手続の段階では，「同条の要件該当性を判断することはできないのであって，証人尋問終了以前の取調請求を当事者に要求することは相当ではない」として，当該弾劾証拠の取調べ請求はやむを得ない事由にあたるとしたものがあります（名古屋高金沢支判2008［平20］年6月5日判タ1275-342）。当然だと思います。なお，法316条の32第2項が職権による証拠調べを認めていますが，その職権は無辜の被告人の救済に向けて積極的に行使されるべきだと考えます。

　注意すべきは，法316条の32が制限しているのは，新たな証拠調べの請求であって，新たな主張を制限しているわけではない点です。判例も，「公判前整理手続終了後の新たな主張を制限する規定はなく，公判期日で新たな主張に沿った被告人の供述を当然に制限できるとは解し得ない」としています（最決2015［平27］年5月25日刑集69-4-636）。

13.3.4　期日間整理手続

　裁判所は，審理の経過にかんがみ必要と認めるときは，検察官もしくは被告人側の請求によりまたは職権で，第1回公判期日後においても，決定で，事件の争点及び証拠を整理するための公判準備として，期日間整理手続に付することができます（法316の28Ⅰ）。基本的に，公判前整理手続の規定が準用されます（法316の28Ⅱ）。

13.4 証拠開示

13.4.1 総 説

　証拠開示とは，当事者が手持ちの証拠を相手当事者に開示すること（閲覧，謄写などをさせること）です。広く言えば，被告人・弁護人側の証拠を検察官に開示することも含まれますが，もっぱら検察官側の証拠を被告人・弁護人側に開示することが問題となります。というのも，検察官は被疑者・被告人側と比べ，証拠収集について公の権限が与えられ，しかもその組織力，能力が圧倒的に高く，証拠はほとんど検察官側に偏在しているからです。実質的な当事者の対等をはかるために，このような開示が必要になります。

　証拠開示は，刑事訴訟法上に明確に文言として規定されてきませんでしたが，公判前整理手続の導入とともに法律上の制度として規定されるに至りました。証拠開示は，被疑者・被告人側にとって大きな意味を持ちます。自分がどのような証拠に基づいて嫌疑を掛けられているのか，証拠の中に自分の無実を裏付けるようなものはないのか，種々の意味で重要です。防御の準備にとって，必要不可欠なものです。

13.4.2 公判前整理手続における証拠開示

（1）概　観

　公判前整理手続施行後，証拠開示は法制度として本格的に運用されています。被告人に対してすべての証拠開示を求める立場からすればまだ不十分な点はありますが，それ以前と比べれば相当な改善であることは否定できません。

　この手続の中では，検察官側証拠の開示として，①検察官請求証拠開示，②類型証拠開示，③主張（争点）関連証拠開示の3段階が定められるとともに，被告人側証拠の開示，裁判所による裁定，証拠開示命令なども規定されています。検察官証拠の開示請求が，被告人の権利として認められたのは意義深いと思います。

(2) ①検察官請求証拠開示

　まず，検察官は証拠調べ請求をした証拠を，速やかに，被告人側に対し，開示しなければなりません。開示の方法は，証拠書類・証拠物を閲覧・謄写（被告人には閲覧のみ）する機会や，証人等の氏名および住居を知る機会，それら証人等が公判期日において供述すると思われる内容を有する供述録取書を閲覧・謄写する機会を与えることによって，行われます（法316の14Ⅰ）。また，被告人側から請求があったときは，検察官は，保管する証拠の一覧表を交付しなければなりません（法316の14Ⅱ～Ⅴ）。一覧表の交付は，被告人側にとって大きな意味を持ちます。なぜなら，検察官がどんな証拠を保管しているかわからなければ，開示請求に大きな支障が生じるからです。

(3) ②類型証拠開示

　次に，①で開示した以外の証拠で，一定の証拠類型に該当し，かつ特定の検察官請求証拠の証明力を判断するために重要であると認められるものについて，被告人側から請求があった場合には，検察官は，必要性や弊害の程度等を考慮して，相当と認めるときは，速やかに開示しなければなりません（法316の15Ⅰ）。被告人側は上記請求にあたっては，当該開示が必要である理由などを明らかにしなければなりません（法316の15Ⅲ）。

(4) 被告人側証拠の開示

　これらの証拠開示を受けた段階で，被告人側は，主張予定事実等を明らかにするとともに，それに用いる証拠の取調べを請求しなければなりません（法316の17Ⅰ，同Ⅱ）。ここで取調べ請求した証拠については，速やかに，検察官に対し，開示しなければなりません（法316の18）。

(5) ③主張（争点）関連証拠開示

　検察官側証拠の第3段階開示です。被告人側の主張に関連する証拠の開示です。かかる証拠について，被告人側から請求があった場合には，検察官は，必要性や弊害の程度等を考慮して，相当と認めたときは，速やかに開示しなければなりません（法316の20Ⅰ）。被告人側は，この請求にあたり，当該開示が必要である理由などを明らかにしなければなりません（法316の20Ⅱ）。

（6）　証拠開示に関する裁定

　公判前整理手続で規定する各証拠開示につき，裁判所は，開示をすべき証拠を開示していないと認めるときは，相手方当事者の請求により，開示命令を発することができます。この請求に対する決定については，即時抗告もできます（法316の26）。被告人側証拠についても開示命令がありえますが，実際に問題となるのはもっぱら検察官側証拠の開示です。

　この裁定手続においては，証拠開示の対象をめぐって争われています。たとえば，警察官が自宅に持ち帰ったノートが問題となった事案で，判例は，「本件メモは，B警察官が，警察官としての職務を執行するに際して，その職務の執行のために作成したものであり，その意味で公的な性質を有するものであって，職務上保管しているものというべきである。したがって，本件メモは，本件犯行の捜査の過程で作成され，公務員が職務上現に保管し，かつ，検察官において入手が容易なものに該当する」として，証拠開示の対象となるとしました（最決2008［平20］年9月30日刑集62-8-2753）。当然の判断だと思います。

13.4.3　一般事件の証拠開示

　公判前（期日間を含む）整理手続に付されない一般事件については，法制度としての証拠開示はありません。このような事件については，被告人側は，検察官が公判審理で証拠調べの請求をしようとする証拠の開示を受けることができるだけです（法299Ⅰ）。この開示では，検察官が証拠調べ請求をしない証拠は，すべて対象外です。もちろん，それら対象外の証拠についても，被告人側の求めに応じて，検察官が任意に開示に応じれば問題は生じません。しかし，かつては，検察官が任意に証拠開示に応じることはほとんどありませんでした（松川事件の諏訪メモなど）。

　そのため，公判前整理手続が制度化される前は，否認事件など争いのある事件などにおいては，しばしば証拠開示が大きな争点となってきました。このような状況の中で，最決1969［昭44］年4月25日刑集23-4-248は，「裁判所は…証拠調の段階に入つた後，弁護人から，具体的必要性を示して，一定の証拠を弁護人に閲覧させるよう検察官に命ぜられたい旨の申出がなされた場合，事案の性質，審理の状況，閲覧を求める証拠の種類および内容，閲覧の時期，程度および方法，その他諸般の事情を勘案し，その閲覧が被告人の防禦のため特に

重要であり，かつこれにより罪証隠滅，証人威迫等の弊害を招来するおそれが
なく，相当と認めるときは，その訴訟指揮権に基づき，検察官に対し，その所
持する証拠を弁護人に閲覧させるよう命ずることができる」としました。これ
は，裁判所の訴訟指揮権に基づいて，検察官にその所持する証拠を閲覧させる
ように命じることができると認めたものです。その後の証拠開示の実務は，こ
の枠組みで動いてきました。ただ，この枠組みは，弁護人から一定の証拠を閲
覧させるよう申し出なければならないなど，およそ弁護人がその存在を知りえ
ないような証拠が除かれてしまう可能性を持つとともに，種々の考慮要素が示
され，極めて限界のあるものでした。

　いまでも，一般事件で争いになれば，この枠組みの下で判断されることにな
ります。ただ，実務においては，現在では検察官が任意に相当な証拠開示をす
るようになってきました。さらに進んで，検察官は証拠の一覧表を開示すべき
だと思います。検察官が公判前整理手続と同程度の証拠開示を任意に行うこと
が定着することによって，一般事件においても，審理を継続的，計画的かつ迅
速に行うことが可能になります。もし，被告人側が十分な証拠開示を受けえな
いのであれば，被告人側は事件を公判前整理手続や期日間整理手続に付するこ
とを請求し，そこで証拠開示を受けていくべきです。

❖ 松川事件と諏訪メモ
　　松川事件は，現行刑訴法施行直後の1949年に起きた大きな冤罪事件です。列車を
　故意に転覆させたなどとして，当時の国鉄や東芝松川工場の労働者たちが起訴され，
　一，二審では死刑を含む有罪判決が言い渡されました。しかし最高裁では，被告人
　の無実を裏付ける諏訪メモの存在が明らかになり，これが重要証拠のひとつとなっ
　て，有罪判決は破棄されました（その後被告人全員は無罪）。諏訪メモはある検察官の
　手元で長い間密かに保管されていたことから，証拠開示の重要性と必要性を強く認
　識させることになりました。なお，諏訪メモの現物は，福島大学松川資料室に所蔵
　されています。

13.4.4　開示証拠の管理と利用

　弁護人は，開示を受けた証拠の複製等を適正に管理しなければなりません
（法281の3）。さらに，被告人・弁護人は，それら証拠の複製等を一定の目的以

外で使用してはならないとされています（法281の4Ⅰ）。それに違反した場合には，犯罪として処罰されることもあります（法281の5）。

　法281条の5は，被告人や弁護人（これらであった者を含む）を処罰する規定で，刑事訴訟法の規定の中で極めて異例です。もし，これが濫用されて適用されれば，被疑者・被告人の防御権を侵害するばかりでなく，表現の自由や国民の知る権利に脅威を与える危険があります。違憲の可能性もあります。したがって，目的外使用があったからといって，直ちに制裁を受けるべき行為とすべきではありません（法281の4Ⅱ参照）。たとえば，被告人本人の日記が証拠として差し押さえられ，それが後に検察官から開示された場合を考えてみましょう。これを法281条の4に列挙された目的以外に利用しても，ほとんど何の違法性もありません。この罰則規定は，厳格に謙抑的に適用しなければなりません。

第14章

公判手続の諸原則と公判審理

　起訴によって事件が裁判所に係属し，それが確定するまでの手続全体を公判手続と言います。公判手続の諸原則には，憲法37条１項に明記されている「公平な裁判所の迅速な公開裁判を受ける権利」の諸要素があります。最初にこの諸原則を取り上げて，その後に，当事者主義など，公判審理に関する他の原則を取り上げることにします。

14.1　公平な裁判所

14.1.1　意　義

　民事・刑事を問わず，裁判所が公平であるべきことは司法権の作用上当然のことです。では，なぜ刑事事件だけについて，憲法は公平な裁判所で裁判を受ける権利を規定したのでしょうか。それは，起訴状一本主義や訴因制度など，刑事訴訟手続のあり方までを憲法上要請する趣旨が含まれているからと考えられています。それだけ，公平性を重視しているということにもなります。

　公平な裁判所とは，その組織や構成からみて偏頗な裁判をするおそれのない裁判所とされています。それを担保するものとして，まず訴訟法上，裁判官の除斥・忌避・回避制度があります。また，予断排除のための種々の規定があります。

14.1.2 除斥・忌避・回避

(1) 除 斥

裁判官が，当該事件の被害者であるなど一定の関係がある場合や，以前に事件に何らかのかたちで関与した場合などに，職務執行から排除されます（法20）。当事者からの申立てにかかわらず，当然に排除されます。

判例は，「前審の裁判」(法20⑦) 等への関与とは，「上訴により不服を申し立てられた当該事件のすべての裁判を指称するもの」(最決1959［昭34］年2月19日刑集13-2-179) として，その事件の下級審の終局裁判への関与に限っています。このため，判例には，裁判官が公訴棄却となった事件の証拠調べに関与していたとしても，後に再起訴された事件の裁判からは除斥されないとしたものがあります (最決2005［平17］年8月30日刑集59-6-726)。しかし，証拠調べに関与していたことは，予断から免れないと思います。除斥されるべきだったと考えます。

(2) 忌 避

検察官または被告人・弁護人の申立てによって，裁判官を職務から排除する制度です。忌避事由は，除斥事由があるとき，または不公平な裁判をするおそれがあるときです (法21 I)。しかし，実務上不公平な裁判をするおそれが認められる例は，ほとんどありません。というのも，判例が，「訴訟手続内における審理の方法，態度に対する不服を理由とする忌避申立は，しょせん受け容れられる可能性は全くないもの」としているからです (最決1973［昭48］年10月8日刑集27-9-1415)。しかし，裁判官の審理方法，態度などから明らかに不公平な裁判をするおそれがあると認められる可能性は，全くないとは言えないと考えます。

(3) 回 避

裁判官自らが，忌避事由があると考えたときに，所属裁判所に申し立てて，決定によって職務から除外される制度です（規13）。

(4) 簡易却下

忌避が申し立てられたときは，当該裁判官の関与を排除して，裁判所がこれ

に対する決定を行います（法23）。しかし，訴訟を遅延させる目的のみでされたことの明らかな忌避の申立ては，申立てを受けた裁判官自身の関与を排除せずに，決定で却下することができます（法24）。これを，簡易却下と言います。判例は，裁判所の審理方法や態度を理由とした忌避申立ては，簡易却下することが相当だとしています（最決1973［昭48］年10月8日刑集27-9-1415）。ただ，簡易却下は，申し立てられた当該裁判官が自ら判断する制度で，手続の適正さに欠けます。したがって，よほど例外的場合に限られるべきです。

14.1.3　予断排除

　予断排除の原則は，すでに述べた起訴状一本主義として具体化されていますが，その他にも刑事訴訟法上種々の規定の中に貫徹されています。

　たとえば，公訴提起後第1回公判期日までの間は，被告人の勾留に関する処分は，その事件の審判に関与する裁判官以外の裁判官が行うようになっています（法280 I，規187 I）。保釈に関する判断も同様です。

14.2　迅速な裁判

　迅速な裁判は，効率的な事件処理や処罰の実効性を求める司法運営合理化の観点から要請される価値でもあります。しかし，ここでは被告人の権利としての迅速な裁判の問題です。

　裁判が迅速さを欠いた場合には，被告人は長期間その地位に置かれることになります。被告人となっているだけで精神的負担を被り，また様々な社会的不利益を受けます。さらに，証人などの記憶の減退や証拠の散逸などで，防御権の行使に種々の障害を生じます。このような弊害発生を防止するために，迅速な裁判を受ける権利が保障されています。

　判例は，迅速な裁判を受ける権利の保障について，「単に迅速な裁判を一般的に保障するために必要な立法上および司法行政上の措置をとるべきことを要請するにとどまらず，さらに個々の刑事事件について，現実に右の保障に明らかに反し，審理の著しい遅延の結果，迅速な裁判を受ける被告人の権利が害せられたと認められる異常な事態が生じた場合には，これに対処すべき具体的規

定がなくても，もはや当該被告人に対する手続の続行を許さず，その審理を打ち切るという非常救済手段がとられるべきことをも認めている趣旨」であるとして，判決で免訴を言い渡しました（最判1972［昭47］年12月20日刑集26-10-631［高田事件］）。これは超法規的に免訴で救済した例であり，画期的なものでした。この判例は，これ以外の権利が害された場合にも，同様の救済手段が認められる可能性を示唆しています。ただ，これ以降も迅速な裁判を受ける権利の侵害が問題になった事件がいくつかありましたが，最高裁が手続打切りを認めた例はありません。

14.3 裁判の公開

14.3.1 意 義

憲法37条1項は被告人の公開裁判を受ける権利を保障し，憲法82条1項は裁判の対審および判決の公開を市民一般に制度的に保障しています。さらに，憲法21条が保障するところの知る権利からも，市民に対する裁判の公開が基礎づけられます。これらの規定があいまって，刑事裁判の公開を保障しています。

裁判公開の趣旨は，手続を一般に公開することによって，その審理が公正に行われることを保障するものです。市民の監視により，裁判の公正を担保します。被告人に対しても，秘密のうちに裁かれることのないように保障します。裁判の公開は，市民社会の基本原則であり，各国でほぼ共通に保障されています。

14.3.2 公開の制限

裁判の公開により，公判廷は誰もが自由に傍聴できます。公判期日における審理は，公判廷で行われます（法282 I）。憲法82条2項は，公開の例外を定めていますが，実際に審理が非公開で行われることはまずありません。ただし，公判前整理手続や再審請求審などの手続は対審にあたらないとされ，公開裁判の保障が及ぶわけではありません。

また，たとえば被害者証人の尋問を公判期日外で行うときも，公開の対象外です（法281）。さらに判例では，被害者特定事項を公開の法廷で明らかにしない旨の決定（法290の2Ⅰ）は，「裁判を非公開で行う旨のものではないことは明らかであって，公開裁判を受ける権利を侵害するものとはいえない」としました（最決2008［平20］年3月5日判タ1266-149）。判例は，遮へい措置・ビデオリンク方式による証人尋問（現在の法157の5，同157の6）についても，同様に憲法に違反しないとしました（最判2005［平17］年4月14日刑集59-3-259）。しかし，遮へい措置等は公開裁判を受ける権利などを例外的に制限するものです。やむをえない場合に限るべきです。

14.3.3　確定訴訟記録の公開

　裁判の公開は，公判廷の公開にとどまりません。裁判確定後に，訴訟記録が公開されます。何人も，被告事件の終結後，訴訟記録を閲覧することができるのが原則です（法53Ⅰ）。この規定を受けて，刑事確定訴訟記録法が設けられています。

　訴訟記録の公開は，当事者のみならず市民一般に事後的な裁判内容の検証，監視を可能とします。裁判の公開の保障と知る権利の保障が相まって，訴訟記録の公開の保障が導かれると考えます。閲覧の自由が原則ですが，プライバシーの保護などの観点から例外的に制限される場合があります。ただし，裁判の判決書は，憲法82条が判決言渡しの絶対公開を保障しているところから，例外なく閲覧が認められなければなりません。

❖ 刑事確定訴訟記録法 ════════════════════════

　刑事訴訟法53条1項は刑事確定訴訟記録の閲覧原則を定めていますが，当該事件に関係のない人が閲覧請求をした場合には，なかなか閲覧が認められないことが珍しくありません。その原因のひとつとして，確定訴訟記録の保管者が検察官となっていること（刑事確定訴訟記録法2Ⅰ）が指摘されています。検察官が保管することになったのは，歴史的な偶然によります。裁判の記録が裁判所ではなく，訴訟の一方当事者である検察官が保管するのは，極めて問題です。

　このほか，刑事確定訴訟記録については，将来にわたり公文書としてどう保存していくかも，大きな課題として残されています。記録の中には，文化遺産として価値あるものが少なくないからです。

14.4 公判審理の諸原則

公判審理に関するこのほかの原則を，簡潔に述べることにします。

14.4.1 当事者主義

当事者追行主義とも言います。公判手続の追行を，もっぱら検察官と被告人・弁護人に委ねている原則のことを指しています。刑事訴訟法の規定により，審判の対象は検察官の主張である訴因に限定されていますし，証拠調べの請求などの立証活動は原則的に当事者の手に委ねられています。このようなことから，現行刑事訴訟法には当事者主義の原則が存在していると結論づけられています。

もっとも，訴訟追行を当事者に全く委ねてしまうと，とりわけ弱い立場にある被告人に酷な場合があります。たとえば，弁護人の訴訟追行が拙劣だったことが原因で被告人が死刑になったのでは，公正な裁判とは言えません。そうならないよう，特に被告人側を後見する裁判所の職権発動が必要です。

裁判所の職権発動には，訴訟指揮権が重要です。訴訟指揮とは，訴訟手続の適正を維持し，公判審理を計画的に秩序づけ，円滑に遂行するための裁判所の合目的的な活動を言うとされています。このような活動を行う権限の総称が，訴訟指揮権です。たとえば，証拠調べの範囲，順序，方法を決定すること（法297Ⅰ）や，訴訟関係人に対し，釈明を求め，または立証を促すこと（規208Ⅰ）などがその例です。訴訟指揮権は裁判所に属しますが，公判期日における訴訟指揮は裁判長が行います（法294）。公判手続の追行にあたっては当事者主義が基本にありますので，訴訟指揮権の行使はあくまでもそれを補完するものとして考えられています。

❖ 法廷警察権
　法廷秩序を維持するための裁判所の活動権限のことを言います。訴訟関係人以外の人や傍聴人にも及ぶ点で，訴訟指揮権とは区別されます。法288条2項後段や裁71条などに規定があり，退廷を命じることなどができます。

14.4.2 公判中心主義

　有罪，無罪の判断は，当事者の攻撃・防御が尽くされる公判審理を経て行われるべきとする原則のことです。起訴状一本主義が採用され，捜査段階での嫌疑が裁判所に引き継がれず，また伝聞証拠を原則として排除することなどによって，公判中心主義が採用されたと考えられています。裁判官や裁判員の有罪，無罪の心証形成は，公判廷の審理のみに基づかなければなりません。

14.4.3 直接主義

　一般的には，次の二つの要素を有するものとして用いられています。①裁判所は自らが公判廷で直接に調べた証拠によって判断しなければならず，②その際に証拠は要証事実（証明されるべき事実。16.1.2）にできる限り近いものでなければならない，とする原則です。②は，伝聞法則（18.2）と重なるものがあります。

　直接主義の帰結として，開廷後に裁判官や裁判員がかわったときは，公判手続の更新が必要とされています（法315，規213の2，裁判員法61Ⅰ）。

14.4.4 口頭主義

　主に，公判期日の手続は，口頭で行われなければならないという意味で用いられています。たとえば，判決は原則として口頭弁論に基づいて行うとされ（法43Ⅰ），証拠書類の取調べは朗読によって行われます（法305Ⅰ，Ⅱ）。裁判員裁判の下では，迅速に審理する必要が強く求められている上に，裁判員に訴訟記録を読み込んでもらうのは困難であることなどから，特に口頭主義が要請されます。

　なお，徹底した書面主義で審理が行われると，傍聴人は公判廷で何が行われているか理解することができません。公開裁判の保障を実質化する上でも，口頭主義は必要です。

14.5 第一審公判期日の手続

　第一審の公判廷での審理がどのように行われていくのかを概観し，あわせて
注意すべき点を説明します。

14.5.1 手続の流れ

　起訴状が提出され，裁判所に事件が係属した後，第1回公判期日前には公判
準備が行われます。保釈や弁護人の選任，検察官の証拠調べ請求証拠の開示な
どが行われるほか，事件によっては公判前整理手続が実施されます。これらに
ついてはすでに述べましたので，以下では第1回公判期日以降の手続の流れを
概観します。

(1) 冒頭手続
　第1回公判期日で行われる手続で，被告人に対する人定質問から，証拠調べ
に入る前までの手続を指します。
　①最初に，裁判長は被告人に，人違いでないことを確かめるに足りる事項を
問わなければなりません（規196）。これがいわゆる人定質問です。本籍や住居，
氏名などを裁判長が尋ねて，確認します。②次に，検察官が起訴状を朗読しま
す（法291Ⅰ）。これにより，公判廷に対し，審判の対象が明らかにされます。
③起訴状朗読に引き続き，裁判長から被告人に，黙秘権の告知や，被告人が陳
述した場合にはそれが証拠になることの告知などが行われます（法291Ⅳ前段，
規197Ⅰ）。④この後，裁判長は被告人および弁護人に，被告事件について陳述
する機会を与えなければなりません（法291Ⅳ後段）。被告人は，訴因事実につ
いての認否を行い，意見陳述をします。弁護人も陳述します。

(2) 証拠調べ手続
　冒頭手続が終わると，証拠調べの段階に入ります（法292）。
　①証拠調べのはじめに，検察官は，証拠により証明すべき事実を明らかにし
なければなりません（法296Ⅰ）。いわゆる冒頭陳述です。被告人側も，裁判所
の許可を得て，冒頭陳述をすることができます（規198Ⅰ）。被告人側の冒頭陳

述は必要的ではありませんが，公判前整理手続を経た事件において主張がある場合などには行う必要があります（法316の30）。

②引き続き，証拠調べの請求です。証拠調べは，当事者（追行）主義に沿って，当事者の請求によるのが原則です（法298Ⅰ）。例外的に，裁判所は職権で証拠調べをすることができます（法298Ⅱ）。特に，被告人側が自己に有利な証拠を提出しないときには，裁判所は後見的立場から職権証拠調べ義務があると指摘されています。他方，検察官が提出すべき証拠については，原則として裁判所に職権証拠調べの義務はなく，ただ例外的に検察官に対し立証を促す義務が認められるにとどまります（最判1958［昭33］年2月13日刑集12-2-218）。

証拠調べ請求の順序ですが，検察官は，まず，事件の審判に必要と認めるすべての証拠の取調べを請求しなければなりません（規193Ⅰ）。検察官の請求が終わった後，被告人側は，証拠調べの請求をすることができます（規193Ⅱ）。

証拠調べの請求に対して，裁判所は，証拠調べを行う旨の決定（採用決定）または請求を却下する旨の決定（却下決定）がなされなければなりません（規190Ⅰ）。いずれの決定をするに際しても，相手方等の意見を聴かなければなりません（規190Ⅱ）。証拠調べをすることが決定された証拠につき，公判廷で証人尋問などの証拠調べが行われることになります。証拠調べの順序は，まず，検察官請求証拠についてが先で，その終了後に被告人側請求証拠に移ります（規199Ⅰ本文）。

（3）　論告，意見陳述

このようにして，すべての証拠調べが終わった後で，まず検察官が事実および法律の適用について，意見を陳述しなければなりません（法293Ⅰ）。いわゆる論告です。実務上は，あわせて量刑に関する意見を述べるのが慣行です。これを求刑と呼んでいます。

引き続き，被告人および弁護人が，意見を陳述することができます（法293Ⅱ）。これは必要的ではありません。実務上は，先に弁護人が陳述し（弁論もしくは最終弁論と呼びます），被告人が最後に陳述する（最終陳述と呼びます）のが通例です。最終に意見を陳述する機会は，被告人側に与えられます（規211）。

いずれの意見陳述についても，証拠調べの後できる限り速やかに行わなければなりません（規211の2）。また，争いのある事実については，その意見と証拠との関係を明示して行わなければなりません（規211の3）。こうして審理手

続が終了しますが，これを結審と呼んでいます。

(4) 判決の宣告

　判決は，公判廷において，宣告によって告知します（法342）。判決の公開は例外は許されず，絶対的です（憲法82）。宣告は，裁判長が，主文および理由を朗読する方法，または主文の朗読と同時に理由の要旨を告知する方法によって，行います（規35Ⅰ，Ⅱ）。有罪宣告の場合には，被告人に対し，控訴期間の告知などをしなければならないほか（規220，同220の2），裁判長は，その将来について適当な訓戒をすることができます（規221）。

14.5.2　弁論の分離・併合

　裁判所は，適当と認めるときは，請求によりまたは職権で，決定をもって，弁論を分離したり，併合することができます（法313Ⅰ）。ここで弁論とは，公判手続を指します。分離や併合が問題になるのは，一人の被告人に複数の事件（公訴事実）がある場合，一個の事件に複数の被告人（共同被告人と言います）が関わっている場合，さらに複数の被告人が複数の事件に関わっている場合などにおいてです。

　弁論を併合した方が，訴訟経済や事実の合一的確定などにとってメリットがあります。しかし，被告人が複数である場合には，相互に利害が反し，それぞれの防御権が害されることもあり得ます。このような場合には，裁判所は弁論を分離しなければなりません（法313Ⅱ）。特に共犯関係にあるとされる共同被告人の場合は，基本的に利害が反すると考えられますから，弁論は原則的に分離すべきでしょう。

14.5.3　証人尋問と証人の権利・義務

　証拠調べの中で大きな比重を占めるのは，証人尋問です。ここで，それを取り巻く問題について検討してみましょう。

(1) 証人とその適格性

　公判期日における証人は，裁判所の前で，自己の経験から知り得た事実につ

いて，供述を求められる者です。加えて，実際に経験した事実から推測した事項についても，供述を求められることがあります（法156Ⅰ）。

裁判所は，原則として，何人でも証人として尋問することができます（法143）。ただし，裁判官と書記官が担当事件の証人となった場合には，職務の執行から除斥されます（法20④，同26Ⅰ）。被告人が証人になりうるかどうかですが，通説・判例上は認められていません。その理由は，被告人は包括的黙秘権が保障されている立場にあることや，刑事訴訟法には被告人質問（法311）の規定はあるが被告人の証人尋問の規定が設けられていないことなどです。

（2）　証人尋問の手続

証人尋問の冒頭には，まず証人が人違いでないかどうか取り調べなければなりません（規115。人定尋問）。引き続き，宣誓をさせた後に（法154，規117，同118），尋問に入ります。刑事訴訟法の文言上は，まず裁判長または陪席の裁判官が最初に尋問し，その後訴訟当事者が尋問するようになっています（法304Ⅰ，Ⅱ）。このやり方は，職権尋問制です。ところが，実際の公判廷では，証人尋問は当事者が主に尋問するやり方（交互尋問制）で行われています。起訴状一本主義を採用しているため，裁判官は証拠について何も知らない状態で公判期日に臨みます。そのため，裁判官は証人に何を尋ねたらいいか皆目見当がつきませんので，最初に尋問を切り出すことは無理です。実務で証人尋問制が交互尋問で行われているのは，必然的な結果だと思います。刑事訴訟法304条の規定は，近い将来に交互尋問のやり方に沿って改正すべきでしょう。

交互尋問では，証人尋問を請求した者が尋問し（主尋問），その後に相手方当事者が尋問します（反対尋問）。さらに尋問すべきことがあるならば，証人尋問を請求した者が再び尋問する（再主尋問）と続いていきます（規199の2）。

検察官，被告人または弁護人は，証人尋問に立ち会うことができます。特に被告人の立会い権は，憲法37条2項の証人審問権に基づくもので，被告人の防御権の中核に位置するものです。

（3）　証人の権利と義務

証人は，裁判所に出頭し，宣誓の上，供述する義務があります。召喚を受けた証人が，正当な理由なく出頭しないときは，費用賠償が命じられたり，過料，懲役，罰金が科されることがあります（法150，同151）。また，勾引されること

もあります（法152）。証人が正当な理由なく宣誓や証言を拒絶した場合も，費用賠償や過料，懲役，罰金の制裁が定められています（法160，同161）。

　他方で，証人には，一定の場合に証言拒絶権が認められています。第一に，自己が刑事訴追を受け，または有罪判決を受けるおそれのある証言を拒むことができます（法146）。憲法38条1項が保障する黙秘権（自己負罪拒否特権）に由来するものです。第二に，近親者などが刑事訴追を受け，または有罪判決を受けるおそれのある証言を拒むことができます（法147）。第三に，医師，歯科医師，助産師，看護師，弁護士，弁理士，公証人，宗教の職にある者またはこれらの職にあった者は，業務上知り得た事実で他人の秘密に関するものについては，証言を拒むことができます（法149）。

　証人は，旅費，日当および宿泊料を請求することができます（法164Ⅰ本文）。

（4）　刑事免責

　2016年の法改正で，あらたに導入された制度です。裁判所は，証人に免責を与える代わりに，法146条の証言拒絶権（自己負罪拒否特権）を失わせて，証人に供述を強制することができるようになりました。たとえば，共犯者等の関係にある者の一部に刑事免責を与え，主犯格の立証に役立てることができるとされています。

　裁判所は，証人尋問前または開始後に，検察官の請求を受けて，証人が刑事訴追を受け，または有罪判決を受けるおそれのある証言を拒むことができないことを決定することができます。このとき，裁判所は尋問に応じてした証人の供述およびこれに基づいて得られた証拠は，証人自身の刑事事件においては不利益な証拠とすることができないことを条件とします（法157の2，同157の3）。

　刑事免責の制度は，共犯者等から他人の犯罪事実に関する証拠を得ようとする点で，協議・合意制度と類似します。もっとも，刑事免責には対象犯罪の限定がありませんし，検察官と証人とが事前に取引することは予定されていません。

　刑事免責は，証人の自己負罪拒否特権を奪う点で，黙秘権保障を侵害しないのでしょうか。刑事免責制度が立法化される以前の判例では，憲法が「このような制度の導入を否定しているものとまでは解されない」としています（最判1995［平7］年2月22日刑集49-2-1）。それは別にしても，刑事免責をめぐっては，証人と検察官との間に内密に不公正な取引が行われる可能性はあり，標的

とされた被告人が誤った有罪判決を受けることが懸念されます。

（5）　証人の保護

　裁判所は，証人が被告人の面前においては圧迫を受け充分な供述をすることができないと認めるときは，弁護人が出頭している場合に限り，被告人を退廷させることができます（法304の2）。また，裁判長は，証人等（その親族も含む）の身体・財産に害を加え，または証人等を畏怖・困惑させる行為がなされるおそれがあり，これらの者の住居等通常所在する場所が特定される事項が明らかにされたならば，証人等が充分な供述をすることができないと認めるときは，当該事項についての尋問を制限することができます（法295Ⅱ）。しかし，これらの措置は被告人の防御権に対する著しい制限となるので，基本的には用いるべきではないと思います。

　このほかに，証人については，付添人制度（法157の4）や遮へい措置（法157の5），ビデオリンク方式による尋問（法157の6）などの制度があります。ただし，これらの制度も被告人の防御権行使に不当な制約を与える可能性があり，謙抑的な取り扱いをすべきです。

14.5.4　被告人の公判廷出頭

（1）　被告人の出頭義務

　被告人は，公判廷に出頭する権利，義務があります。極めて軽微な事件などを除き（法284など），被告人が公判期日に出頭しないときは，開廷することができません（法286）。ただし，被告人の出頭がなければ開廷できない事件においても，勾留中の被告人が出頭を拒否して，刑事施設職員による引致を著しく困難にした場合（法286の2）などには，出頭なしで公判手続を行うことができます。

（2）　被告人の訴訟能力

　被告人が心神喪失の状態にあるときには，公判手続は停止されます（法314Ⅰ）。心神喪失の状態とは，訴訟能力，すなわち被告人としての重要な利害を弁別し，それに従って相当な防御をすることのできる能力を欠く状態を言います。被告人が防御する権利を行使できないときは，手続は停止されることにな

ります（最決1995［平 8 ］年 2 月28日刑集49- 2 -481）。訴訟能力に回復の見込みがなく，公判手続の再開の可能性がない場合には，公訴が棄却されます（11.5.4参照）。

14.6　裁判員裁判

14.6.1　概　観

2009年から，裁判員の参加する裁判が実施されています。「国民の中から選任された裁判員が裁判官と共に刑事訴訟手続に関与することが司法に対する国民の理解の増進とその信頼の向上に資する」（裁判員法 1 ）として，裁判員の参加する刑事裁判に関する法律が定められています。

これに対し，裁判員裁判は憲法に違反するのではないかと争われましたが，最高裁は，憲法は国民の司法参加を許容しているものと解されるなどと理由をあげ，合憲としています（最判2011［平23］年11月16日刑集65- 8 -1285）。

14.6.2　対象事件，合議体の構成

裁判員裁判の対象事件は，死刑または無期懲役もしくは禁錮にあたる罪にかかわる事件など一定の重大事件です（裁判員法 2 Ⅰ）。合議体は，裁判官 3 人と裁判員 6 人で構成されます（裁判員法 2 Ⅱ）。もっとも，公訴事実に争いがなく，適当と認められる場合には裁判官 1 人と裁判員 4 人からなる合議体の場合もありえます（裁判員法 2 Ⅲ）。ただし，対象事件であっても，裁判員候補者や裁判員等に危害が加えられるおそれのあるときなどには，裁判官のみの合議体で取り扱うことができます（裁判員法 3 ）。

14.6.3　裁判員の関与する判断

裁判員は，刑の言渡しや刑の免除，無罪の判決，少年事件の家裁移送決定（少55）にかかる裁判所の判断のうち，事実の認定や法令の適用，刑の量定に

関与します（裁判員法6Ⅰ）。これに対し，法令の解釈にかかる判断や訴訟手続にかかる判断（少55の決定を除く）などは，裁判官だけの合議で行います（裁判員法6Ⅱ）。

裁判員の選任手続については，裁判員法13条以下に定められています。

14.6.4　公判手続

裁判員裁判においては，裁判官，検察官および弁護人は，審理を迅速でわかりやすいものとすることに努めなければなりません（裁判員法51）。裁判員は，証人尋問や被告人質問等の場合に，裁判員の関与する判断に必要な事項について尋問や質問することができます（裁判員法56，同59）。裁判員は，独立してその職務を行います（裁判員法8）。

なお，複数の事件が併合されている場合に，一部の事件を区分して，裁判員のみを交替して合議体で順次審判し，最後に併合して審判する制度も定められています（裁判員法71以下）。

14.6.5　評議・評決

裁判員の関与する判断のための評議は，裁判官および裁判員が行います（裁判員法66Ⅰ）。裁判員は評議に出席し，意見を述べなければなりません（裁判員法66Ⅱ）。裁判長は，評議において，必要と認めるときは，裁判員に対して，裁判官の合議による法令の解釈に係る判断および訴訟手続に関する判断を示さなければなりません（裁判員法66Ⅲ）。この判断が示された場合には，裁判員は，これに従ってその職務を行わなければなりません（裁判員法66Ⅳ）。裁判官は，公判前整理手続で証拠の標目，争点等については，公判審理開始前から知っていますから，裁判員との間に情報や事件認識について格差があります。そのことにより，評議を支配することになれば，裁判員裁判は形骸化しかねません。その点は，十分に注意すべきです。

裁判員の関与する判断は，裁判官および裁判員の双方の意見を含む合議体の員数の過半数の意見によって，決します（裁判員法67Ⅰ）。刑の量定において，意見が分かれ，その説が各々裁判官及び裁判員の双方の意見を含む合議体の員数の過半数の意見にならないときは，裁判官及び裁判員の双方の意見を含む合

議体の員数の過半数の意見になるまで，被告人に最も不利な意見の数を順次利益な意見の数に加え，その中で最も利益な意見によるとされています（裁判員法67Ⅱ）。

評議は秘密となっています（裁判員法70Ⅰ）。しかし，裁判長の説示（裁判員法66Ⅴ）が適正であったかどうかなどを後に検証できるよう，一定の記録は残し，開示に供することができるようにしておくべきだと思います。

14.7 簡易な審判手続

14.7.1 概　観

公判廷での審理が，通常の裁判手続です。これに対し，比較的軽微で争いのない事件については，一定の簡易な手続が定められています。例外的な手続と位置づけられますが，略式手続は，通常の手続よりも多くの事件を処理しています。

簡易な手続をめぐっては，一定の取引的な要素が生じる場合があります。被疑者・被告人が事実を認めて争わないことと，検察官からの簡易な手続の誘い（軽い刑の約束）とが，交換的な関係に立つことがあるからです。問題は，そのような取引的関係が適正なものと言えるかです。

14.7.2 簡易公判手続

死刑，無期もしくは短期1年以上の懲役・禁錮に当たる事件以外の事件において，被告人が，冒頭手続で有罪である旨を陳述したときは，裁判所は，検察官，被告人および弁護人の意見を聴いた上で，簡易公判手続によって審判する旨の決定をすることができます（法291の2）。この手続は，1953年の刑訴法改正によって，審理の促進と事件の重点的処理を期して，有罪答弁制度（17.4.1参照）に代わるものとして導入されました。

簡易公判手続では，証拠調べに関する厳格な規定は適用されずに，証拠調べは適当と認める方法で行われます（法307の2）。また，伝聞法則が適用されま

せん（法320Ⅱ）。しかし，実務上，簡易公判手続決定がなされた人員は，2018年の実績（法曹時報72巻 2 号334頁）で自白人員全体（法定合議事件を除く）の0.1%（地裁。実数は42人），0.1%（簡裁。実数は 5 人）を占めているにすぎません。通常の公判手続に比べてそれほど劇的な簡略化になっていないことが，あまり利用されないことの原因と指摘されています。

14.7.3　即決裁判手続

2006年から施行された手続です。死刑，無期もしくは短期 1 年以上の懲役・禁錮に当たる事件以外の事件において，検察官は，事案が明白でかつ軽微であり，証拠調べが速やかに終わると見込まれることその他の事情を考慮し，相当と認めるときは，公訴提起と同時に，書面で即決裁判の申立てをすることができます（法350の16Ⅰ）。2018年の実績（『令和元年版犯罪白書』132頁）では，即決裁判手続に付された人員は地裁で315人，簡裁で32人でした。

即決裁判の申立てには，被疑者の同意がなければなりません（法350の16Ⅱ）。検察官は，この同意の有無の確認を書面でしなければなりませんが，その際に検察官は，被疑者に対し，即決裁判手続を理解させるために必要な事項を説明し，通常の規定に従い審判を受けることができる旨を告げなければなりません（法350の16Ⅲ）。即決裁判手続の申立てがあったときは，裁判長は，できる限り早い時期の公判期日を定めなければなりません（法350の21）。即決裁判に関わる公判期日は，必要的弁護事件です（法350の23）。公判期日手続は簡略化され（法350の24），伝聞法則も不適用です（法350の27）。即日判決の言渡しが原則です（法350の28）。科刑については，懲役または禁錮の言渡しをする場合には，必ずその刑の全部の執行猶予の言渡しをしなければなりません（法350の29）。被告人にとっては事前に執行猶予刑が言い渡されることがわかり，この点はメリットです。

即決裁判手続においてなされた判決に対しては，事実誤認を理由とした控訴が許されません（法403の 2 Ⅰ）。この点は，憲法32条の裁判を受ける権利の保障に反しないのでしょうか。最高裁は，「即決裁判手続の制度を実効あらしめるため，被告人に対する手続保障と科刑の制限を前提に，…控訴の申立てを制限しているものと解されるから，同規定については，相応の合理的な理由がある」として，合憲であるとしています（最判2009［平21］年 7 月14日刑集63- 6 -

623)。

14.7.4　略式手続

　歴史はふるく，1913年の刑事略式手続法により導入された手続です。書面審理による科刑手続で，現在は罰金または科料の財産刑を科すことができます。2018年の実績（『令和元年版犯罪白書』106頁）で，起訴された人員は30万8,721人でしたが，そのうち公判請求が8万3,768人で，略式命令の請求が22万4,953人（全体の72.8%）でした。道路交通法違反や過失運転致死傷等の事件が大半を占めています。

　簡易裁判所は，検察官の請求により，その管轄に属する事件について，公判前，略式命令で，100万円以下の罰金または科料を科すことができます（法461）。検察官は，略式命令の請求に際し，被疑者に対し，あらかじめ，略式手続を理解させるために必要な事項を説明し，通常の規定に従い審判を受けることができる旨を告げた上，略式手続によることについて異議がないかどうかを確かめなければなりません（法461の2Ⅰ）。検察官が略式命令を請求する場合は，公訴提起と同時にしなければなりませんが，その際には被疑者が略式手続によることについて異議がない旨の書面も添付しなければなりません（法462）。裁判所は，検察官から送付された証拠を書面審理するだけで，被告人と対面して供述を得ることはありません。この手続は公判前手続と位置づけられ，発付された略式命令に不服がある場合には，略式命令を受けた者も検察官も，正式裁判の請求をすることができます（法465）。略式命令は，正式裁判の請求期間の経過等により，確定判決と同一の効力を生じます（法470）。

　略式手続については，そもそも書面審理によって刑罰を言い渡すことができるのか，公開裁判を受ける権利の保障に反しないのかなど，合憲性が問題になりました。これについて，最高裁は，事後に正式裁判を請求できることや，科刑範囲が財産刑に限られていることなどを理由として，合憲としました（最決1948［昭23］年7月29日刑集2-9-1115）。略式手続の合憲性をめぐる議論はその後沈静化しましたが，私はなおも違憲の疑いは払拭できないと考えています。

　略式手続には，他にも問題があると思います。検察官が被疑者に略式手続の説明や異議がないことの確認をしますが，この過程においては弁護人の援助が必要とされていません。即決裁判手続と比べ，不十分です。罰金刑で済むなら

といって，無実の被疑者が泣き寝入りしてしまう危険性もあります。遅くとも略式命令が請求された時点では，公訴提起がなされ被告人となります。前に述べた通り（13.2.1参照），憲法37条3項に基づく国選弁護人の選任が容易にできるように，実務運用を改めるべきです。

14.8 犯罪被害者の保護・関与・参加

14.8.1 犯罪被害者保護の重要性

被害者は，長い間，刑事司法からは，「忘れ去られた人」の地位に置かれてきました。証人として公判廷に喚問されることはあっても，それ以外の場合にはほとんど刑事手続から疎外されていた状況を称したものです。しかし，被害者には，経済的・社会的な援助を受ける権利や，プライバシー保護や証人保護，二次被害の防止を受ける権利，手続に参加する権利などが保障されるべきことが認識されるようになりました。こうしたことから，世界的に被害者支援や保護の取組みがなされ，日本の刑事手続においてもいくつかの制度が設けられました。それらの内容を，公判手続を中心に見て行くことにします。

ただし，注意しなければならないことがあります。被告人には無罪の推定が保障されますから，その防御権を損なわないように常に配慮すべきです。たとえば，被告人を，最初から犯人と決め付けて扱うわけにはいきません。以下に紹介する制度は，あくまでも被害者の保護を第一に考えていくべきものです。

14.8.2 保 護

すでに述べましたが（14.5.3），著しく不安または緊張を覚えるおそれがある証人や圧迫を受け精神の平穏を著しく害されるおそれがある証人などに対し，付添人の制度（法157の4）や遮へいなどの措置制度（法157の5），ビデオリンク方式による尋問制度（法157の6）が設けられています。被害者だけのための制度ではありませんが，その保護に一定の機能を果たします。

このほか，裁判所は，性犯罪事件などにおいて，氏名などの被害者特定事項

を公開の法廷で明らかにしない旨の決定をすることができます（法290の2）。

14.8.3 情報の提供

　裁判長は，被害者等が公判手続の傍聴を申し出たときは，傍聴できるように配慮しなければなりません（被害者保護法2）。被害者等は，当該事件の第1回公判期日から終結までの間において，訴訟記録の閲覧ならびに謄写を受けることができます（被害者保護法3）。

14.8.4 意見陳述

　被害者等は，被害に関する心情その他の被告事件に関する意見を，公判廷で陳述することができます（法292の2 I）。被害者のいる事件であれば，対象事件を問いません。もっとも，相当でないと認められるときは，意見の陳述が認められないこともあります（法292の2 Ⅶ）。被告人が無実を争っているときには，基本的に相当ではないと思います。この意見陳述は，犯罪事実の認定のための証拠とすることはできません（法292の2 Ⅸ）。

14.8.5 手続参加

　被害者等は，一定の事件について，相当と認められるときは，公判手続に参加することができます（法316の33）。被告人が犯人性を争っている事件などの場合には，相当とは認められないでしょう。公判廷が被害者の感情に支配され，被告人の防御権を侵害するおそれがある上に，もし無罪となった場合にはかえって被害者を大きく傷つける可能性があるからです。

　なお，手続参加を許された被害者参加人等は，公判期日に出席し（法316の34），情状に関する事項に限り証人尋問をすることや（法316の36），被告人に質問すること（法316の37），事実または法律の適用についての意見を陳述することができます（法316の38）。被害者参加人は，一定の資力要件のもとで，日本司法支援センター（法テラス）を通して被害者参加弁護士の選任を請求することもできます（被害者保護法11以下）。

　このほか，手続参加ではありませんが，刑事事件の訴訟記録を利用した損害

賠償命令制度も設けられています（被害者保護法23以下）。

第15章

訴因変更

15.1 概　観

15.1.1 意　義

　訴因は審判の対象で，検察官の主張する具体的な犯罪事実です。訴因は起訴状に記載されていますから，起訴時点において明示されています。しかし，その後公判審理を経ているうちに，証拠により認められそうな事実と訴因とが食い違ってくる場合があります。たとえば，窃盗の訴因（刑235の罪）で起訴していたところ，どうやらそうではなくて，盗品等の運搬の事実（刑256Ⅱの罪）が明確になってきたような場合です。こうした場合のために，訴因を変更することが認められています（法312）。

　当初の訴因では不適当であると考えられた場合に，訴因は変更されます。特に問題となるのは，検察官の起訴時点での訴因設定が不備，不十分であった場合です。そのような場合には，検察官のミスを救って有罪判決確保を容易にする一方，被告人にさらに長く応訴を強制し，防御に大きな負担をかけることになります。このようなことを考えれば，訴因変更は検察官の有罪判決追求を容易にするための制度ととらえることができます。

　もっとも，訴因変更が認められないとすれば，検察官は最初の訴因について公訴を取り消して，あらためて新しい訴因で起訴することも考えられます。その場合は，訴訟経済に反するばかりでなく，再度起訴される被告人にとっても，必ずしも利益にはならないということも考えられます（もっともあらたな訴因に基づく起訴について，すでに公訴時効が完成していれば話は別ですが）。このような

ことから，訴因変更にあたっては，被告人の防御の利益を侵害しないことを第一に考えつつ，その限界を考慮していくことが必要になります。

15.1.2　手　続

　裁判所は，検察官の請求があるときは，公訴事実の同一性を害しない限度において，訴因の追加，撤回または変更を許さなければならないと規定されています（法312 I）。罰条の変更も同様です。追加，撤回または変更（追加と撤回を同時に行うことと見ることもできます）すべてを含めて総称して，訴因変更（広義）と呼んでいます（以下本書では，概ね広義で用います）。

　訴因の変更は，実質的にはあらたな起訴と考えられますから，手続も起訴に準じて厳格なものになっています。このため訴因変更の請求は書面を差し出して行わなければなりません（規209 I）。しかも速やかに被告人に通知すべきとされています（法312 III，規209 III）。また，変更請求の書面を検察官が公判廷で朗読すべきこと（規209 IV）なども定められています。

　検察官が訴因変更請求書を裁判所に提出することは，特定の事実に対する訴追意思の表明であり，「その時点で刑訴法254条1項に準じて公訴時効の進行が停止する」と解されています（最決2006［平18］年11月20日刑集60-9-696）。なお，訴因変更が被告人の防御に実質的な不利益を生じるおそれがあると認めるときは，裁判所は，必要な期間公判手続を停止しなければなりません（法312 IV）。

15.1.3　訴因変更命令と形成力

　訴因は検察官の主張ですから，訴因を変更する主体も検察官になります。これは，当事者主義に合致するとらえ方です。しかし，裁判所は，審理の経過に鑑み適当と認めるときは，訴因を変更すべきことを命ずることができると規定されています（法312 II）。この規定については，検察官が命令に従わず，訴因の変更を請求しない場合には，裁判所のこの命令には訴因を変更する効果（形成力）はないと解されています。判例も「訴因の変更を検察官の権限としている刑訴法の基本的構造に反するから」，訴因変更命令に形成力を到底認めることはできないとしています（最判1965［昭40］年4月28日刑集19-3-270）。

15.1.4 訴因変更命令の義務性

　裁判所には，検察官に訴因変更を命じる義務はあるでしょうか。たとえば公判審理が進み，裁判所の心証からすれば，現在の訴因では被告人には無罪を言い渡さざるを得ないが，訴因変更すれば有罪を言い渡すことができるような場合，そのことが問題となります。

　判例には，原則として，裁判所に変更を命ずべき義務はないとしつつも，現訴因では無罪とするほかなく，これを変更すれば有罪であることが証拠上明らかで，しかも変更後の罪が相当重大なものの場合には，「例外的に，検察官に対し，訴因変更手続を促しまたはこれを命ずべき義務があるものと解するのが相当である」としたものがあります（最決1968［昭43］年11月26日刑集22-12-1352）。他方で，審理の経過など諸般の事情に照らして考察すると，第一審裁判所が検察官に対して求釈明をして事実上訴因変更を促したことによりその訴訟法上の義務を尽くしたものというべきであり，「さらに進んで，検察官に対し，訴因変更を命じ又はこれを積極的に促すなどの措置に出るまでの義務を有するものではない」とした判例もあります（最判1983［昭58］年9月6日刑集37-7-930）。

　裁判所に訴因変更を命じる義務を正面から認めるとすれば，当事者追行主義に反することになります。特に，それは強大な証拠収集能力と訴追権限を有する検察官をバックアップすることを意味しますから，裁判所に訴因変更を命令する義務は基本的にはないと考えます。例外的に変更命令を発するべき場合があるとしても，その中身はせいぜい検察官に釈明を求める（規208Ⅰ）程度の義務にとどめるべきです。

15.1.5 有罪心証と訴因変更

　検察官が訴因変更を請求してきた場合に，裁判所は現在の訴因でも有罪の心証を持っている場合には，どうすべきでしょうか。変更後の新訴因でも有罪が見込まれる場合には，法312条1項の規定や起訴便宜主義などを根拠に，許可しなければならないとされています（最判1967［昭42］年8月31日刑集21-7-879）。変更後の新訴因では有罪の見込みがない場合が問題ですが，裁判所が釈明を求めてもなお検察官が変更を請求する場合には，許可するほかないでしょう。

15.1.6 罰条変更

　法312条は，罰条の変更についても，訴因の変更と同様に定めています。しかし，罰条については，法令の適用が裁判所の義務であることなどを理由に，裁判所の罰条変更命令（法312Ⅱ）の義務性や形成力を肯定する見解が有力です。

　最高裁は，「罰条の記載は，訴因をより一層特定させて被告人の防禦に遺憾のないようにするため法律上要請されているものであり，裁判所による法令の適用をその範囲内に拘束するためのものではないと解すべきである。それ故，裁判所は，訴因により公訴事実が十分に明確にされていて被告人の防禦に実質的な不利益が生じない限りは，罰条変更の手続を経ないで，起訴状に記載されていない罰条であつてもこれを適用することができる」としています（最決1978［昭53］年2月16日刑集32-1-47）。しかし，学説上は，被告人に法令適用につき弁論の機会を与えるため，罰条変更手続をとるべきであるとする主張も有力で，それを支持したいと思います。

15.2　訴因変更の要否

15.2.1　概　観

　審判の対象は訴因ですので，裁判所は，起訴状記載の訴因から逸脱して判決をするわけにはいきません。逸脱して認定した場合には，審判の請求を受けない事件について判決をしたことになり，控訴の理由になります（法378③）。このような事態を避けるためにも，検察官は訴因を変更することが必要になります。

　それでは，訴因変更が必要になるのは，どのような場合でしょうか。起訴状記載の訴因から，ほんのわずかにしかズレていない事実を認定するのであれば，被告人に不意打ちにはなるとまでは言えないでしょう。たとえば，死因が争点となっていない殺人事件で，訴因として外傷性ショックの死因と記載されていたのを，出血性ショックの死因と認定した場合です。その程度であれば，不告

不理の原則に反せず，訴因変更は必要ありません。訴因変更の要否は，現在の訴因でどの範囲の事実まで認定できるかという問題でもありますので，**訴因の同一性**（15.4の公訴事実の同一性とは異なります）とも言われています。

❖ **不告不理の原則**

　「訴えなければ，裁判なし」を意味する原則です。刑事訴訟法上では，弾劾主義（当事者主義）の基本原理と考えられています。憲法31条が保障する適正手続の一内容ととらえることができます。

15.2.2　基　準

（1）　法律構成説と事実記載説

　訴因の同一性については，かつては，どの構成要件に該当するかという訴因の法的評価から判断する**法律構成説**も唱えられました。しかし，これによれば，殺人という法律構成が同じであれば，犯行日時や犯行態様が大きく異なっても訴因変更は不要とされかねず，被告人には不意打ちとなってしまいます。たとえば，訴因として1月1日の殺人と記されていたので，被告人がその日のアリバイを主張していたところ，判決で突然2月1日の殺人と認定される場合です。このため，現在では，**事実記載説**が判例・通説となっています。事実記載説が妥当であると考えますが，事実はほとんど変わらない場合であっても法律構成が変わる場合には，訴因変更は必要であると考えます。なぜなら，法律構成の変化は，被告人の防御に相当な影響を与えるからです。

（2）　被告人の防御と審判の画定

　訴因変更の要否は，訴因として記載されている事実を基準にして，認定しようとする事実が，被告人の防御に実質的な不利益をもたらすほどのズレがあるかどうかで判断します。その際，被告人の防御に与える不利益について，訴因と認定事実とを比べて抽象的・一般的に判断する方法（**抽象的防御説**）と，審理における被告人の防御活動などの経過から具体的・個別的に判断する方法（**具体的防御説**）と，二つのアプローチがあるとされています。

　具体的防御説は，往々にして，被告人が実際の審理において具体的に防御活動を行っている点をとらえて，訴因変更は必要ないとする結論を導くものでし

た。しかし、このような帰結は、訴因を明示することを求めている法規定と適合しません。このことから、抽象的防御説が妥当だと思います。ただ、抽象的防御説に立って訴因変更が必要ないと考えられる場合でも、さらに具体的な審理経過を踏まえて、被告人の防御上の不利益がある場合には訴因変更を要すると考えていくべきではないかと思います。抽象的防御説を原則にし、その上で例外的に具体的な防御に不利益を生じる場合に訴因変更の必要性を認めていくべきだと思います。

　判例は、どうなっているでしょうか。殺人罪の共同正犯の事件で、裁判所が、実行行為者について訴因と異なる認定をした点について、訴因変更の要否が問題となった事案があります。最高裁は、まず、このような事件で実行行為者の明示は訴因の不可欠な記載事項ではないと述べた上で、「訴因において実行行為者が明示された場合にそれと異なる認定をするとしても、審判対象の画定という見地からは、訴因変更が必要となるとはいえないものと解される」(①) としました。続けて「とはいえ、実行行為者がだれであるかは、一般的に、被告人の防御にとって重要な事項であるから、…検察官において実行行為者を明示するのが望ましいということができ、検察官が訴因においてその実行行為者の明示をした以上、判決においてそれと実質的に異なる認定をするには、原則として、訴因変更手続を要するものと解するのが相当である。しかしながら、…少なくとも、被告人の防御の具体的な状況等の審理の経過に照らし、被告人に不意打ちを与えるものではないと認められ、かつ、判決で認定される事実が訴因に記載された事実と比べて被告人にとってより不利益であるとはいえない場合には、例外的に、訴因変更手続を経ることなく訴因と異なる実行行為者を認定することも違法ではない」(②) としました (最決2001 [平13] 年4月11日刑集55－3－127)。

　この判例は、訴因変更の基準を、審判対象の画定 (①部分) と被告人の防御利益 (②部分) の二つの基準に分けて明確化したものであると、受け止められています。訴因の機能については二つの考え方がありますが (12.3参照)、①部分は識別説的なアプローチをとるもので、②部分は防御権説的アプローチをとっているものと理解することができます。しかし、②部分後半は、具体的防御説を訴因変更は不要だったとする被告人に不利な方向での理由づけに用いており、賛成できません。②部分前半の結論にしたがって、訴因変更を要すると解すべきだったと思います。なお、その後の判例には、同様の判断方法を用い

て，訴因変更をせずに認定した原判決を「被告人に不意打ちを与えるものといわざるを得ない」として，違法としたものがあります（最決2012［平24］年2月29日刑集66-4-589）。

(3) 過失犯の訴因

特に過失犯について，訴因と異なる過失態様を認定する場合は，訴因変更が必要であると考えられています。判例は，訴因が，交差点で発進する際に足を滑らせてクラッチペダルから左足を踏みはずした過失であったのに対し，交差点前で一時停止中の他車の後に進行接近する際にブレーキをかけるのが遅れた過失を認定したことについて，両者は明らかに過失の態様を異にしており，「被告人に防禦の機会を与えるため訴因の変更手続を要する」としています（最判1971［昭46］年6月22日刑集25-4-588）。ここでも，被告人の防御が重視されています。

(4) 縮小認定

たとえば，強盗の訴因に対し恐喝を認定する場合のように，態様および限度において，訴因で示されている事実よりも，いわば縮小された事実を認定する場合は，どうでしょうか。いわゆる「大は小を兼ねる」場合と言われています。認定事実が訴因の中に包含されており，被告人に不当な不意打ちを加え，防御権行使を徒労に終わらせるおそれがないので，訴因変更は必要ないとされます（最判1951［昭26］年6月15日刑集5-7-1277）。

もっとも，どのような場合に縮小認定が可能かを判断するには，注意を要します。判例では，酒酔い運転の訴因で酒気帯び運転を認定した原判決について，基本的に両者は道路交通法65条1項違反の行為である点で共通し，「前者に対する被告人の防禦は通常の場合後者のそれを包含し，もとよりその法定刑も後者は前者より軽く，しかも本件においては運転開始前の飲酒量，飲酒の状況等ひいて運転当時の身体内のアルコール保有量の点につき被告人の防禦は尽されていることが記録上明らかである」として，訴因変更をせずに認定したことは違法ではないとしたものがあります（最決1980［昭55］年3月4日刑集34-3-89）。しかし，酒酔い運転は正常な運転をできないおそれがある状態が問題なのに対し，酒気帯び運転は呼気中の一定程度以上のアルコール濃度が問題なだけなので，両者には防御方法上質的な違いがあります。この事案では，訴因変更が必

要だったように思います。

15.2.3　罪数の変化と訴因変更

　刑法上一罪とされるものは，一つの訴因として起訴されるのが原則です（一罪一訴因の原則）。もし，起訴時点の訴因と認定しようとする訴因との間に，罪数の変化があった場合はどうすべきでしょうか。訴因変更は必要でしょうか。これは二方向あると考えられます。一罪として起訴されていたものが二罪として認定される場合と，二罪として起訴されていたものが一罪として認定される場合とがあります。

　罪数の変化は，実定法上で被告人の利害に影響を与えます。たとえば，一罪だったものが二罪とされ，それが併合罪関係にあれば，法形式上は刑の加重事由となるからです。このことは，被告人の防御活動にも大きな影響を与えることを意味しますから，基本的には訴因変更の手続が必要であると考えるべきでしょう（ただ学説上は，これを訴因変更とは別に，訴因の補正の問題として取り扱う説もあります）。下級審判例には，拳銃と実包所持の包括一罪として起訴されていたものが，証拠調べの結果，訴因事実そのものに変動が生じ，そのため数個の併合罪と認定するのが相当であると判断されるに至った事案で，罪数補正を伴う訴因変更手続を促す必要があるとしたものがあります（東京高判1977［昭52］年12月20日高刑集30-4-423）。

15.3　訴訟条件と訴因

15.3.1　概　観

　訴訟条件は，公訴の提起・追行を有効に成立させるための条件です。公判審理の進展に伴い，証拠によって認定できる事実が訴因と異なることによって，訴訟条件の具備が変動する場合があります。こうした場合に訴因変更は許されるのか，特に親告罪をめぐって，問題となります。あわせて，訴訟条件のない訴因の処理の場合も含めて，検討します。

15.3.2 訴訟条件を欠く公訴提起

(1) 追 完

　公訴提起の時点で訴訟条件がないのであれば，適法な訴訟係属はなかったのですから，形式裁判で終わることになるはずです。それでは，起訴時点において訴訟条件はなかったが，事後的に有効とすること（追完）は可能でしょうか。たとえば，親告罪である未成年者誘拐罪について告訴を得ずに起訴した後に，被害者からそれを得る場合などです。公訴提起の時点で被告人に応訴強制した違法の程度は大きく，これを認めないとするのが通説・判例です。ただ，被告人が追完に同意する場合には，それを認めてよいと考える説が有力です。

(2) 訴因変更

　それでは，告訴なしに未成年者誘拐罪で起訴したが，その後に親告罪ではない営利目的等誘拐罪に訴因変更することは可能でしょうか。実質的には追完と同じ状況です。例外的に被告人が同意する場合にのみ，認められると考えられます。判例には，被告人の同意なく訴因変更を認めた例があります（最決1954［昭29］年9月8日刑集8-9-1471）。しかし，これは冒頭手続の段階で，しかも弁護人の同意があった等の事情があり，一般的に許されるとしたわけではないと考えられます。

15.3.3 訴訟条件を欠く訴因への訴因変更

　逆に，公訴提起時には訴訟条件を具備していたが，審理の結果，訴訟条件を欠く事実が判明した場合に，裁判所はどうすべきでしょうか。基本的には，その時点で，検察官に釈明を求めて，訴訟条件を具備させた上，訴因変更の請求を促すことになるでしょう。下級審判例に，非親告罪として起訴され，後に訴訟の進展に伴い親告罪と判明した場合には，その時点で有効な告訴を得て訴因変更すれば足りるとしたものがあります（東京地判1983［昭58］年9月30日判時1091-159）。もっとも，起訴の当初から検察官は親告罪であることを認識しつつ，告訴が得られるまでとりあえず非親告罪として起訴したような場合には，検察官の権利濫用と考えられます。訴因変更は許されません。

15.4 訴因変更の可否

15.4.1 総　説

　訴因変更が必要だと考えられたならば，次は，その変更が可能かどうか問題となります。

　公訴提起の段階で，審判対象は訴因として明示されます。それに対して，被告人は防御の活動を進め，継続していくことになります。したがって，もしその対象が訴因変更により大きく修正されるのであれば，被告人のそれまでの防御活動は無に帰すかもしれません。そんなことになれば，被告人の受ける不利益は重大で，防御権は侵害されることになるでしょう。そこで，訴因（審判の対象）を変更するとしても，同じ事件の範囲内でなければ，許されません。

　そのことを踏まえて，法312条1項は，訴因変更について，「公訴事実の同一性」を害しない限度において許すことができる旨，定めています。旧訴因（起訴状記載の訴因。以下「A訴因」とします）から，新訴因（「B訴因」とします）への変更は，公訴事実の同一性の範囲内でしか認められません。

「公訴事実の同一性」の範囲内

　もっとも，法律では，公訴事実の同一性について，それ以上に基準等を明記しているわけではありません。このことから，公訴事実の同一性を害するかどうかをどのような要件で判断していくか，長年争われてきました。

15.4.2 公訴事実の同一性

　公訴事実の同一性については，伝統的に，同一性（狭義）と単一性とに分けて論じられてきました。説によって異なるところはありますが，そのどちらかが肯定されれば公訴事実の同一性（狭義の同一性と区別するために，「広義の同一

性」とも言います）が肯定されるとして，説明されてきました。

❖ **公訴事実の同一性**
　公訴事実の同一性は訴因変更の限界を画するばかりでなく，二重起訴や一事不再理の問題を考える際にも基準となります。たとえば，すでに起訴した訴因と公訴事実の同一性がある範囲内の別な訴因について，検察官が追起訴を行ったということになれば，それは二重起訴をしたと評価されます。そうなると，法338条3号もしくは法339条1項5号によって処理されます。

（1）　同一性（狭義）

　公判審理の進行に伴い，証拠から認定できる事実が，起訴当初の訴因（旧訴因A）の事実からずれてくるようなことがあります。たとえば，証拠調べをしていたら，犯行時刻だけが少し違うように思われる場合があるでしょう。また，財物を奪ったことは同じでも，公判廷での証言などを聞いた結果，どうもこれは騙して奪ったようだとして，窃盗から詐欺へと法的な評価が変わる場合もあるでしょう。このように事実がずれてきて，旧訴因Aから新訴因Bに変更をしたい場合に，なお同一の事件であるかどうかが問題とされています。代表的な学説は，これを狭義の同一性と呼んできました。

　この点について，通説・判例は，基本的事実同一説に立つとされています。A訴因とB訴因との間において，社会的な事実として基本的な点で同じならば，公訴事実の同一性があるとする立場です。基本的事実として考えられているのは，日時，時間，場所，犯行態様などの要素です。そのような論理で公訴事実の同一性を認めた判例を，いくつか紹介します。

　たとえば，窃盗と贓物寄蔵（盗品保管）について，日時の同一，場所的な関係の近接性及び不法に領得されたリヤカー一台に被告人が関与したという事実に変りはないので，「両訴因の間の基本的事実関係は，その同一性を失うものでない」とした判例（最判1954［昭29］年9月7日刑集8-9-1447）が代表的です。

そのほか，枉法収賄と贈賄に関する事案で，「枉法収賄の訴因と，…贈賄の訴因とは，収受したとされる賄賂と供与したとされる賄賂との間に事実上の共通性がある場合には，両立しない関係にあり，かつ，一連の同一事象に対する法的評価を異にするに過ぎないものであつて，基本的事実関係においては同一である」としたものがあります（最決1978［昭53］年3月6日刑集32-2-218）。

　また，異なる時刻，場所における覚せい剤の自己使用に関する事案で，「両訴因は，その間に覚せい剤の使用時間，場所，方法において多少の差異があるものの，いずれも被告人の尿中から検出された同一覚せい剤の使用行為に関するものであつて，事実上の共通性があり，両立しない関係にあると認められるから，基本的事実関係において同一であるということができる」とした判例もあります（最決1988［昭63］年10月25日刑集42-8-1100）。

　これらの判例の中には，一方の犯罪が認められるときは他方の犯罪の成立を認め得ない関係にあること（非両立性）を検討して，非両立である場合には両訴因の基本的事実関係が同一であると判断しているものがあります。ただ，この非両立性基準は，あくまで基本的事実関係が同一であることについて，補助的に用いている基準のように思います。

❖ **非両立性基準**

　非両立性基準については，十分気をつけておく必要があります。というのも，両立・非両立という判断は，前提が何であるかによって，結論が変わってしまうからです。たとえば，①2020年3月10日午前10時ころ，被告人XがF先生の財布から1000円を窃取したというA訴因と，②2020年3月10日午前10時半ころ，被告人XがF先生の財布から1000円を窃取したというB訴因との間で，両立・非両立を考えてみましょう。前提なしには，判断できないというのが正しい答えです。被告人XがF先生の財布から窃取したのが1回限りであったとする前提であるならば，非両立の関係にあると言えるでしょう。しかし，窃取したのが複数回あったかもしれないということになれば，両立しうる関係となるでしょう。そうした相対性を免れないことから考えると，よく理解しないままこの基準を無理に用いる必要はないと思います。

（2）　単　一　性

　狭義の同一性の問題とは違った次元で，学説上，単一性があれば，公訴事実の同一性が認められるともされてきました。単一性が認められる関係というの

は，犯罪が一個であるかどうか，刑法上の一罪であると言えるかどうかと説明されています。つまり，訴因の変更を考える場合に，A訴因とB訴因とが包括一罪や科刑上一罪の関係にあることがあります。これが，単一性がある場合とされます。

たとえば，牽連犯関係にある窃盗と住居侵入の場合には単一性があるとされ，窃盗から住居侵入への訴因変更は公訴事実の同一性を害さず，可能であるとされます。逆に言えば，A訴因とB訴因とが併合罪の関係にあると考える場合には単一性を欠き，B訴因については別の犯罪として起訴しなければならないとされています。

このようなことからすると，単一性とは，A訴因とB訴因とが刑法上で特定の一罪関係にあることを指すだけということになります。学説上は，それも狭義の同一性の中に含めて考えればいいとして，単一性は概念として不要とする立場があります（小田中・下147頁）。私も不要説が妥当だと考えます。不要と考えるかどうかは別にしても，とりあえずは，A訴因とB訴因とが刑法上一罪の関係にあるほど密接な場合には，基本的に広義の「公訴事実の同一性」があるとされ，原則として訴因変更が可能となると理解しておけばいいでしょう。

❖ 公訴事実の単一性

　単一性という言葉はそもそも法文上には存在しませんし，その概念をめぐって学説は多岐に分かれています。かえって，学習する人の理解を困難にしてしまっているように思います。基準として明確でないものは，無理に用いない方が賢明です。それでもどうしても用いたいのであれば，限定的に用いればいいと思います。つまり，本文で述べた通り，特に科刑上一罪など一罪関係に立つ訴因間での変更を認める場合に，それを許すための説明概念として使用するにとどめるのです。

15.5　訴因変更の時期的限界

15.5.1　概　説

　訴因変更が必要で，それが公訴事実の同一性の範囲内で可能であっても，なお訴因変更が許されない場合がありえます。たとえば，長期間の公判審理を経

て，被告人側の防御活動が功を奏し無罪の可能性が高くなってきた状況下で，結審間際に，検察官が訴因変更を申し出た場合を想定してみましょう。このような場合には，被告人側のそれまでの防御活動は無に帰すことになって，実質的に著しい不利益を生じさせると思います。訴因変更は許されないでしょう。これが，一般的に訴因変更の時期的限界と呼ばれている問題です。

15.5.2　考　え　方

　訴因変更が，被告人の防御に実質的な不利益を生ずるおそれがあると認められる場合には，公判手続が停止されます（法312Ⅳ）。もし，この手段では回復不可能なほど変更による不利益が著しい場合や，この段階で公判手続を停止したのではもはや被告人の迅速な裁判を受ける権利を侵害してしまう場合には，訴因変更は許されません。

　それでは，具体的にどのような場合に，訴因変更は許されないことになるでしょうか。高裁判例には，殺人の訴因をめぐって約2年6月の公判審理の攻防を経た後，検察官が訴因から除外していた事実をあらたに訴因に追加しようとしたことにつき，不意打ちであるのみならず，検察官の権利濫用（規1Ⅱ）や迅速裁判の趣旨に反すること（規1Ⅰ）などを根拠に，「被告人の防禦に実質的な著しい不利益を生ぜしめ，延いて公平な裁判の保障を損なうおそれが顕著である」として，訴因変更を認めなかった原審の判断を支持したものがあります（福岡高那覇支判1976［昭51］年4月5日判タ345-321）。訴因変更請求の時期のみならず，公判審理における具体的攻防などを踏まえて，検察官の権利濫用や被告人の防御への不利益，迅速な裁判を受ける権利の観点から，判断がなされています。

15.5.3　公判前整理手続後の訴因変更

　公判前整理手続を経て公判審理に移った後，検察官が訴因変更を請求する場合があります。公判前整理手続では，すでに争点と証拠の整理をしたはずですから，公判段階になって，検察官が訴因変更を請求することの許否が問題となります。法316の32条1項が，公判前整理手続終了後の証拠調べ請求を制限していることからすると，訴因変更も相当制限されるべきだと思います。

この点について，「公判前整理手続の制度趣旨に照らすと，公判前整理手続を経た後の公判においては，充実した争点整理や審理計画の策定がされた趣旨を没却するような訴因変更請求は許されない」として，その判断基準を示した高裁判例があります（東京高判2008［平20］年11月18日高刑集61-4-6）。

第16章

証拠法総論

16.1 証拠の意義と事実認定

16.1.1 証 拠 法

検察官が訴因を明示して公訴提起をすることにより，刑事裁判の公判手続が開始されます。刑事裁判の中心課題は有罪か無罪かを決することですが，それは訴因が証拠によって認定できるのかという問題になります。こうしたことから考えると，証拠による適正な事実認定を確保することが，極めて重要となります。刑事訴訟法においては証拠に関する種々の法的な規制がなされており，その総体を（刑事）証拠法と呼んでいます。

16.1.2 証拠の意義

（1） 証拠と要証事実

証拠とは，過去の事実を推認する根拠となる資料のことを言います。裁判において，証明されるべき事実の存否を判断する際の根拠資料です。証明されるべき事実のことを，**要証事実**と言います。たとえば，要証事実として，「被告人Ｘが，被害者Ｖをナイフで突き刺した事実」などと，説明されることになります。

証拠は，証拠方法と証拠資料とを含めた概念として，用いられています。**証拠方法**とは，事実認定の資料となる情報をもたらす媒体を指します。**証拠資料**とは，その証拠方法を取り調べた結果，得られた内容（情報）のことです。た

とえば，目撃証人を尋問することによって得られた証言に基づいて事実認定をする場合，証人が証拠方法で，その証言が証拠資料ということになります。

(2) 証拠に関する用語

証拠法を論じるにあたって，あらかじめ用語の説明をしましょう。

(i) **人証，証拠物（物証），証拠書類（書証）**　証拠方法を，証拠資料を得る方法（証拠調べの方式）の違いによって，分類したものです。人証は，証人や鑑定人など，人が口頭で供述証拠を提供する証拠方法です。証拠調べの方式は，証人などは尋問ですが（法304），被告人は質問です（法311）。証拠物は，凶器とか偽造旅券など，物の存在や状態などが証拠になる物体のことで，物証とも言います。証拠調べの方式は，裁判所や訴訟関係人に示すこと（展示）です（法306）。証拠書類は，供述書や供述調書など，記載されている内容が証拠となる書面のことで，書証とも言います。証拠調べの方式は，朗読です（法305）。証拠書類の中には，書面の内容ばかりでなく証拠物ともなりうるものがあります。たとえば，脅迫に用いられた手紙などで，これを証拠物たる書面と言います。証拠物と証拠書類両者の性格を有していますので，証拠調べの方法は，朗読と展示です（法307）。

(ii) **供述証拠と非供述証拠**　証拠資料を，その性質によって分類したものです。供述証拠とは，言葉によって表現された供述の意味内容を，証拠資料として用いる場合です。その内容の真実性を立証するために，用いられます。たとえば，被害者の目撃証言とか被告人の自白調書（供述調書）などです。非供述証拠は，供述証拠以外の証拠です。両者の区別が意味を持つのは，供述証拠には，伝聞法則（後述）の適用がありうる点などです。

(iii) **直接証拠と間接証拠**　証拠資料と要証事実との関係を，証拠資料が持つ情報から直接推認できるかどうかで分類するものです。直接証拠とは，要証事実を直接に証明することができる証拠のことです。たとえば，被告人の犯行内容についての自白や，犯行目撃証人の証言などが，これにあたります。これに対し，間接証拠とは，要証事実を間接的に推認させる事実（間接事実）を証明する証拠のことです。たとえば，被害者Vが刺された現場に，被告人Xがいた事実が間接事実になります。この場合，間接証拠としては，犯行現場に残されていた被告人の指紋（の鑑定書）などがあたります。

似たような用語に，情況証拠の言葉があります。間接事実を指す言葉として

用いられますが，間接証拠の意味として用いられることもあります。

　(iv)　実質証拠と補助証拠　　これも，証拠資料と要証事実との関係に着目してなされる分類です。**実質証拠**とは，要証事実の存否を証明するのに用いられる証拠のことです。たとえば，犯行を目撃した者の証言「私は，木陰で，被告人Xが被害者Vを刺すのを見ました」が，それにあたります。**補助証拠**とは，実質証拠の証明力の程度に影響を与える事実（補助事実）を証明する証拠です。証人が目撃した当時の現場の明るさ（補助事実）に関する証拠などが，それにあたります。補助証拠は，実質証拠の証明力を減殺する証拠（弾劾証拠），その逆に証明力を増強する証拠（増強証拠）などに，さらに分類されています。

16.2　証拠能力と証明力

16.2.1　定　義

　証拠能力とは，証拠としての適格性，許容性のことです。証拠として用いることが許されるか否かです。**証明力**とは，その証拠が要証事実の証明にどの程度役に立つか，その実質的な価値のことです。たとえば，被害者が目撃した犯人は被告人であるとする旨の供述（犯人識別供述）がどの程度信用できるかという問題は，証明力に関わる問題となります。証拠能力はあるかないかが問題であるのに対し，証明力はいわばゼロから100％までの間の程度問題と言えます。

　証拠能力がないとされた証拠は，公判廷で証拠として用いることができません。いわば公判廷から，退場いただくことになります。証明力は，証拠能力があるとされた証拠について，ようやく問題となります。どんなに証明力がある証拠であっても，証拠能力がないと判断されれば，公判廷で証拠として用いられることはありません。

　刑事の証拠法は，多くが証拠能力をめぐって発展してきました。かつて，刑事裁判においては，犯人を発見するためには，あらゆる証拠を用いて真相を解明しようとする積極的真実主義が支配していました。しかし，無辜の不処罰や適正手続の保障が重視されるようになり，事実認定に慎重を期す消極的真実主

義へと転換してきました。この刑事訴訟法の歴史が，証拠能力をめぐるルールの発展をもたらしたのです。たとえば，違法収集証拠排除法則（16.9参照）は，違法に収集された証拠の証拠能力を否定するルールです。犯人を処罰することよりも，適正手続の保障を優先させることを認めます。この考え方にこそ，刑事訴訟法の現代的意義があると思います。

　証拠について論じる場合，証拠の証拠能力を問題にしているのか，証明力を問題にしているのか，常に意識しておく必要があります。なお，規定上で「…証拠とすることができない。」（憲38Ⅱなど）と定めているときは，証拠能力を否定するということを意味します。

16.2.2　証拠能力と関連性

　証拠能力が否定される場合に，その根拠として，自然的関連性がない場合，法律的関連性がない場合，証拠禁止にあたる場合の三つがあるとされてきました（平野192頁）。**自然的関連性**とは，要証事実の存否を推認させる必要最小限の証明力のことです。たとえば，噂や風評は必要最小限の証明力を欠くから，自然的関連性がなく，証拠能力が否定されると説明されます。**法律的関連性**とは，自然的関連性はあるが，事実認定を誤らせる危険性が大きいので，証拠能力を制限する場合と説明されます。たとえば，他人から聞いた話を供述する場合には，又聞きとして，事実認定を誤らせる危険性があります。この文脈で，伝聞証拠は，法律的関連性がないので，証拠能力が否定されると説明されます。証拠禁止は，上記二つの関連性がある証拠であっても，手続の適正を害すると思われるときには証拠能力を制限する場合と説明されます。たとえば，違法に収集された証拠を排除するのは，証拠禁止にあたると分類されます。

　法律的関連性や証拠禁止は，自然的関連性がある場合に，種々の法的な考慮から証拠能力を制限する考え方を類型化したものと言ってよいでしょう。誤解を恐れずにたとえてみるならば，公判廷で証拠としての資格（証拠能力）があるためには，まず自然的関連性が必要です。いわば，これはその法廷の入り口に設けられたハードルで，あらゆる証拠はこのハードルを越える必要があります。その自然的関連性のハードルを越えた証拠で公判廷への参加が認められたもののうち，法的観点から事実認定を誤らせる危険性があるとして公判廷から退場願うのが法律的関連性の問題です。また，それとは別に，適正手続を害す

るとして公判廷から退場願うのが証拠禁止の考え方ととらえておきましょう。

　自然的関連性や法律的関連性，証拠禁止は，証拠能力を制限する根拠についての考え方（観点）です。相互に排他的なものではなく，本質的に異質のものではないことに留意してください。たとえば，被告人の悪性格を示す証拠について考えた場合に，そもそも最小限度の証明力ももたないと考えるならば自然的関連性を問題にしているわけであり，最小限度の証明力はあるが認定を誤らせると考えるのであれば法律的関連性を問題としています。また，そんな証拠を利用すること自体が適正手続に反すると考えるのであれば，証拠禁止を問題としているということになるでしょう。

16.3　証拠裁判主義　　厳格な証明と自由な証明

16.3.1　意　義

　事実の認定は証拠による（法317）とする原則が，**証拠裁判主義**です。歴史的には，拷問と不可分であった自白依存裁判からの離脱を明らかにした意義があります。現代の感覚からすれば，証拠による事実認定とは，当然の原則を定めたものと受け止められるでしょう。

　ただ，「証拠による」の中身が問題です。その解釈として，法317条の規定は，厳格な証明による手続（証明方法）であることを要求していると理解されています。**厳格な証明**とは，証拠能力を有し，かつ，公判廷における適式な証拠調べ手続を経た証拠による証明のことです。

16.3.2　厳格な証明と自由な証明

　厳格な証明による場合は，まず証拠能力がある証拠でなければなりません。証拠能力についてはすでに述べましたが，特に不任意な自白や違法に収集された証拠など，被疑者・被告人の人権を侵害して取得された証拠は，証拠として用いることができません。

　公判廷における適式な証拠調べとは，法定の証拠調べの方式に沿った手続に

おいてなされることです。たとえば，証拠方法の種類によって定められている取調べの方式（法304など）に従うことなどです。

　厳格な証明の対概念に，自由な証明があります。証拠能力がない証拠に基づいてもよく，また適式な証拠調べを経なくてもいい証明方法のことです。厳格な証明が要求している二つの要素を，必ずしも充足しない証明方法です。

16.3.3　証明の対象

　厳格な証明をしなければならない対象が，問題となります。法317条が規定する「事実」の範囲の問題です。

　刑罰権の存在およびその範囲を基礎づける事実は，厳格な証明によるとされています。その核となるのは，訴因として明示された事実を含む犯罪事実です。犯罪事実には，構成要件該当事実や違法性，責任を基礎づける事実（その不存在も含む）があります。共謀共同正犯における共謀の事実は，罪となるべき事実として，厳格な証明の対象とされています（最判1958［昭33］年5月28日刑集12-8-1718［練馬事件］）。

　法律上刑の加重減免事由についても，刑罰権の範囲に影響を与えるので，厳格な証明によることと考えられています。たとえば，累犯加重の理由となる前科の事実は，実質において犯罪構成事実に準ずるものであるとされて，法305条の方式によって取り調べることを要するとされています（最決1958［昭33］年2月26日刑集12-2-316）。

　厳格な証明を要する要証事実に対し，それを推認させる間接事実も，また厳格な証明によることとされています。もっとも，略式手続では書面による審理で科刑することができ，公判廷での適式な証拠調べは予定されていません。犯罪事実の認定がなされても，この手続による場合は，厳格な証明によってなされているわけではありません。

　被告人側が，犯罪事実を否定する立証をする場合も，厳格な証明によらなければならないのでしょうか。たとえば，アリバイを立証する場合です。通説的見解は，厳格な証明によらなければならないとしています。これに対し，自由な証明で足りるとする説も主張されています。確かに当事者対等という意味では，検察官側と被告人側とを証拠調べの点でも等しく取り扱わねばなりません。しかし，被告人は無罪の推定を受ける立場にあります。この観点からすれば，

自由な証明説が妥当であると思います。

　訴訟上の事実については，基本的には，自由な証明でよいとされてきました（最決1983［昭58］年12月19日刑集37-10-1753）。しかし，自白の任意性など証拠能力を基礎付ける事実など，訴訟法上の事実であっても重要な事実については，厳格な証明を要するとの説が有力です。

　量刑事実については，犯行の動機，手段など犯罪事実に関するものは厳格な証明によらなければなりません。問題は，犯罪後の状況など狭義の量刑事実は自由な証明でよいとされている点です。被告人に不利な情状事実を自由な証明によって行うことは問題であり，実務的には，厳格な証明によって行われているとされています。

16.4　証明の必要

16.4.1　総　則

　刑事訴訟では，民事訴訟とは異なり，当事者間に争いのない事実であっても，証拠により証明する必要があります。たとえ，被告人が有罪の自認をしていても，証拠に基づいて事実が証明される必要があります。

　もっとも，例外的に，証明を要しない事実もあります。およそ性質上証明を要しない事実と，一定条件のもとで証明を要しない事実と，二つあります。

16.4.2　性質上証明を要しない事実——公知の事実

　公知の事実とは，一般に広く知られている事実のことです。社会生活の日常において，通常の知識経験を持った人が，疑わない事実と説明されています。たとえば，被告人が某日に実施された高岡市長選挙に立候補して，某日当選した事実は，高岡市およびその付近において公知の事実にあたるとされました（最判1956［昭31］年5月17日刑集10-5-685）。

　公知の事実とならんで，裁判所が職務上知りえた事実も証明を要しないか問題とされています。裁判所に顕著な事実と言われるもので，民事訴訟では証明

の必要はありません（民訴179）。刑事訴訟でも，判例は証明の必要はないとの立場に立つとされていますが，学説の多くはその立場をとりません。刑事裁判では，裁判を受ける被告人の納得や国民一般の信用が重要ですので，その観点から証明を必要とすると思われるからです。被告人の公正な裁判を受ける権利の保障からすれば，常に適正な事実認定をしなければならず，証明の必要はあると考えるのが当然です。たとえば，当該事件で被告人がどこに勾留されていたかなど，その事件の手続上の事実で，被告人にとっても自明なものに限り，証明を要しないと考えるべきでしょう。下級審判例には，他事件の起訴内容に関する暴行行為の存在を裁判所に顕著であるとして証明を要しないとしたことを，違法としたものがあります（東京高判1987［昭62］年1月28日判時1228-136）。

16.4.3　一定条件の下で証明を要しない事実

違法性阻却事由の不存在や，特別法上の除外事由（たとえば，覚せい剤取締法14条1項の定める除外事由にあたる者）の不存在などは，争点にならない以上は，証明の必要がないとされています。法338条4号に関わる訴訟条件の不存在についても，争点にならない限りは，同様に考えられます。

このほかに，法律上の推定も，証明を要しない事実と関係してきます（16.6.2参照）。というのも，前提事実が証明された場合には，推定事実を認定することを認めることになるので，その限りで推定事実を証明する必要はないからです。

16.5　自由心証主義

16.5.1　総　説

証拠について，その証明力を評価するルールはどのように定められているでしょうか。これについては，「証拠の証明力は，裁判官の自由な判断に委ねる」（法318）と定められており，裁判員裁判についても同様の規定が設けられています（裁判員法62）。裁判官（員）の自由な判断に委ねるとする法原則で，

このようなやり方を自由心証主義と言います。これに対して，証拠の証明力をあらかじめ法律で定めるやり方を，法定証拠主義と言います。

　歴史的に，自由心証主義は，フランス革命のときに陪審制とともにもたらされ，近代刑事法原則のひとつとなりました。その背後には，陪審員の理性・良識への信頼がありました。それ以前のヨーロッパ大陸諸国では，法定証拠主義が採用されていました。その典型が，1532年のカロリナ刑法典で，被告人に有罪を言い渡すには，被告人の自白または2人以上の信用に値する証人の証言に基づくことが必要であると定められていました。この法典では，一定の場合には拷問をすることも認められていました。そのため，法定証拠主義は「拷問の実施→自白の獲得→有罪の認定」を結びつける機能を営むことになりました。このような不合理から離脱する法原則が，自由心証主義であったわけです。ここに，自由心証主義の歴史的意味があります。

16.5.2 「自由」の意味

　「自由な判断に委ねる」とは，証拠の証明力判断が形式的な法律的拘束を受けないことを意味します（団藤282頁）。対象となる証拠は，証拠調べをした個々の証拠です（それらを総合して全体として事実認定する場合も含みます）。他方で，証拠そのものと離れて，「口頭弁論の全趣旨」（民訴247）を対象に含めることはできません。

　自由とは，法的拘束を受けないと言うだけのことであって，裁判官（員）が恣意的な判断をしていいわけではありません。自由心証主義は，裁判における判断者の理性・良識を前提にしてはじめて成立する原則です。裁判官（員）の判断は，客観的に合理的なものでなければなりません。このため，それは論理則及び経験則にしたがってなされなければなりません。

16.5.3 自由心証主義を合理的なものにするための手段

　裁判官（員）の理性を信頼するといっても，それが恣意的になされないような制度的枠組み（担保）が必要です。刑事訴訟法には，心証評価の合理性を担保するために役立つ制度が，いくつか設けられています。簡単に紹介しましょう。

①裁判官（員）の判断の公正性，公平性を確保する手段として，たとえば法20条以下の除斥制度があります。②裁判官（員）を中立的な判断者として純化させる手段として，たとえば法256条6項の起訴状一本主義の定めがあります。③直接的に自由心証主義を規制するルールとしては，自白の補強法則（憲38Ⅲ，法319Ⅱ）があります。裁判官（員）が自白だけで被告人を有罪と認定するだけの心証を形成したとしても，それだけでは有罪とされないことを定めています。④証拠能力による規制も，自由心証主義をコントロールしています。自白法則（憲38Ⅱ，法319Ⅰ）や伝聞法則（憲37Ⅱ，法320Ⅰ）などにより，誤りを生じさせやすいような証拠を排除し，自由心証主義の適正さを確保しています。⑤有罪言渡しの際には，その理由に関わる事項を示さなければなりません（法335）。これは，心証形成についての説明責任を求めていると解することができ，恣意的な判断をしないような機能を営みます。⑥上訴，再審制度も，事後的に心証形成をコントロールすることになります。⑦鑑定制度も，科学的知見など専門知識が必要な場合に，心証形成を合理的なものにする機能を営むものとして考えられます。

16.6　無罪推定の原則

16.6.1　意　義

被疑者・被告人は，有罪とされるまでは，無罪と推定される権利を有しています。これが，無罪推定の原則です。法律上明文の規定はありませんが，自由権規約14条2項に明記されており，憲法31条の適正手続保障の要求する一内容とも考えられています。

無罪推定原則からは，刑事裁判において挙証責任を負うのは検察官であること，そこで要求される証明水準は「合理的な疑いを超える」程度に高度なものでなければならないこと，被疑者・被告人には基本的に自由な市民と同等の権利保障がされなければならないことなどが導かれます。以下では，証明と関係する挙証責任の問題と，証明水準の問題に触れることにします。

16.6.2 挙証責任

(1) 疑わしきは被告人の利益に（in dubio pro reo）原則

　要証事実について立証が尽くされた後でも，要求される証明水準に照らして，なお真偽不明の場合があります。たとえば，被告人が被害者を殴ったかどうかにつき，証拠調べが終了した段階で，裁判官（員）が，殴ったとも殴らなかったとも判断がつきかねる場合です。このときに，不利益に認定される側の当事者の地位を，挙証責任と呼びます（実質的挙証責任とも言います）。

　その当事者は，裁判官（員）を説得しなければならない負担を負いますので，説得責任とも言われます。「疑わしきは被告人の利益に in dubio pro reo」原則（利益原則）が刑事裁判の鉄則（最決1975［昭50］年５月20日刑集29-5-177［白鳥決定］参照）とされていますので，刑事訴訟では常に検察官が挙証責任を負います。構成要件該当事実ばかりでなく，違法阻却事由や責任阻却事由がないことまで挙証責任を負います。違法阻却事由がないことなども犯罪成立要素であり，挙証責任を被告人に負わせたのでは，利益原則に反し，許されないからです。もっとも，これらの阻却事由に関しては，当該訴訟で争点となった場合に限り，立証活動を行うのが実際です。

　挙証責任は，証拠調べが終了した時点で真偽不明になったときに，どちらの当事者が不利益に扱われるのかという法的負担の問題です。証拠調べ手続において，最初に検察官が要証事実（上記の例で言えば，被告人が被害者を殴ったこと）について，十分な証拠を示して立証に成功した場合には，被告人側は反証しなければならない立場に置かれます。しかし，これは挙証責任の問題ではなく，あくまでも事実上の立証の負担（形式的挙証責任とも言います）の問題でしかありません。

(2) 挙証責任の転換

　刑法などの規定の中には，例外的に，挙証責任を転換したように見える規定があります。たとえば，刑法230条の２の第１項です。この規定によれば，名誉毀損をしたとして起訴されている被告人は，一定の場合において，摘示した事実が真実であったことを証明できれば処罰されません。逆に考えると，もし真偽不明であった場合には，真実性の証明がないものとして，被告人が不利益

を受けることになります。また，刑法207条の傷害同時犯についても，同様の問題があります。被告人が傷害を負わせたことについて検察官によって立証が十分なされていなくても，そうでないことを被告人が立証しない限り，被告人は有罪となってしまうからです。これらの規定は，挙証責任を転換していると考えられ，利益原則の観点から大いに問題があります。

(3) 推定規定

挙証責任の転換が問題となる場合に，推定の問題があります。推定には，事実上の推定と法律上の推定とがあります。

事実上の推定とは，前提事実Aの存在から，他の事実（推定事実B）の存在がある程度確実（蓋然的）であると思われるときに，Bを推認することです。これは，Bを推認することが合理的であるかどうか，心証形成（自由心証）として妥当かどうかの問題であって，挙証責任の問題ではありません。

法律上の推定とは，法律の明文によって，A事実からB事実を推認する旨規定しているものを指します。法律上の推定は，規定形式として，反証を許さない推定と反証を許す推定とに分けられます。このうち，反証を許さない推定は，いわゆる「みなす」規定であって，擬制と呼ばれています。擬制の規定それ自体の合理性は問題となりますが，反証を許さないので挙証責任の転換の問題ではありません。問題となるのは，反証を許す法律上の推定規定です。つまり，挙証責任を負う検察官が，前提事実Aの存在を証明した場合には，B事実の存在が推定され，被告人側はB事実の不存在を挙証する責任が生じると考えられるからです。しかし，このような規定を，挙証責任の転換を認めた規定であると理解することは，適正手続に反すると思います。このため，推定事実の不存在につき疑いを生じさせる程度の証拠提出責任を，被告人側に負わせた規定と理解すべきだと考えます。このような規定の例としては，公害罪法（人の健康に係る公害犯罪の処罰に関する法律）5条，麻薬特例法14条などがあります。

16.6.3 証明水準

　無罪推定の原則からは，検察官が被告人の有罪を立証するための証明水準として，高度なものを要求していることも導かれます。すなわち，検察官は「合理的疑いをこえる beyond a reasonable doubt」程度の証明をしなければなりません。被告人を有罪とすることに対して，もっともだと思われる疑問を残してはいけないのです。合理的な疑いが残れば，被告人は無罪となります。民事裁判では，原告の請求を認容するには，証拠の優越で足りるとされています。いわば，これは50％を超える程度の証明で足ります。それに比べて，刑事裁判で検察官が立証すべき水準は高いのです。

　これについて最高裁は，「合理的な疑いを差し挟む余地がないというのは，反対事実が存在する疑いを全く残さない場合をいうものではなく，抽象的な可能性としては反対事実が存在するとの疑いをいれる余地があっても，健全な社会常識に照らして，その疑いに合理性がないと一般的に判断される場合には，有罪認定を可能とする趣旨である。そして，このことは，直接証拠によって事実認定をすべき場合と，情況証拠によって事実認定をすべき場合とで，何ら異なるところはない」としています（最決2007［平19］年10月16日刑集61-7-677）。

　また，直接証拠がなく情況証拠によって有罪を認定するにあたっての注意則として，「直接証拠がないのであるから，情況証拠によって認められる間接事実中に，被告人が犯人でないとしたならば合理的に説明することができない（あるいは，少なくとも説明が極めて困難である）事実関係が含まれていることを要する」とした最高裁判例もあります（最決2010［平22］年4月27日刑集64-3-233）。妥当な判断だと思います。

16.7　科学的証拠

16.7.1　概　説

　科学的証拠とは，科学的知識や原理，技術などを利用して得られる証拠の総

称です。犯行現場に遺留された人血などからDNA型を識別しておいて，後に
被告人のそれと同一であるかどうかを判定する手法は，科学的証拠の典型です。
これまで科学的証拠として論じられてきたのは，筆跡鑑定や犬の臭気選別，
DNA型判定，ポリグラフ検査，声紋鑑定などです。刑事訴訟では，通例，専
門家による鑑定結果をめぐって問題となります。

　科学的証拠を重視することは，人の供述（特に自白）に頼る捜査から，客観
的な証拠を中心とする捜査へ移行していくことにつながります。その意味では，
望ましい方向に沿うものと言えます。しかし，他方では，科学的と称されるだ
けでその結論を信頼してしまう危険性があり，注意が必要です。

　また，たとえばDNA型鑑定の場合には，鑑定資料が微量であることから生
じる困難性や，時の経過に伴う劣化や変性の危険性などの問題もあります。資
料の採取から一定の情報を得るまでの過程と，得られた情報から当該裁判にお
ける証拠として分析，検討される過程のそれぞれについて，その適正さが問わ
れなければなりません。特に問題だと思われるのは，資料が，捜査の段階で全
量消費されることが少なくないことです。これでは，公判段階で再検証するこ
とが物理的に不可能となってしまいます。再検証が可能であることは，科学で
あることの必要な要素です。このようなときに，とりわけ被告人側が再検証で
きなくなるのであれば，防御権は著しく侵害されてしまいます。資料を全量消
費した上での鑑定（書）には，原則として，証拠能力を認めるべきではありま
せん。

16.7.2　学　説

　科学的証拠については，その適格性や許容性など，いわば入口にあたる証拠
能力の判断を厳格にしようとする立場と，証拠能力は比較的緩やかに認めて，
その証拠の証明力ないし信用性を個々に判断していくとする立場とが，対立的
に存在してきました。

　学説上は，科学的証拠の証拠能力を厳格に解する立場が，通説的立場でした。
その多くは，自然的関連性の問題として論じてきました。具体的には，①基礎
にある科学的原理が確かなものであること，②用いられた技術がこの原理にか
なったその応用であること，③使用した機器が正しく作動したこと，④検査に
際して，正しい手続がとられたこと，⑤検査を行った者またはその結果を分析

した者が必要な資格を備えていたことを，それぞれ要するとしてきました。

16.7.3 判 例

　科学的証拠といっても，その範囲は明確に定まるわけではありません。そこで，これまで問題となったそれぞれの証拠について，判例を簡単に紹介することにしましょう。

　筆跡鑑定について，最決1966［昭41］年2月21日判時450-60は，「その証明力には自ら限界があるとしても，そのことから直ちに，この鑑定方法が非科学的で，不合理であるということはできない」として，証拠能力を一律に否定することはしませんでした。

　ポリグラフ検査は，対象者に被疑事実に関する問いなどに返答をさせ，その血圧や脈拍などの変化をポリグラフの検査紙に記録し，対象者の返答の真偽などを判定しようとするものです。最決1968［昭43］年2月8日刑集22-2-55は，「ポリグラフの検査結果を，被検査者の供述の信用性の有無の判断資料に供することは慎重な考慮を要するけれど」としつつ，被告人が証拠として用いることについて同意したポリグラフ検査結果回答書につき，証拠能力を認めた原審の判断を支持しました。ただ，この判例は，被告人が同意していない場合にどうなるかについてまで，判断を示したわけではありません。

　声紋鑑定については，高裁判例に，「音声を高周波分析や解析装置によつて紋様化し画像にしてその個人識別を行なう声紋による識別方法は，その結果の確実性について未だ科学的に承認されたとまではいえないから，これに証拠能力を認めることは慎重でなければならないが…一概にその証拠能力を否定し去るのも相当でなく，その検査の実施者が必要な技術と経験を有する適格者であり，使用した器具の性能，作動も正確でその検定結果は信頼性あるものと認められるときは，その検査の経過及び結果についての忠実な報告にはその証明力の程度は別として，証拠能力を認めることを妨げない」としたものがあります（東京高判1980［昭55］年2月1日判時960-8）。

　犬の臭気選別については，最決1987［昭62］年3月3日刑集41-2-60が，「臭気選別は，右選別につき専門的な知識と経験を有する指導手が，臭気選別能力が優れ，選別時において体調等も良好でその能力がよく保持されている警察犬を使用して実施したものであるとともに，臭気の採取，保管の過程や臭気

選別の方法に不適切な点のないことが認められる」として，臭気選別の結果を有罪認定の用に供しうるとした原審の判断を正当であるとしています。

DNA鑑定については，「MCT118DNA型鑑定は，その科学的原理が理論的正確性を有し，具体的な実施の方法も，その技術を習得した者により，科学的に信頼される方法で行われたと認められる」と述べて，その鑑定の証拠能力を認めた原審の判断を相当であるとした例があります（最決2000［平12］年7月17日刑集54-6-550［足利事件］）。しかし，この事件の鑑定結果については，後の再審無罪判決において，「本件DNA型鑑定が，前記最高裁判所決定にいう『具体的な実施の方法も，その技術を習得した者により，科学的に信頼される方法で行われた』と認めるにはなお疑いが残るといわざるを得ない。したがって，本件DNA型鑑定の結果を記載した鑑定書（第一審甲72号証）は，現段階においては証拠能力を認めることができない」として，証拠から排除されました（宇都宮地判2010［平22］年3月26日判時2084-157）。

判例を概観すると，証拠能力を比較的緩やかに認める傾向だったと言えます。しかし，筆跡鑑定や声紋鑑定，犬の臭気選別などについては，科学的な解明や承認がされたとは言い難いものがあります。これらについて証拠能力を認めることには，より慎重であるべきだと考えます。また，DNA型鑑定については機器の高度化により，現在では精度は高くなりました。しかし，前述の通り，鑑定資料の再検証の機会を保障することが不可欠です。

16.8 性格証拠，類似事実

悪性格などによる犯罪事実の立証の可否については，法律上明文の規定はありません。従来，法律的関連性の問題（法律的関連性がないのではないか）として論じられてきました。

16.8.1 悪 性 格

被告人の悪性格から当該犯罪事実を立証することを認めると，裁判所に予断と偏見を生じさせ，誤判が生じかねません。たとえば，まだ被告人が犯人であることの立証が尽くされていない段階で，被告人は日頃から激情傾向にあった

ことを示す証拠を用いて，被告人が当該傷害事件の犯人であると推認すること
は許されません。

16.8.2 前科証拠，余罪

　起訴事実と同種の前科があることや余罪があることを証拠とするのも，悪性
格を証拠とすることと同じになり，原則として許されません。このことについ
て，最判2012［平24］年9月7日刑集66-9-907は，「前科証拠は，単に証拠と
しての価値があるかどうか，言い換えれば自然的関連性があるかどうかのみに
よって証拠能力の有無が決せられるものではなく，前科証拠によって証明しよ
うとする事実について，実証的根拠の乏しい人格評価によって誤った事実認定
に至るおそれがないと認められるときに初めて証拠とすることが許されると解
するべきである」とした上で，「本件のように，前科証拠を被告人と犯人の同
一性の証明に用いる場合についていうならば，前科に係る犯罪事実が顕著な特
徴を有し，かつ，それが起訴に係る犯罪事実と相当程度類似することから，そ
れ自体で両者の犯人が同一であることを合理的に推認させるようなものであっ
て，初めて証拠として採用できる」として，証拠として用いることに厳格な判
断を示しました。もっとも例外的に，犯罪の客観的要素が他の証拠によって証
明されている場合に，詐欺の故意のような犯罪の主観的要素を，被告人の同種
前科の内容によって認定することを是認した判例もあります（最決1966［昭41］
年11月22日刑集20-9-1035）。
　なお，犯罪事実の認定のためではなく，量刑事情として余罪を考慮すること
はできるでしょうか。これについては，起訴されていない余罪を実質的に処罰
する趣旨で，被告人を重く処罰することは許されないが，量刑のための一情状
として考慮することは許されるとした判例があります（最判1966［昭41］年7月
13日刑集20-6-609）。しかし，この判例の考え方にしたがえば，一情状として刑
を重くすることが許されてしまうように見えます。それも認めるべきではない
と思います。

16.9 違法収集証拠排除法則

16.9.1 概　観

　証拠禁止のカテゴリーに入る類型として，違法に収集された証拠の証拠能力を否定する場合があります。このことについてのルールが，**違法収集証拠排除法則**（排除法則 Exclusionary Rule）です。

　たとえば，次のやや極端な例を考えて，説明してみましょう。包丁を用いた強盗傷害事件が発生したとします。ある刑事が，自らの勘を頼りに犯人が住んでいるに違いないと睨んだ家に，令状を得ることなく塀を乗り越え侵入し，家屋内から血痕のついた包丁を押収した場合です。このようにして得られた包丁は，憲法35条の定めに明らかに反して得られた証拠です。これを当該強盗傷害事件の証拠として用いることは許されないとするルールが，排除法則ということになります。排除法則をそもそも認めるべきか，認めるとしてどのような要件においてかなどが問題となります。

　違法収集証拠の排除は，自白についても問題となります。ただ自白については，後に自白法則（17.2.1）のところで触れますので，ここでは証拠物などの排除を中心にして，述べていくことにします。

16.9.2 意義と根拠

(1) 意　義

　違法な手続で収集された証拠物であっても，違法性がその証明力に直接影響を与えるわけではありません。前述の強盗傷害事件の例で，包丁から被害者のDNA型と同じ型を示す血痕が付着していた場合を考えてみてください。包丁の証明力は相当高いと言えるでしょう。もしこのような証拠物を排除するならば，犯人は無罪となり，真実発見を犠牲にせざるを得ない事態も十分考えられます。

　しかし，排除法則は，適正な手続の保障の観点から，そのような証拠はそれでも許容できないとします。クライム・コントロール・モデルとデュー・プロ

セス・モデルの対抗関係が底流にある中で（1.3.2参照），排除法則は犯人の処罰よりもデュー・プロセス（適正手続）を優先させる思想の現れと言えます。実体よりも手続重視の思想であり，刑事訴訟法ならではの考え方です。

（2）根　拠

　自白の排除については，憲法38条2項や法319条1項の規定があります。これに対し，違法収集証拠物を排除する旨の明文規定はありません。このため，これをどのような根拠で認めるべきか，その場合の基準はどうあるべきか，学説，判例上長らく議論が重ねられてきました。

　根拠をめぐっては，先行していたアメリカ合衆国における排除法則の発展が影響を与えました。アメリカ合衆国においては，排除法則の論拠として，①違法な手続によって得られた証拠は排除するとの憲法上の権利があるとする考え方（法規範性説），②司法の無瑕性（きずがないこと）もしくは廉潔性（清く正しいこと）からの要請として，裁判所は違法行為に加担してはならないとする考え方（廉潔性説），③捜査機関の違法活動を無益なものとすることによって，違法捜査を抑止するとする考え方（抑止効説），といった考え方が示されてきました。これらは互いに排斥するものではなく，相互に補強しながら示されてきたものです。日本の学説においても，憲法31条の適正手続保障や憲法35条の捜索・押収に関する保障を法文上の根拠にして，これらの考え方を支持してきました。

　このような中で，最高裁は，警察官が被告人の同意なく上着内から覚せい剤を取り出した事案において，違法収集証拠の排除法則を認めるに至りました（最判1978［昭53］年9月7日刑集32-6-1672）。それによれば，証拠物の押収手続に違法があるとして直ちに証拠能力を否定することは相当でないとしつつも，「事案の真相の究明も，個人の基本的人権の保障を全うしつつ，適正な手続のもとでされなければならないものであり，ことに憲法35条が，憲法33条の場合及び令状による場合を除き，住居の不可侵，捜索及び押収を受けることのない権利を保障し，これを受けて刑訴法が捜索及び押収等につき厳格な規定を設けていること，また，憲法31条が法の適正な手続を保障していること等にかんがみると，証拠物の押収等の手続に，憲法35条及びこれを受けた刑訴法218条1項等の所期する令状主義の精神を没却するような重大な違法があり，これを証拠として許容することが，将来における違法な捜査の抑制の見地からして相当

でないと認められる場合においては，その証拠能力は否定されるものと解すべきである」としたのです。最高裁も，排除法則の根拠として，憲法31条や35条，違法捜査の抑止を挙げていることがわかります。

　私も，基本的には①〜③が根拠になると思います。特に，①法規範性説的考え方が重要です。適正手続保障の一内容として，違法に収集された証拠の排除を求める被告人の権利があると思います。なぜなら，憲法は憲法の保障に違反して得られた証拠を許容するはずはないと端的に考えるからです。

16.9.3　基準とその適用

　上記1978年最高裁判決は，押収等の手続に，①憲法や刑訴法の所期する令状主義の精神を没却するような重大な違法があり（違法の重大性），②これを証拠として許容することが，将来における違法な捜査の抑制の見地からして相当でないと認められる場合（排除の相当性）において，その証拠能力は否定されると，排除基準を示しました。もっとも，この事件においては，最高裁は警察官の行為が捜索に類する態様のものであったなどとして違法性は認めながらも，その違法は必ずしも重大であるとは言えないなどと述べて，結論として証拠の排除はしませんでした。

　最高裁の示した基準は，どのように理解すべきでしょうか。実は学説上は，絶対的排除説と相対的排除説とが対立していました。絶対的排除説とは，重大な違法があればそれだけで証拠を排除するとする説です。これに対し，相対的排除説は，そのことばかりでなく，事件の重大性や証拠の重要性，捜査官の主観的意図等の要素を総合的に考量して，排除を決するとする説です。重大な違法のとらえ方にもよりますが，相対的排除説は，様々な要因を考慮することを認めるので，証拠を排除する場合がより限定されることになります。

　両説の違いを前提にすると，最高裁は，違法の重大性が認められるだけでは必ずしも証拠排除しないとしたように見えます。そうすると，最高裁は相対的排除説に立ったように思われます。しかしながら，令状主義の精神を没却するほどの重大な違法があった場合には，一般的に証拠として許容することは相当でないと考えられます。したがって，最高裁の示した基準によっても，押収等の手続に重大な違法があれば，証拠排除が原則であることになると思います。

　なお，捜査機関ではなく私人によって違法に収集された証拠の場合には，将

来における違法な捜査の抑制と関連づけられる排除の相当性は問題とはならなくなります。この場合，最高裁の基準によれば，どんなに重大な違法があっても，証拠排除されない結論が導かれる懸念があります。この点が，最高裁の示した基準の問題点でもあります。

さて，最高裁においては，実際に排除法則を適用して証拠を排除する事例は，1978年以降もしばらく出現しませんでした。ようやく，最判2003［平15］年2月14日刑集57-2-121が，最高裁で初めて証拠排除を認めるに至りました。この判決で注目されることは，違法の重大性を判断するにあたって，捜査にあたった警察官が内容虚偽の報告書を作成したことなどに言及し，証拠獲得後の事後的な事情を考慮した点です。

なお，判例上証拠排除が争点となる典型的な場合として，職務質問に伴う所持品検査の違法性が問題とされてきました。これまで集積されてきた判例を見ると，その検査が「捜索に類する行為」と評価される場合には，所持品検査として相当性を欠いて違法ではあるとするものの，結論として証拠排除するほどではないとされてきました。これに対し，「無令状の捜索をしたに等しい」と評価される場合には，令状主義を没却する重大な違法となり，証拠は排除されるとしているようです（たとえば，京都地判2010［平22］年3月24日 LEX/DB25463373）。

16.9.4　先行手続の違法と証拠排除

違法に収集された証拠それ自体の排除だけではなく，その証拠に基づいてさらに収集された派生的証拠（第二次証拠）の排除も問題となります。たとえば，違法に差し押えられた証拠に基づいて被疑者が逮捕され，その被疑者のポケットから覚せい剤が発見された場合です。先行手続の違法が，後行手続の違法性判断にどのように影響を与えるかの問題です。このような派生的証拠は，アメリカ合衆国での議論の影響を受け，毒樹の果実とも称されるようになりました。

派生的証拠についても証拠排除を認めなければ，排除法則の意義は失われかねません。違法収集証拠の排除を求める権利は，後行手続にも通例適用されるべきです。先行する違法な行為と因果関係のある派生的証拠は，原則的に排除すべきだと思います。

判例においては，一般論として（先行の任意同行や警察署への留め置きの一連の手続の違法が後行の採尿手続の違法性判断に影響を与えることを認めた際に），後行手

続が先行手続の違法性を継承するかの観点から判断し，その際，後行手続が先行手続と覚せい剤事犯の捜査という同一目的に向けられ，先行手続によりもたらされた状態を直接利用してなされたことを指標として掲げた事例（最判1986［昭61］年4月25日刑集40-3-215）があります。また，先行する違法な手続との密接な関連性があるかどうかを問題とした事例（最判2003［平15］年2月14日刑集57-2-121）などもあります。このほか，下級審判例においては，不任意自白に基づいて発見された証拠物の問題を取り扱った事例などがあります（大阪高判1977［昭52］年6月28日刑月9-5=6-334）。

第17章

自 白

17.1 概 観

17.1.1 自白の意義

　自白とは，犯罪事実の全部または主要な部分を認める被告人（被疑者）の供述のことです。構成要件該当事実を認めつつ，犯罪阻却事由を主張する供述（たとえば，人を傷害させたことは認めるが，正当防衛だったとする主張）も自白とされています。

　これに対して，有罪であることの「自認」（法319Ⅲ）は，犯罪阻却事由も主張しないで，訴因について有罪であることを認める被告人の意思表示です。自認は証拠としての次元に加えて，検察官の主張を認諾して，被告人が当該事件の有罪判決を受容する自己処分的性格を有しています。英米法で言う有罪の答弁（17.4.1のコラム参照）にあたるとされています。また，被告人の「不利益な事実の承認」（法322Ⅰ）とは，当該事件における不利益な事実を承認することです。たとえば，犯行時刻の頃に犯行現場に立ち入ったことを認める供述なども該当します。不利益な事実の承認は，自白以外のものも含みますので，より広い概念です。

17.1.2 自白の重要性と危険性

　自白は，かつては証拠の（女）王と呼ばれるほど，証拠法上の重要性を有していました。どんな方法で自白を獲得しようとも，それさえあれば，有罪にす

ることができたからです。このため，歴史的には，拷問によって自白を獲得することが，多くの国（社会）で行われてきました。

　日本においても，長らく自白は重要視されてきました。現行刑事訴訟法が施行された後も，特に捜査段階で作成された自白調書が，公判廷で中心的な証拠として利用されてきました。そのため，被疑者の取調べは，自白を採取して調書を作成することが主目的となっています。その背景には，捜査段階の自白調書に，比較的容易に証拠能力を認める証拠法の存在があります。これによって，被告人がどんなに公判廷で犯人ではないと訴えても，有罪判決を言い渡すことができるわけです。

　拷問をはじめ自白を強要する手段は，それ自体が人権侵害です。そればかりではなく，虚偽の自白を導き出す危険が高く，誤判冤罪の大きな原因となります。実際に，1980年代以降再審で無罪となった免田事件，財田川事件，松山事件，島田事件の死刑4事件は，自白強要が大きな誤判原因でした。最近も，再審で無罪になるいくつかの事件でも，自白強要が共通の問題点と指摘されています。

　このような問題を克服するために，黙秘権の保障や拷問の禁止のほかに，強要された自白を証拠として用いないルールが確立してきました。本章では，このルールを中心に，自白の証拠法上の取り扱いを検討していきます。

17.2　自白の証拠能力

17.2.1　自白法則

　憲法38条2項は，「強制，拷問若しくは脅迫による自白又は不当に長く抑留若しくは拘禁された後の自白」は証拠とすることができないと規定し，さらに法319条1項は，これを受けて「強制，拷問又は脅迫による自白，不当に長く抑留又は拘禁された後の自白その他任意にされたものでない疑のある自白」は証拠とすることができないと定めています。このようにして得られた自白の証拠能力を否定するルールを，自白法則と呼んでいます。

　憲法と刑事訴訟法の規定を見比べると，違いがあることに気づくでしょう。

法319条1項には、「その他任意にされたものでない疑のある自白」の文言が付け加えられています。この点について、学説上は、憲法も任意性に疑いがある自白を排除する趣旨であるとして、刑事訴訟法と同一範囲の保障をしていると解する説が一般的でした。しかし最近は、この点について、刑事訴訟法と憲法の保障範囲は異なっていると考える説も有力になってきています。

17.2.2　自白法則の根拠

　自白法則の根拠をめぐっては、学説上いろいろと論じられてきました。自白法則は、何を目指しているのか、その本質を理解しようとする試みです。それを把握することによって、どのような自白を排除すべきか、具体的な適用範囲を確定する論理を導くことができるのです。また、自白のみならず、違法に採取された第三者の供述や非供述証拠の証拠排除とも関連して論じることができるのか、あるいはそうすべきなのかといった議論にも展開する可能性を秘めています。

　自白法則の根拠をめぐる学説は、(1)虚偽排除説、(2)人権（黙秘権）擁護説、(3)違法排除説の三説に整理されています（田宮347頁）。

(1)　虚偽排除説

　強制などによってもたらされた自白や、長期に身体拘束された後の自白は、虚偽（うそ）のおそれがあるので排除する必要があると説明する立場です。自白法則を、真実発見の目的に資するものとして理解します。

　この説に対する批判は、第一に、この説によると、拷問による自白でも、真実に合致していれば排除しないとの結論になるのではないかとするものです。処罰機能や真実主義に傾き過ぎているのでないかとの批判です。第二に、自白が虚偽であるかどうかは証明力の問題なので、証拠能力と証明力との峻別が曖昧になるとする批判です。それを一緒にしてしまうと、証拠能力を制限する法則として、自白法則を特別に論じる意味がなくなるのではないかとの理論的批判です。

(2)　人権（黙秘権）擁護説

　憲法38条2項の自白法則を、主に憲法38条1項の黙秘権保障を担保するもの

として理解する立場です。強制などによって得られた自白は，供述の自由という人権を侵害する方法によって得られた自白であるので，排除されなければならないと考えます。自白法則を，供述意思の自由（自白の任意性）を保障するための制度と理解します。この説によれば，得られた自白が虚偽であるかどうかに関係なく，黙秘権が侵害されていることを理由に，排除することになります。

　この説に対する批判は，第一に，いかなるときに供述の自由が侵害されたか，自白した人の心理状態に関する判断は困難であるとするものです。その結果，自白排除は不安定になり，実効性を欠くのではないかと批判されます。第二に，供述の自由は侵害していないが，しかしそれ以外の違法な手段で採取された自白は，排除できないのではないかとの批判です。

　虚偽排除説も人権擁護説も，供述者の自白時の主観的事情に着目する立場です。両者を合わせた立場を，任意性説と呼んだりもしています。

(3)　違法排除説

　これに対して，自白採取プロセスの違法性に着目するのが，違法排除説です。すなわち，自白を排除するのは，自白が虚偽であることや供述の自由を侵害したことを理由とするのではなく，自白が採取されるプロセスの適正性や合法性を担保するためと考えるのです。強制や拷問などによって得られた自白は，端的に違法に採取された自白なので，排除するのだと考えるのです。

　違法排除説は，自白したその人の（主観的）事情ではなく，自白採取プロセスの客観的状況に注目します。この説は憲法31条にも根拠を求め，自白法則を違法収集証拠排除法則と同列に考えようとしています。16.9.2で述べましたが，最高裁は，非供述証拠について違法収集証拠の排除法則を認めました。それを，自白など供述証拠にも拡張して適用しようと考えるのです。たとえば，違法な別件逮捕・勾留は令状主義を潜脱する重大な違法があるので，その間に得られた自白は証拠能力を欠くと解することになります（浦和地判1990［平 2］年10月12日判時1376-24）。違法に収集された自白なので証拠排除するとする考え方は，いまや一般化しつつあります。

　もっとも，法319条 1 項が明文で不任意自白を排除すると規定していることから，自白法則は任意性を問題とし，違法収集自白の排除は自白法則とは別の問題として考える二元的な考え方もあります。その考え方を典型的にとるものとして，高裁レベルの判例ですが，東京高判2002［平14］年 9 月 4 日判時1808

-144があります。これに対しては，自白法則をすべて違法に採取された自白を排除するルールとして，一元的に理解する立場もあります。私は違法排除説も含め一元的に理解していくのが方向性としては適当だと考えています。根底には，憲法31条の適正手続の保障が等しく存在すると考えているからです。ただ，どのように構成するにしても，任意でない疑いのある自白も，違法に得られた自白も，いずれも排除しようとするのが，最近の判例・学説の傾向です。

17.2.3　証拠能力が問題となった自白類型

　これまで，裁判例で問題となった自白を中心に，簡単に紹介しましょう。

　約束による自白につき，証拠能力を欠くとした判例があります。「被疑者が，起訴不起訴の決定権をもつ検察官の，自白をすれば起訴猶予にする旨のことばを信じ，起訴猶予になることを期待してした自白は，任意性に疑いがある」とされました（最判1966［昭41］年7月1日刑集20-6-537）。

　偽計（トリック）による自白につき，その調書を排除した判例もあります。共犯関係にある夫婦につき，被告人（夫）にもう妻は自白したと取調官が虚偽の事実を告げて得られた自白は，「偽計によつて被疑者が心理的強制を受け，虚偽の自白が誘発されるおそれのある疑いが濃厚であり，もしそうであるとするならば，前記尋問によつて得られた被告人の検察官に対する自白およびその影響下に作成された司法警察員に対する自白調書は，いずれも任意性に疑いがある」とされました（最判1970［昭45］年11月25日刑集24-12-1670）。このほか，現場に残されたデッキシューズから被告人の分泌物が検出されたなどと警察官が虚言を述べて得た自白につき，許されざる偽計を用いたものとして，任意性を否定した下級審判例があります（東京地判1987［昭62］年12月16日判時1275-35）。

　不当に長く拘禁された後の自白については，単純な事実の窃盗事件で，109日間の拘禁の後に被告人から得られた自白を証拠から排除した判例（最判1948［昭23］年7月19日刑集2-8-944）などがあります。

　手錠をかけたままの取調べによって得られた自白については，供述者は「心身になんらかの圧迫を受け，任意の供述は期待できないものと推定せられ，反証のない限りその供述の任意性につき一応の疑いをさしはさむべきである」とした判例があります（最判1963［昭38］年9月13日刑集17-8-1703）。もっとも，この事件では，任意であることの反証がなされているとされて，自白は排除さ

れませんでした。

黙秘権を告知しないで得られた自白については，どうでしょうか。そのことから直ちに任意性が否定されることにはならないとしつつも，警察官に，被疑者の黙秘権を尊重しようとする基本的態度がなかったことを象徴するものなどとして，任意性判断に重大な影響を及ぼすものであると述べて，証拠能力を否定した下級審判例があります（浦和地判1991［平3］年3月25日判タ760-261）。

接見制限をした上でなされた自白も，問題となりえます。ただ，判例には，一部弁護人との接見が制限された状況下で得られた自白につき，接見交通権の制限を含めて検討しても，自白の任意性には疑いがないとしたものがあります（最決1989［平元］年1月23日判時1301-155）。

長期の宿泊を伴う任意取調べの後に得られた自白につき，「事実上の身柄拘束にも近い9泊の宿泊を伴った連続10日間の取調べは明らかに行き過ぎであって，違法は重大であり，違法捜査抑制の見地からしても証拠能力は付与するのは相当ではない」とした高裁判例があります（東京高判2002［平14］年9月4日判時1808-144）。

なお，任意性に疑いがある自白に由来する派生証拠の証拠能力について，判断を示した高裁判例があります（大阪高判1977［昭52］年6月28日判時881-157）。違法収集証拠法則の派生証拠への適用の問題と，相通じる考え方が示されています。

裁判所が，自白法則の根拠についてどのような立場に立つのか不明な点があります。しかし，徐々に違法排除説的な思考方法が目立つようになってきたと思います。

17.3　自白の証明力

17.3.1　問題の背景

無罪になった事件について考察すると，人は何らかの理由で虚偽の自白をしたり，あるいはさせられたりする場合があることがわかります。このような自白は，証拠能力を判断する段階で見つけ出し，的確に証拠から排除すべきです。

しかし，不任意な自白や違法に採取された自白として，証拠能力が否定される例は，実際にはそれほど多くありません。そうすると，自白の証明力（信用性）を判断する段階で，本当に信用できる自白かどうか吟味することが，現実問題としては重要です。

　しかし，自白は本人自身が認めているわけですから，それだけで信用度は抜群です。裁判官（員）は，やっていない人が自白するはずがないという観念から逃れることは，必ずしも容易なわけではありません。法301条は，他の証拠が取り調べられた後でなければ，自白の取調べ請求はできないと定めています。この規定は，立法者自身が，自白の証明力が過度に評価される危険があると認識していることを示しています。そうした危険がある中で，どのようにして自白の信用性を適切に判断していくべきか，大きな問題となります。

　特に問題となるのは，信用性の判断をすべき対象は，通例，裁判官（員）の面前でなされる法廷での自白ではなく，捜査段階で作成された自白調書であることです。多くの自白調書は，物語調で作成されています（自白調書の例参照）。ちょっと考えてみればわかることですが，取調室で，本人が取調べの最初からすらすらと物語調に語ることはまずありません。ほとんどの場合は，取調べにあたっている捜査官（警察官，検察官）にいろいろ問われ（問いつめられ）て，それに答えて自ら認める供述が順次展開され，そして取調べの最後に，それらをまとめて物語調の自白調書が作成されています。現状では，取調べの録音や録画が行われている場合は，少ないです。そうすると，どのような過程で自白が得られたのか，後からはなかなかわからないという制約を受けることになります。自白調書の信用性を判断する際には，このような大きなネックがあることを念頭におく必要があります。

〈自白調書の例〉

供述調書

本　籍　　京都市下京区本塩竈町　六条院
住　居　　京都市上京区京都御苑　平安宮内裏
職　業　　無職
氏　名　　　　　　　六条　御息所
　　　　　　　　　○△年2月3日生（25歳）

　上記の者に対する傷害被疑事件につき○○年11月3日京都府上京警察署において，本職は，あらかじめ被疑者に対し，自己の意思に反して供述をする必要がない旨を告げて取り調べたところ，任意次のとおり供述した。

1　私は，本年10月29日の午後6時40分ころに，京都御苑平安宮内裏で，夫である東宮にカッターナイフで切りつけ，よって加療20日間を要する傷害を負わせました。

2　それでは，事件を起こしたときのことについて，順に申し上げます。あの日は，一日中，私も夫も外出せずに，内裏の御殿「鴬の間」でずっと過ごしていました。日中は二人で他愛のない話をしたりして，楽しく過ごしておりました。

3　夕方5時頃になって，夫はお酒を飲みはじめました。夫は，とてもお酒が好きで，毎日浴びるように飲んでいます。酔っ払ってくると，これまで私に暴言を吐いたり，暴力を振るうことがよくありました。

4　午後6時半すぎに，夫の目がすわってきたように見えましたので，「もうお酒をお控えになったらいかがでしょう」と申し上げたところ，夫は急に怒り出し，私に対し，「何だ女のくせに，俺に意見するのか」，「人でなし」などと暴言を浴びせてきました。

5　私は最初は我慢していたのですが，これまで耐えてきたものが自分の中で急に崩れた感じになり，思わず机の上にあったカッターナイフをつかみ，夫に切りつけてしまいました。無我夢中だったので良く覚えていませんが，一度だけではなく，何度か夫に切りつけたと思います。

6　少しして，夫の返り血を浴びたことに気づき，ハッと我に返って切りつけるのをやめました。夫は傷口を押さえながら，「これで気が済んだか」と言っておりました。

7　カッターナイフを振り回せば，人を傷つけてしまうことはよくわかっています。傷つけるつもりがあったと言われれば，その通りだと思います。

8　いま静かに考えてみると，夫には本当に申し訳ないことをしたと思っています。

　　　　　　　　　　　　　　　　　　六条　御息所　㊞

　以上の通り録取して読み聞かせたところ，誤りのないことを申し立て署名押印した。

　　前同日
　　　京都府上京警察署
　　　　　司法警察員　　　巡査部長　　　　花　散里　㊞

17.3.2　証明力（信用性）の判断方法

　自白の信用性については，かつては自白内容から受ける直感や印象による判断方法が，広く用いられていました。これによれば，自白に臨場感や迫真性，具体性などがあれば，信用性が肯定されました。しかし，このような方法では，虚偽自白を見抜くことはなかなかできないことが，自覚されるようになりました。それは，犯行現場の状況をすでに詳しく知っている捜査官が，取調べの場で，「返り血で手がヌルヌルした」などと臨場感や迫真性あふれる自白調書を作成させることは，比較的容易だからです。

　そこで，最近は，自白内容から直接信用性を判断する方法に代わり，分析的・客観的判断方法をとるべきであるとされてきています。たとえば，自白と客観的証拠との一致がどの程度あるかどうか，自白に秘密の暴露（捜査官が知りえなかった事実で，自白後に客観的事実であることが確認されたもの）が含まれるかどうか，自白した人の客観的状況（たとえば，本人が迎合的性格を有していたかどうか），自白したときの状況（時期や態度など），自白内容の矛盾や変遷があるかどうかなどの要素に着目して，総合的に判断する方法です。その際の判断は，「疑わしきは被告人の利益に」の鉄則に則して，行うべきでしょう。

　判例も，自白の信用性判断は，「自白を裏付ける客観的証拠があるかどうか，自白と客観的証拠との間に整合性があるかどうかを精査し，さらには，自白がどのような経過でされたか，その過程に捜査官による誤導の介在やその他虚偽供述が混入する事情がないかどうか，自白の内容自体に不自然，不合理とすべき点はないかどうかなどを吟味し，これらを総合考慮して行うべきである」としています（最判2000［平12］年2月7日民集54-2-255［草加事件］）。

17.4　自白の補強法則

17.4.1　趣　旨

　憲法38条3項は，「何人も，自己に不利益な唯一の証拠が本人の自白である

場合には，有罪とされ，又は刑罰を科せられない」と規定しています。これを受けて，法319条2項は，「被告人は，公判廷における自白であると否とを問わず，その自白が自己に不利益な唯一の証拠である場合には，有罪とされない」と規定しています。つまり，たとえ自白だけで有罪の心証を得ることができたとしても，有罪とすることはできません。逆に言うと，被告人を有罪とするには，自白に加えて，それを補強する証拠（補強証拠）が必要になります。この証拠法則を，自白の補強法則と呼びます。

　ここでも，憲法38条3項と法319条2項の規定に，少し違いがあります。法319条2項は，「公判廷における自白であると否とを問わず」補強証拠が必要であると明記しています。その点について，憲法38条3項は明記していません。通説は，憲法38条3項も法319条2項と同様に，公判廷の自白にも補強証拠を要求すると解しています。しかし，判例は，公判廷の自白は自由の状態においてなされ，裁判所も自白の真実性などを自ら判断し得ることなどを理由に，憲法38条3項の「本人の自白」には公判廷の自白を含まないとしています（最判1948［昭23］年7月29日刑集2-9-1012）。ただ，通説と判例のどちらの立場にせよ，法319条2項の規定があるので，公判廷の自白にも補強証拠が必要であることに変わりはありません。

　補強法則は，何のために設けられたと考えられるのでしょうか。概ね二つの説明がなされています。①誤判防止説と，②自白偏重防止説です。

　①誤判防止説は，誤判の可能性を防止するためであると説明します。つまり，自白は過度に信用される傾向があり，それだけでは裁判所が誤って有罪認定する可能性があるので，それを防止しようとしたとされます。②自白偏重防止説は，捜査機関に対し，被疑者の取調べ（供述の採取）だけに力を集中せず，自白以外の証拠を探させようとする政策的な要求であると説明します。①は裁判所に向けられた説明であり，②は捜査機関に向けられた説明であり，どちらの説明も根拠になると考えていいでしょう。

　通説・判例によれば，補強法則は自由心証主義の例外であると位置づけられています。裁判官（員）が自白のみによって十分に有罪認定ができる心証を得たとしても，なお補強証拠が必要とされるので，その限りで自由心証主義が制限を受けると考えるからです。しかし，これに対しては，自由心証主義の例外ではなく，誤判発生を自己抑制するため，自由心証主義に内在するひとつのルールだと考える立場もあります。

　アメリカ合衆国やイギリスには，有罪答弁の制度があります。かつては，アレインメント制度とも称されていました。被告人が公訴事実について有罪答弁をすると，基本的に証拠調べをすることなしに，有罪認定ができる制度です。

　この制度を日本で導入できるかどうかですが，法解釈上は，憲法38条３項に反しないかが問題となります。それに加えて，現行法上は，法319条３項が有罪の自認だけでは有罪とできないとしていますので，法改正は必要です。

　制度導入には，実際上の問題もあります。この制度は，有罪答弁したら刑罰が軽くなるとの誘因をもたらし，自己負罪型の司法取引に道を開きます。そうなると，誤判冤罪の発生を助長する懸念があります。そもそも，弁護人の取調べ立会いや全面的証拠開示などが実現されなければ，取引導入の前提条件は充たされません。慎重に考えるべきだと思います。

17.4.2　補強の範囲

　法は，補強を必要とする範囲について，何も定めていません。したがって，解釈に委ねられることになりますが，これまで大きく二つの説が対立してきました。ひとつは罪体説であり，もうひとつは実質説です。

　罪体説は，犯罪事実の客観的側面（罪体）について，補強証拠を要するとする説です。さらに，客観的側面のどの部分まで補強証拠を必要とすると考えるかで，見解が三分しています。①客観的な被害の発生で足りるとの立場，②何者かの犯罪行為による被害の発生まで要するとの立場，③被告人の行為による被害の発生まで要するとの立場，です。殺人事件を例にとって説明すると，たとえば，①は死体，②は他殺死体，③は被告人の殺害行為による死体であることを示す補強証拠が，それぞれ求められることになります。

　実質説は，補強証拠をどの範囲の事実に要するかは重要でなく，自白された事実の真実性を担保するに足る実質的な証拠があればいいとする説です。場合によっては，罪体のごく一部にしか補強証拠がなくてもいいとするばかりか，罪体に関した補強証拠がなくても足りることになります。したがって，この説では，補強証拠が名目的，形式的なものであっても足りるとされかねません。「実質説」とのネーミングは，やや誤解を招くおそれがありますので，気をつけてください。

判例の立場は，実質説に立っていると言われています。もっとも，無免許運転の事件について，運転行為のみならず，運転免許を受けていなかった事実についても補強証拠を要するとした判例もあります（最判1967［昭42］年12月21日刑集21-10-1476）。補強を要する範囲を，少し厳格に考えているように思われます。

学説は罪体説を支持する説がほとんどで，特に罪体説②が通説とされています。ただ，過去の冤罪事件においては，被告人が犯人であると誤認された事例がほとんどであったことなどから，罪体説③も有力です。思うに，自由心証主義をコントロールするのが補強法則の趣旨であることからすれば，罪体説が妥当です。なかでも，誤判冤罪防止の観点からは，罪体説③が適当だと思います。

なお，自白の証明力について述べたところですが，被告人と犯人とを結びつける証拠がない場合に，その自白は客観的証拠と重要な部分で一致がないと一般的に考えられます。したがって，信用性を高く認めることはできません。その意味では，実質説をとったとしても，有罪認定のためには，被告人と犯人とを結びつける一定の補強証拠は必要とならざるを得ないと思います。

17.4.3　補強証拠の適格

補強証拠となりうる証拠の資格は，どのようなものでしょうか。証拠能力がなければならないのは当然ですが，それ以外に自白から実質的に独立した証拠であることが必要です。そうでなければ，たとえば，公判廷での自白の補強証拠に，捜査段階での自白調書を用いることができ，補強法則の趣旨は全うできません。ただ，判例には，被告人が犯罪の嫌疑を受ける前に，これと関係なく販売未収金関係を備忘のため記入した帳面は，補強証拠になりうると認めたものがあります（最決1957［昭32］年11月2日刑集11-12-3047）。適格性の限界を示す事例です。

17.5 共犯者の供述（自白）と補強証拠

17.5.1 共犯者と共同被告人

　共犯者といっても，共犯者であるかどうかは裁判の後に確定することですので，ここでは起訴状等で共犯者とされている者の意味です。共同被告人とは，被告人として，公判廷で共同審理（弁論の併合）を受けている者です。共犯者が実体刑法上の関係であるのに対し，共同被告人は手続法上の関係です。

　共犯者である共同被告人とは，たとえば殺人の共同正犯として，共同審理を受けている者です。共同審理をすることは訴訟合理化の点ではメリットがありますが，共犯者の間には利害の対立があり，各々の防御権が十分に保障できないおそれがあります。そのような場合には，弁論の分離をして（法313），共同被告人関係を解消します。弁論の分離がなされれば，共犯者間であっても，（相互に）証人尋問することができると実務上取り扱われています。

17.5.2 共犯者の供述（自白）と補強証拠

（1）　問題の所在

　共犯関係にあるとされるAとBが，起訴されているとします。すでに弁論は分離され，それぞれ別の公判廷で審理を受けているとしましょう。Aは否認しています。一方，Bは自己の犯罪行為につき自白しているのみならず，Aが一緒に犯罪行為に関与したとする旨の供述をしていたとします。Bの自白以外に何も補強証拠がないとしましょう。

　Aに対して共犯者Bの供述内容を証拠として用いる場合に，被告人本人の自白に準じて，さらに補強証拠を要すると考えるかどうか。これがここでの問題です。

他に補強証拠はない

否認しているA ───── 自白しているB

（Aに不利な内容を含む供述）

この問題は，憲法38条3項の本人Aの自白に，共犯者Bの自白（共犯者Aに対する不利益な供述）は含まれるかとして，問題とされてきました（もっとも，共犯者Bの自白は被告人A本人の自白ではないので，厳密には共犯者の供述と言うべきでしょう）。

(2) 必要説と不要説

　学説・判例上は，補強証拠を必要とする説と，不要とする説と，大きく二つに分かれています。

　必要説は，共犯者Bの自白には，事件に無関係のAを引っぱり込んだり，Aに責任を転嫁する危険があること，自白偏重の危険は共犯者についても存在することなどを，その理由とします。また，もし補強証拠を要しないとすると，前の例で，否認しているAはBの供述（自白）だけで有罪となるのに対し，BはB本人の自白しかないので補強法則が適用されて無罪となり，不合理だとも言います。否認しているAが有罪になり，自白しているBが無罪となる点を指摘してのことです。

　不要説は，共同審理を受けているか否かにかかわりなく，共犯者BはAにとっては第三者であること，共犯者の自白はむしろ警戒の目をもって見られるので，必要説の言うほど誤判のおそれはないことなどを，その理由とします。また，否認しているAが有罪になるのは，自白が反対尋問を経たBの供述よりも証明力が弱い以上当然であり，不合理ではないなどと反論しています。

　判例は，「共同審理を受けていない単なる共犯者は勿論，共同審理を受けている共犯者（共同被告人）であつても，被告人本人との関係においては，被告人以外の者であつて，被害者その他の純然たる証人とその本質を異にするものではない」として，不要説をとっています（最判1958［昭33］年5月28日刑集12-8-1718［練馬事件］）。さらに，複数の共犯者の自白がある場合には，否認する被告人を有罪とすることができるとしています（最判1976［昭51］年10月28日刑集30-9-1859）。

　ただ，この問題をめぐるほかの最高裁判例では，必要説の立場から少数意見が付されることが珍しくありませんでした。最高裁裁判官の意見は不要説で完全に一致しているとまでは，必ずしも言えません。

　どう考えるべきでしょうか。共犯者の引っぱり込みの危険は，無視できません。冤罪の防止の観点から，共犯者の供述だけでは足りず，補強証拠が必要だ

と考えるべきです。その上で，そこで必要とされる補強証拠は，被告人と犯行との結びつきまで補強する証拠でなければなりません。そうでなければ，引っ張り込みの危険は除去できないからです。最高裁で，しばしば必要説の意見が付されるのは，引っ張り込みの危険が認識されているからこそだと思います。

第18章

伝聞証拠と伝聞法則

18.1 伝聞証拠とは

18.1.1 伝聞証拠の例

　刑事訴訟法で証拠能力が問題になる類型に，伝聞証拠があります。犯行の目撃証言が事件の重要な証拠になる場合を例にしながら，考えていきましょう。

　目撃した（とされる）人の供述によって事実を証明しようとする場合，基本的に，その人を公判廷に呼んできて，宣誓させた上，証人として供述（証言）してもらうことになります。こうすると，証人の供述の信用性は公判廷でチェックすることができます。たとえば，公判廷にやってきた証人Aが，被告人Xが被害者Vの財布を盗むところを見ました，と供述する場合を考えてみましょう。それに対しては，Xやその弁護人は，Aは本当に見ることができたのだろうかなどと考え，Aに反対尋問することになります。Aは極度の近視だったのではないかとか，現場は灯りがなく真っ暗だったのではないかと，Aに直接に問いただすことができます。また，Aの態度などを観察することを通して，証人Aは本当に信用できるのか，公判廷にいる人たちは直接確かめることができます。このようなプロセスを経て得られた供述は，伝聞証拠ではありません。

　これに対して，Aが公判廷にやってこないで，Aからその話を聞いたBが公判廷で証言する場合（伝聞供述の場合）や，Aの供述が記載された書面が公判廷で取り調べられる場合（供述代用書面の場合）があります。これらの場合は，伝聞証拠となります。例を示して，やや詳しく説明しましょう。

235

【前提】　被告人Xが某年3月10日にVの財布を盗ったという窃盗罪で起訴され，公判廷でXが犯人かどうかが争われています（要証事実は，XがVの財布を窃取した事実）。

[例Ⅰ]　伝聞供述の場合

　　Aは，某年3月10日京都市伏見区のR大学において，XがVの財布を盗むのを目撃したと言っている。Aからその話を聞いたBが，被告人Xの公判廷で，「Aは私に『3月10日に，京都市伏見区のR大学で，XがVの財布を盗んだのを見た』と言いました」と，供述する場合です。

　　『3月10日に，…見た』とAが言った供述がBの供述に含まれており，これがまた聞き，伝聞証拠となります。Xが，Bに対して反対尋問を徹底的にしたとしても，Bからは「Aからそう話を聞きました」という程度の答えしか返ってきません。Aの目撃状況につき，直接問いただすことはできない関係に立ちます。ここでは，『3月10日に，…見た』の供述内容が，真実であったかどうかが問題となっていることに，注意しておいてください。

[例Ⅱ]　供述代用書面の場合

　　伝聞供述と同じように，Aの供述書（自ら書いた上申書や日記など）もしくは供述録取書も，伝聞証拠とされます。上の例で，Aが『3月10日に，京都市伏見区のR大学で，XがVの財布を盗んだのを見た』と記載した書面（供述書）を作成し，これが公判廷に提出されたとしましょう。これも，伝聞証拠となります。Xからすれば，Aの供述書が公判廷に提出されたとしても，Aに直接反対尋問できない点では，[例Ⅰ]の場合と変わりがありません。

　　伝聞証拠と言われたときに，一般的には，伝聞供述の例の方が，供述代用書面の例よりもイメージしやすいでしょう。文字どおり，また聞きとなるわけですから。しかし，実務上証拠として取り調べられるのは書面の方がかなり多いですし，それをめぐって争いになることが少なくありません。特に問題となるのは捜査機関が作成した書面で，それをどの範囲で，どのような要件で認めるかが伝聞証拠をめぐる大きな問題になっています。そうすると，伝聞証拠の問題は，書面主義の問題とも密接な関係を持つことがわかります。

18.1.2　伝聞証拠の定義

　伝聞証拠の定義に関する規定は，法320条1項です。これは，伝聞証拠の形式的な定義を示しています。法320条1項は，「公判期日における供述に代えて書面」（ア）を証拠としたり，「公判期日外における他の者の供述を内容とする供述」（イ）を証拠とすることはできないとしています。

　法320条1項に照らして考えると，［例Ⅱ］は，公判期日（公判廷）におけるAの供述に代えて書面（ア）を証拠とすることに該当します。また，［例Ⅰ］は，公判期日外におけるAの供述を内容とするBの供述（イ）に該当します。いずれも，公判期日外におけるAの供述（原供述）内容の真実性（本当にXがVの財布を盗むところを見たのか）を，要証事実の立証のために用いています。つまり，伝聞証拠とは，公判期日外の供述を，供述証拠（16.1参照）として用いるものだということになります。

　以上は形式的定義と言われています。これに対して，上に示した例でXが反対尋問できない点に着目して，実質的な定義を行うことも試みられています。それによれば，伝聞証拠とは，反対尋問を経ない供述証拠のことを言うとされています。「公判期日外の」という部分は，Xから見れば「反対尋問を経ない」ということになるわけです。

18.2　伝聞法則

18.2.1　根　拠

　「伝聞証拠に証拠能力なし」とするルールが，伝聞法則です。法320条1項は，原則として，伝聞証拠は証拠とすることができないと規定しており，伝聞法則を定めています。

　では，伝聞証拠には，なぜ証拠能力が認められないのでしょうか。一般的に，直接目撃した人の証言と，目撃した人から話を聞いた人の証言とを比べれば，人から話を聞いた人の証言の方がより信用できないと言えます。

最初に述べたところから言えば，証人の供述の信用性を吟味する手段は，証人の宣誓，その者に対する反対尋問，その供述態度の観察です。とりわけ被告人・弁護人にとって重要なのは，反対尋問です。被告人側が自分に不利な証言をする者に対し，直接反対尋問をするのは，正当な権利として保障されなければなりません。

前の［例Ⅰ］と［例Ⅱ］を用いながら，反対尋問を軸に，もう少し分析的に考えてみましょう。伝聞証拠の問題については，供述の過程を分析しながら理解する試みがなされています。人が何かを体験（目撃など）して，それを供述するまでのプロセスを，人の知覚 P（Perception），記憶 M（Memory），叙述 N（Narration）の段階に分けて説明する試みです。

人間は，物事を見聞きし（P），それを覚え（M），後になってその記憶を喚起して表現，供述しますが（N），それぞれの段階で誤りが生じる可能性があります。［例Ⅰ］，［例Ⅱ］の場合では，要証事実は，某年3月10日にXがVの財布を窃取した「事実」です。Aの目撃証言の真実性が問題となります。Aは「事実」を目撃し（P），それを記憶します（M）。その記憶に基づいて，供述します（N）。本章冒頭で述べた通り，目撃したとされるAが公判廷にやってくるのであれば，被告人側はAに対して直接反対尋問をして，それぞれの段階の誤りをある程度問いただすことができます。

ところが，［例Ⅰ］や［例Ⅱ］の場合は，いずれもAに直接問いただすことができない点で，共通の問題を有します。

［例Ⅰ］

この例では，Aは知覚（P），記憶（M）をした上で，Bに話します（N）。BはAの話を聞いて（P），それを記憶します（M）。Bは，公判廷にやってきてその記憶に基づいて，叙述することになります（N）。被告人側は，BのP→M→Nの過程には尋問できますが，AのP→M→Nの過程には尋問できません。前にも触れたように，Bに問いただしたとしても，Bはせいぜい「Aが確かにそのように言ったことは間違いありません」としか答えられず，それより以前のAのP→M→Nの過程については証言しようがないのです。

［例Ⅱ］

Ｘの窃盗　──目撃──　Ａ　──→　（供述代用）書面　公判廷
　　　　　　　　　　Ｐ→Ｍ→Ｎ

　この例でも，目撃したとされるＡが公判廷にやってこないという点では，
［例Ⅰ］と同じです。ＡのＰ→Ｍ→Ｎの過程に，被告人側は直接問いただすこ
とができません。

　［例Ⅰ］，［例Ⅱ］の場合，被告人側はともにＡのＰ→Ｍ→Ｎの過程を問いた
だすことができず，その誤りをチェックすることができません。それらを類型
的に伝聞証拠として証拠から排除しようというのが，伝聞法則であると言えま
す。

18.2.2　憲法37条 2 項と伝聞法則

　すでで見たように，伝聞法則は被告人に対する反対尋問権の保障と密接な関
係にあることがわかります。憲法37条 2 項は，「すべての証人に対して審問す
る機会」を，被告人に権利として保障しています。このことから，憲法37条 2
項の証人審問権は，単に公判廷に出てきた証人に対する反対尋問の機会を被告
人に保障するだけではなく，伝聞証拠を排除する伝聞法則までをも保障すると
解する見解が通説となっています。

　証人審問権の意義は，証人への反対尋問によって証言の誤りを正すことだけ
にあるばかりではなく，被告人自らの防御権の一要素としてとらえられること
にもあります。被告人にとって，自分に不利な供述をする者に対しては，公判
廷で自ら直接に問いただす機会を与えることが，当事者主義の考え方に合致し，
手続の適正さを担保することになります。なお，法320条 1 項の規定は，検察
官にも反対尋問の権限を保障しています。ただ，検察官の反対尋問権は法律上
のものでしかないのに対し，被告人のそれは憲法上の権利となることに留意す
る必要があります。

　証人審問権の保障との関連で，検討すべき課題があります。たとえば，証人
が検察官の主尋問に対して証言をし，その終了後被告人が反対尋問をする前に，
たまたまその証人が亡くなったとします。その場合，公判廷におけるそれまで

の証言の証拠能力は認められるでしょうか。法320条1項の形式的な定義によれば，これは公判廷における証言ですから，証拠能力を否定すべき場合には該当しません。しかし，被告人の反対尋問の機会は結果として奪われていますので，憲法の保障するところから考えて証拠能力は否定されることになります。

　また，被害者保護などの観点から導入された証人尋問の際の遮へい措置（法157の5）やビデオリンク方式による証人尋問（法157の6）も，被告人の証人審問権との関係で問題となります。判例は合憲としています（最判2005［平17］年4月14日刑集59-3-259）。しかし，遮へい措置などなされた状態での証人尋問などが一定の制約を受けることは否めませんので，真にやむを得ない場合に限るべきです。

18.3　伝聞（証拠）と非伝聞（証拠）

18.3.1　概　観

　伝聞法則によれば，原則として，伝聞証拠には証拠能力がありません。そうすると，実務上，伝聞証拠（の供述内容）を証拠調べ請求したいと考える検察官もしくは被告人側は，そもそも原供述者を公判廷で供述（証言）させなければなりません。あるいは，その伝聞証拠は伝聞例外（次章参照）に該当するとして，証拠能力が認められるようにしなければなりません。他方で，非伝聞証拠の場合は，関連性の問題などで証拠能力が判断されます。当該証拠が伝聞（証拠）となるのか，非伝聞（証拠）となるのかで，その証拠の証拠調べは大きく異なってきます。そのため，伝聞か非伝聞かは重要な区別になります。

　伝聞かどうかの判別は，伝聞証拠の定義にさかのぼって考えていかなければなりません。以下，よく問題となる三つの場合を紹介して，考えていきましょう。

18.3.2　公判期日外供述の存在自体を問題とする場合

　伝聞証拠は，公判期日外の供述内容の真実性を，要証事実を立証するために

用いる場合（供述証拠としての利用）です（18.1.2）。そのことからすれば，同じ内容の供述でも，その言葉（言語的表現）の存在自体を問題とする場合と，その内容の真実性を問題とする場合とで，伝聞になるか非伝聞になるか変わってきます。ある供述が伝聞か非伝聞かは，その供述で何を立証するのか，すなわち要証事実が何かによって決まってきます。伝聞証拠かどうかは，その意味で相対的です。

①　具体的に考えてみましょう。［例Ⅱ］で，Aが被告人Xの公判廷にやって来ないで，「XがVの財布を盗むのを見た」と記載した手記『R大学X氏の実態』を提出した場合を考えます。要証事実はXがVの財布を盗んだこと（窃盗行為）であり，この手記は伝聞となります。ここでは，Aが記載した供述内容の真実性が問題となっています。

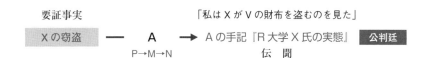

②　次に，Aが出版した手記がX氏に対する名誉毀損の罪に問われ，Aが被告人となった場合を考えてみます。まず，要証事実は，Aが公然とXがVの財布を盗んだと事実を摘示し，Xの名誉を毀損したこととなります。そうすると，この手記がXが盗んだ云々と記載していることだけが要証事実に関係するのであり，Xが窃盗行為をしたかどうか，その内容の真実性は問題となりません。手記の言葉（公判期日外の供述）の存在自体が問題で，手記を供述証拠として用いるわけではありません。この場合，手記は非伝聞です。

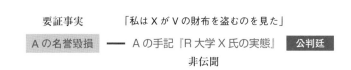

③　同様に，Aが「私は宇宙人である」と述べたのを聞いたBが，公判期日でその旨証言して，Aの精神異常を推認する間接証拠とする場合を考えてみます。

要証事実　　　「私は宇宙人である」

A の精神異常　━━━　A　━→　B　公判廷
　　　　　　　　　（P?→）N　　P→M→N

　ここでは，Aが宇宙人であること（原供述の真実性）を問題としているわけで
はなく，その供述の存在を問題としているだけです。Aが宇宙人であることを
立証するためにこの供述を利用（供述証拠としての利用）するわけではなく，A
がその旨の発言をしたことだけが要証事実に関係します。したがって，非伝聞
となります。ただし，Aの言葉が真意によるものかどうかは確かめる必要があ
ると思います。

18.3.3　精神・心理状態の供述

　原供述を，その供述をした時点における原供述者の精神・心理状態（感情や
動機，意図，認識など）を推認する証拠として用いる場合は，どうでしょうか。
たとえば，Aが「Xはきらいだ！」と言ったのを聞いたBが，公判期日で証言
したとします。Aが被告人Xの行為に同意していないことが争点となる犯罪
において，ひとつの間接事実として，AがXを嫌いであることが要証事実と
なった場合です。

要証事実　　　　　　「Xはきらいだ！」

AがXを嫌悪していること　━━━　A　━→　B　公判廷
　　　　　　　　　　　　　（P→）N　　P→M→N

　ここでは，いわばAの内的な知覚（感情）がそのまま叙述されていると考え
られます。Aの供述には，伝聞証拠で問題となる典型的なP→M→Nの過程は
ありません。しかしながら，要証事実との関係でAの供述内容の真実性が問
題となります。また，Aが冗談でしゃべった可能性もありますから，叙述の真
摯性について，XにはAに対して反対尋問する機会が認められなければなり
ません。これらの理由から伝聞として扱うとする説が有力に唱えられており，
妥当であると思います。

しかし，通説は非伝聞説です。その理由としては，P→M→N の供述過程がないことに加え，真摯性などについては一般的な関連性の問題として処理すれば足りることなどを挙げています。

最高裁は，「白鳥はもう殺してもいいやつだな」との被告人の供述を聞いたSの供述録取書の記載を，被告人が「右のような内容の発言をしたこと自体を要証事実としているものと解せられる」として，伝聞証拠ではないという立場をとりました（最判1963〔昭38〕年10月17日刑集17-10-1795）。ただ，この事例は精神・心理状態の供述というよりも，供述の存在自体として取り扱っているように思われます。

一方で，最高裁は，ある強姦致死事件で，被害者が生前「あの人は好かんわ，いやらしいことばかりするんだ」と発言していたのを聞いたとするYの証言につき，要証事実（犯行自体の間接事実たる動機の認定）との関係において，伝聞証拠であるとしています（最判1955〔昭30〕年12月9日刑集9-13-2699）。これについては，どう考えるべきでしょうか。被告人が被害者に対して過去に「いやらしいこと」をした事実を，本件犯行の動機として認定しようとするのであれば，公判期日外の被害者の発言の真実性が問題となり，伝聞証拠となります。なぜなら，被害者が過去に被告人から何度かいやらしいことをされたことにつき，知覚し，記憶し，それを叙述した（P→M→N）のであり，その真実性を立証するために用いようとしているからです。

18.3.4 犯行計画メモ

共犯関係にある事件で，共謀による犯行計画のメモが作成された場合，特に伝聞証拠かどうかが問題となります。たとえば，AとBが共謀の上，銀行強盗を行ったとされる事例です。事前共謀による犯行計画を記載したBのメモは，伝聞証拠となるでしょうか。この事例で，共謀後数日経ってからBが記憶を喚起してメモを作成すれば，これは伝聞証拠となります，なぜなら，メモ作成にあたっては，Bが過去の記憶を供述する過程（BのP→M→Nの過程）があり，その真実性が問題となるからです。したがって，問題とすべきは，共謀しているまさにそのときに，Bによって作成されたメモであることが前提です。

高裁判例には，人の意思，計画を記載したメモについては，知覚，記憶を欠落することを根拠に伝聞証拠には該当しないとしたものがあります（東京高判

1983［昭58］年 1 月27日判時1097-146）。単独犯行であれ，数人共謀の共犯事案で
あれ，同様とされています。多くの学説も非伝聞説に立ちます。

これに対して，犯行計画メモも伝聞証拠であるとする説もあります。思うに，
メモの作成にあたっては，知覚や叙述の過程は存在すると考えられる上，記載
内容の真実性が問題になります。伝聞証拠と考えるべきだと思います。

❖ 供述書と供述録取書 ═══════════════════════════════════

供述代用書面には，供述書と供述録取書があります。供述書は，原供述者が自ら
作成したものです。供述書は本人（原供述者）が作成したものであることが確認さ
れればよく，本人の署名や押印が必要なわけではありません。日記や上申書などが，
その例です。単純な伝聞です。

〈供述書作成プロセス〉

供述録取書は，警察官や検察官など（録取者）が原供述者の供述を聞き取って，
調書として作成したものです（実務上は「供述調書」とタイトルされています）。供述録
取書には，原供述者の署名もしくは押印が必要です（法321 I 柱文，同322 I 本文）。と
いうのも，供述録取書の場合は，録取者が原供述者の供述を聞き取り，それを（記
憶を喚起して）録取書に書き込む過程（P→M→N の過程）が入っているからです。そ
の点で，二重の伝聞性があります（再伝聞）。それを回避するために，原供述者に調
書に署名もしくは押印を求めることが必要とされているのです。このような扱いに
よって，二段階の伝聞性が存在している供述録取書を，供述書と同じ扱いとするこ
とができるのです。

〈供述録取書作成プロセス〉

原供述者の署名・押印

❖ 供述過程 ═══

P→M→N の供述の過程について，アメリカの文献などを中心に，供述三角形を
用いて説明しているものがあります。しかし，多くの文献では，次の図のように，
事実と供述とをひとつの辺（底辺）にして実践で結びつけてしまっています。その
ことの意味がわかりにくく，誤解を生じさせてしまうように思います。無理に三角

形を用いて説明する必要はないと思います。

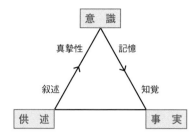

第19章

伝聞例外・伝聞証拠の諸問題

19.1 伝聞法則の例外

19.1.1 概　観

　伝聞証拠には証拠能力がないとするのが原則です（伝聞法則）。しかし他方で，様々な場合に例外が認められてきました（伝聞例外）。非伝聞はそもそも伝聞証拠に該当しない場合であるのに対し，伝聞例外は伝聞証拠であるけれども例外的に証拠能力が認められる場合です。主に英米法の判例上で発展・形成してきたものを受けて，刑事訴訟法に明文で規定されています。

　伝聞例外には，大きく分けて，書面の形（供述代用書面）による伝聞例外と，口頭の形（伝聞供述）による伝聞例外とがあります。伝聞例外の問題として，これまで激しく争われてきたのは供述代用書面をめぐってです。これは，捜査機関のもとで作成された供述録取書（供述調書）が，現行刑事訴訟法のもとで，比較的容易に伝聞例外として証拠能力が認められてきたことに原因があります。捜査機関は，取調べで自白や目撃証言などの供述を調書化することを，捜査活動の中心にすえます。検察官は，被告人の有罪を裏付ける内容の供述録取書があれば，ほぼ有罪判決を得る見通しを立てることができます。そうだからこそ，被告人側は，かかる調書の証拠採用に対し強い異議を唱えることになって，争われてきたわけです。

　このような状況は，見込み捜査に基づく自白強要や虚偽供述の誤導などをもたらす誘因ともなってきました。伝聞例外の規定とその運用が，冤罪を生み出すひとつの原因になっていたと思います。最近は，被疑者国選弁護制度の本格

実施や裁判員制度の導入などによって，少し状況は変わりつつあります。しかし，伝聞例外に関する規定は以前と全く変わっていないなど，基本構造にあまり変化はありません。

　冤罪を生み出しかねない弊害を考えるならば，伝聞例外は広く認めるべきではないと思います。また，特に裁判員裁判では，裁判員に大部の書面を読んでもらって心証を形成してもらうのは無理です。公判廷での証言などから直接に心証を形成することが適切です。この点でも，伝聞例外による書面利用はできるだけ控えるべきでしょう。

　なお，伝聞証拠であっても，当事者が同意する場合には，証拠とすることができます（法326）。実務上，特に争いのない事件では，同意によって供述代用書面などが証拠採用されています。これは本章後半で触れることにします。

19.1.2　伝聞例外の要件

　伝聞例外を許す要件は，概ね二つの要素によって構成されています。

　第一は，原供述（伝聞証拠）が信用できる外部的な状況があることです。信用性の情況的保障です。本書では，これを要素①としておきます。伝聞法則に対する例外ですので，反対尋問に代わりうる程度の供述の正確性が担保されなければなりません。信用できる情況とは，供述内容が信用できることではなく，供述がなされた過程などの外部的な事情，すなわち客観的な信用性とされています。条文上は，「特別の情況」（法321Ⅰ②）や「特に信用すべき情況」（法321Ⅰ③）の文言が用いられているので，特信情況とも言われたりします。

　第二は，その供述を証拠として用いる必要性です。この必要性を，要素②としておきます。目撃証人である原供述者がすでに亡くなってしまっているなど，要証事実の立証にその供述証拠を用いる必要性が高いことです。

　ところで，なぜ①に加えて，②も要素とするのでしょうか。それは，被告人が公判廷で原供述者に対し反対尋問すること（証人対質）自体が，防御権の保障として重要であるからです。できる限り反対尋問する権利を保障することを前提にして，必要やむを得ない場合にのみ，それに対して例外を認めることにしているからと考えられます。

　刑事訴訟法は，原供述者が被告人以外の場合と，被告人の場合とで，大きく二つに分けて規定しています。以下，それにしたがって述べていきます。供述

代用書面から，最初に取り上げることにします。その際には，要素①と要素②を用いながら，各類型を説明していきます。

　なお，ここで言う被告人とは，証拠を利用するときの身分を意味するとされていますから，時期は問いません。たとえば，いま被告人となっている人が，かつて捜査段階で被疑者として作成した供述書も，「被告人の供述書」と言います。

❖公判期日と公判廷 ━━━━━━━━━━━━━━━━━━━━━━━━━

　公判期日とは，公判廷で審理を行う期日のことです（法282 I）。公判期日は主に日時を指すのに対し，公判廷は主に場所を指します。本章では，法律の規定に即して説明する場合には公判期日の言葉を用い，それ以外は公判廷の言葉を用います。

19.2　被告人以外の者の供述書・供述録取書

19.2.1　裁判官調書（裁判機関が関与した供述代用書面）

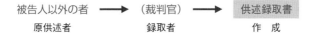

　法321条1項1号は，目撃者や被害者など被告人以外の者が，裁判官の面前でした供述を録取した書面（以下「裁判官調書」）について，定めた規定です。この例としては，法226条や法227条に基づいて行われた証人尋問調書，法179条の証拠保全手続として行われた証人尋問の調書などがあります。

　裁判官調書は，❶その供述者が死亡，精神もしくは身体の故障，所在不明もしくは国外にいるため，公判準備もしくは公判期日（以下本章では「公判期日等」）において，供述することができないとき（法321 I ①前段），または❷供述者が公判期日等において，前の供述（この裁判官調書の供述）と異なった供述をしたとき（法321 I ①後段）には，証拠とすることができます（証拠能力が認められます）。「異なった」とは，前の供述との不一致の程度を指し，明確さや詳しさの違いの程度でもこれにあたるとされています。

❶は供述不能，❷は自己矛盾供述の類型です。いずれも必要性の要素②の要件になります。信用性の要素①の要件が求められていない理由として，このような供述がなされる場合には，証人が宣誓することや被疑者・被告人が立ち会う可能性があること，裁判官は中立的立場であることが挙げられ，一般的に信用性があるからであるとされています。しかし，第1回公判期日前の証人尋問においては，被告人等の立会い権は必ずしも保障されていません（法228Ⅱ）。したがって，実際に立会いを欠いてなされた証人尋問調書をそのまま証拠とすることには，問題があります。

　判例では，被告人Xの公判廷におけるYの証言に関連して，Yが被告人として別途審理されていたときの公判調書中の（Yの）供述録取部分も，Xの公判廷においては法321条1項1号の書面に該当するとしたものがあります（最決1982［昭57］年12月17日刑集36-12-1022）。

　このほか，法321条2項前段は，被告人以外の者の公判期日等における供述を録取した書面について，定めています。公判期日外等の証人尋問調書（法158，同281）や公判調書中の供述録取部分が，それにあたります。当該事件に関する書面に限定されています（他の事件に関するものは，上述の法321Ⅰ①の対象となります）。公判調書は，裁判官の交代で公判手続が更新される場合などに利用されます。なお，これらの書面については，被告人等は立会権や尋問権を持っており，反対尋問の権利が保障されていますので，無条件に証拠能力が認められています。

19.2.2　検察官調書（検察官が関与した供述代用書面）

(1)　概　要

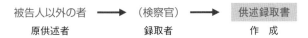

　法321条1項2号は，被告人以外の者が，検察官の面前でした供述を録取した書面（以下「検察官調書」）について，定めています。目撃者や被害者などばかりでなく，その公判廷では被告人となっていない共犯者などが，法223条に基づいて捜査段階で検察官の面前で取調べを受け，その供述が録取された書面

です。この規定は，従来実務上かなり重要な機能を果たしてきました。しかし，それゆえに被告人の反対尋問権を侵す危険性が懸念され，大きな問題を生じさせてきました。

　検察官調書は，まず，❶その供述者が死亡，精神もしくは身体の故障，所在不明もしくは国外にいるため，公判期日等において供述することができないとき（法321Ⅰ②前段），証拠とすることができます。❶の要件は供述不能の類型で，必要性の要素②です。

　また，検察官調書は，❷供述者が公判期日等において，前の供述と相反するかもしくは実質的に異なった供述をしたときで，しかも公判期日における供述よりも前の供述を信用すべき特別の情況（特信情況）の存するときに限り（法321Ⅰ②後段，同321Ⅰ②但書き），証拠とすることができます。❷の特信情況は，公判期日等における供述よりも，以前の供述（つまりいま問題となっている検察官調書の供述）が相対的に信用できることを指していますので，相対的特信情況と呼ばれています。相対的特信情況の要件（法321Ⅰ②但書き）は，検察官調書と公判期日等における供述とを比較できることが前提なので，文言上は，公判期日等における供述が存在しない❶の場合（法321Ⅰ②前段）には適用されないと考えられています。

　❷の要件は，第一に自己矛盾供述の類型で，必要性の要素②です。前述の裁判官調書の場合（法321Ⅰ①後段）と比べてみると，自己矛盾の程度がより高度になっています。第二に，相対的特信情況も必要です。これは，要素①です。したがって，❷においては，要素①＋要素②の要件が求められていることがわかります。

（2）　法321条1項2号前段の問題

　法321条1項2号の前段の規定には，違憲の疑いが投げかけられています。この規定によって，当事者である検察官が録取して作成した検察官調書が，供述不能の理由だけで，証拠能力が認められます。被告人や弁護人には，調書が作られる場に立ち会う機会はありません。このため，被告人の証人審問権が侵害され，憲法37条2項に違反する疑いがあります。これについては，かなり以前の判例によって合憲であるとされ，実務上の決着はついています（最判1952［昭27］年4月9日刑集6‐4‐584）。

　しかしながら，学説上，これには依然として強い異論が投げかけられていま

す。法321条1項2号前段にも信用性の情況的保障の要件を読み込んで解釈すべきであるとの見解が有力です。この見解は説得力があります。2号前段の場合も、検察官調書には、反対尋問に代わりうるほどの信用性の情況的保障が必要だと思います。

　供述不能事由は、列挙されているものに限るのか（限定列挙か）、それともそれ以外の場合も含むのか（例示的列挙か）が、問題となりました。これは、法321条1項1号、同項3号にも共通する問題ですが、実際に争いとなったものの多くは2号前段をめぐってでした。判例は例示的列挙と解し、証人が証言拒否をした場合（最判1952［昭27］年4月9日刑集6-4-584）、証人が宣誓拒否・証言拒否をした場合（東京高判1988［昭63］年11月10日判時1324-144）が供述不能事由にあたるとしました。また、法321条1項3号について問題となった事案ですが、記憶喪失の場合（最一小決1954［昭29］年7月29日刑集8-7-1217）も、それに該当するとしています。もっとも、供述不能の要件は、一時的な供述不能では足りず、その状態が相当程度継続しなければならないとした高裁判例があります（東京高判2010［平22］年5月27日高刑集63-1-8）。学説も概ね例示的列挙と解していますが、あまり緩く解すると被告人に証人審問権を保障している意義が失われかねません。

　外国人の供述者が、検察官調書の作成後に、出入国管理及び難民認定法に基づいて国外に退去強制させられた事案が問題となりました。この場合も、形式的には、その供述者が法321条1項2号前段の「国外にいるため」、公判期日等で供述できないときに該当すると考えられます。しかし、国家機関が供述者を国外退去させることによって、被告人の証人審問権行使を不可能にさせる一方で、それを理由に伝聞例外として検察官調書の証拠能力付与を求めるのは、不公正ではないかと思われます。判例は、このような場合に形式的に常に証拠能力を認めることには疑問の余地があるとした上で、「検察官において当該外国人がいずれ国外に退去させられ公判準備又は公判期日に供述することができなくなることを認識しながら殊更そのような事態を利用しようとした場合はもちろん、裁判官又は裁判所が当該外国人について証人尋問の決定をしているにもかかわらず強制送還が行われた場合など、当該外国人の検察官面前調書を証拠請求することが手続的正義の観点から公正さを欠くと認められるときは、これを事実認定の証拠とすることが許容されないこともあり得る」としました（最判1995［平7］年6月20日刑集49-6-741）。最高裁が法文に明記されていない「手

続的正義の観点」を持ち出し，「公正さを欠く場合」に証拠能力を否定する姿勢を見せたことは，注目されます。なぜなら，この問題以外の争点においても，違法性判断の一般的基準として，この枠組みを用いることが可能となったからです。

（3） 法321条1項2号後段の問題

　法321条1項2号後段が適用される状況は，通例，捜査段階で目撃者などが検察官調書を作成しており，後に公判廷に証人として喚問されて供述する場合です。その際に，公判廷での証言が，以前の検察官調書の内容と食い違うと，同項2号後段の要件を充足することになります。「相反する」とは反対の結論を導くことになる場合であり，「実質的に異なった」供述とは異なる事実認定を導くことになる場合です。たとえば，検察官調書では，被告人が犯行を行うのを間違いなく目撃しましたとなっていたのに，公判廷では，犯行を行ったのが被告人であったかどうかわかりませんなどと証言した場合です。このような場合には，以前の検察官調書に証拠能力が認められます。

　この後段の規定についても，根強い違憲説があります。というのも，弁護人が検察側証人の証言を反対尋問でつぶしても，捜査段階の検察官調書がこの規定によって証拠採用されてしまうからです。せっかく公判廷で反対尋問権を行使して，弁護人が被告人に不利な証言の信用性を否定することに成功したかと思う間もなく，反対尋問を経ていない検察官調書が証拠となってしまうのです。それでは，憲法が証人審問権を保障したことが無意味になりかねません。憲法37条2項違反だと思います。しかし，判例は憲法37条2項の保障は，「裁判所の職権により又は当事者の請求により喚問した証人につき，反対尋問の機会を充分に与えなければならないという趣旨であつて，被告人に反対尋問の機会を与えない証人その他の者の供述を録取した書類を絶対に証拠とすることを許さない意味をふくむものではな」いとして，同項2号後段は違憲ではないとしています（最判1955［昭30］年11月29日刑集9-12-2524）。

　同項2号但書きの「前の供述を信用すべき特別の情況」(特信情況)は，どのような資料からその有無を判断すべきでしょうか。通説は，検察官調書を作成したときの供述につき，その客観的，外部的な事情に基づいて判断すべきであるとしています。供述が真に迫っているとか整然としているなど，供述の中身から判断すべきではありません。なぜなら，特信情況は，伝聞証拠を証拠とし

て許容していいかどうかの証拠能力の問題ですから，供述内容が信用できるかどうかという証明力の問題から考えるべきではないからです。しかし，判例は，「必ずしも外部的な特別の事情でなくても，その供述の内容自体によつてそれが信用性ある情況の存在を推知せしめる事由となると解すべきものである」としています（最判1955［昭30］年1月11日刑集9-1-14）。

　特信情況については，ほかにも問題もあります。一般に，検察官調書は，その供述者の公判廷の供述よりも，時間的に前に作成されています。そうすると，検察官調書の方が，供述者の記憶が新鮮なうちに作成され，後の公判廷における証言より一般的に信用できると言えないでしょうか。これについては，下級審判例に，「単に日時の経過した事実のみを捉えて記憶の新鮮な時点における供述の方が特信性があるというのでは，法が証拠能力の要件として特信性を要求している趣旨が没却される」としたものがあります（東京地決1978［昭53］年6月29日判時893-8）。適切な判断だと思います。取調べの録音・録画時代を迎えた今日においては，検察官調書の特信情況に関する立証には，少なくとも供述過程の録音・録画が欠かせないように思います。

　「前の供述」の意義も，問題となります。公判期日等における証言が終わった後に，その証人の検察官調書を作成しても，法321条1項2号後段には明文上該当せず，およそ証拠とすることはできません。そもそも，もはや公判審理が開始されている以上，当該証言の信用性については公判廷における反対尋問で解消すべきです。また，証言終了後に検察官による証人の取調べを認めることは，公判中心主義から考えて許されませんし，当該証人に対して不当な圧力をかけることになります。しかし，最高裁は，判断は慎重を期すべきとしつつも，検察官調書作成後に公判期日等において再度証人尋問を行って自己矛盾の供述となったならば，その検察官調書は法321条1項2号に言う「前の供述」にあたるとしています（最決1983［昭58］年6月30日刑集37-5-592）。不当だと思います。

　　　証人の証言　⟶　証人の検察官調書作成　⟶　証人の再度の証言
　　　　　　　　　　　　前の供述？

19.2.3 供述書や警察官調書など（その他の供述代用書面）

　法321条1項3号の書面は，上述の裁判官調書と検察官調書を除き，すべての供述書（供述者の署名押印不要），供述録取書（供述者の署名押印必要）が該当します。典型的な例としては，被害者などが作成した上申書や日記などの供述書，目撃証人が警察官の面前でした供述を録取した書面（以下「警察官調書」）などです。弁護人が被告人の家族の供述を録取して作成した書面も，該当します。

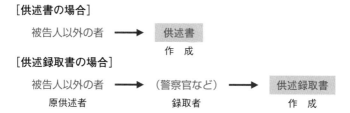

　これらの書面は，供述者が死亡，精神もしくは身体の故障，所在不明または国外にいるため，公判期日等において供述することができず，かつ，その供述が犯罪事実の存否の証明に欠くことができないものであるときに証拠とすることができますが，さらにその供述に特信情況も必要です（法321Ⅰ③）。ここでの特信情況は，前述の法321条1項2号後段のように比較しているわけ（相対的なもの）ではありませんので，絶対的特信情況と呼ばれています。

　供述者が供述不能で，しかもその供述が証明に不可欠であることの要件は必要性の要素②であり，さらに高いレベルでの特信情況の要素①が必要とされています。要素①＋②の要件である点では法321条1項2号後段と類似しますが，要件はかなり厳しくなっています。このため，実務上，警察官調書が，この規定によって証拠能力が認められる例は少ないです。ただし，国際司法共助・国際捜査共助により国外において得られた供述調書については，この規定が用いられています（証拠能力が認められた例として，最判2011［平23］年10月20日刑集65-7-999など）。

19.3 被告人の供述書・供述録取書

19.3.1 概 観

　被告人の供述書や供述録取書も，伝聞証拠です。公判期日外の供述を内容とする書面で，供述内容の真実性を立証するためのものだからです。被告人自らの反対尋問が観念できない点でも，伝聞証拠であると言えます。

　被告人の供述書は，上申書や反省文など，被告人が作成したものです。

　　[供述書の場合]

　　　被告人　⟶　供述書
　　　　　　　　作　成

　被告人の供述録取書は，警察官や検察官の面前で取調べを受けて作成された警察官調書や検察官調書などです。弁解録取書（法203Ⅰ）も入ります。特に，その内容が自白であった場合には，自白調書とも呼ばれます。

　　[供述録取書の場合]

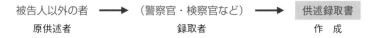

　　被告人以外の者　⟶　（警察官・検察官など）　⟶　供述録取書
　　　原供述者　　　　　　　　録取者　　　　　　　　　　作　成

　被告人の供述書や供述録取書の伝聞例外については，法322条が定めています。このうち，特に被告人の公判期日等における供述を録取した書面については，任意性の要件だけで証拠とすることができます（法322Ⅱ）。

　問題は，それ以外の被告人の供述書・供述録取書です。法322条1項は，被告人の供述内容によって二つの類型に分けて，それぞれに要件を定めています。被告人に不利益な事実の承認を内容とするものとそれ以外の内容のものです。以下，二つの類型について説明します。

19.3.2 被告人に不利益な事実の承認を内容とするもの

　被告人の供述書・供述録取書で，その供述が「被告人に不利益な事実の承認を内容とするとき」は，その供述の任意性に疑いがない限り，証拠とすることができます（法322Ⅰ本文前段，同項但書き）。不利益な事実の承認とは，自白のほか，不利益な間接事実の承認を含みます。たとえば，犯行時間帯に，現場に滞在していたことを認める供述などです。

　なぜ，供述が不利益な事実の承認を内容とするときに，任意性の要件だけで証拠能力が認められるのでしょうか。通説的見解は，当事者が自己に不利益な供述をして相矛盾する状況を作出している以上，当事者主義の観点からすれば，相手方もその供述を利用することができるとしています。しかし，冤罪事件の多くは虚偽自白を主原因としてきた事実からすれば，この要件だけで十分であるとは思えません。

　取調べの録音・録画が義務づけられている事件について，検察官がこの書面の証拠調べを請求した場合において，被告人側が任意性に関し異議を述べたときは，原則として，検察官は録音・録画の記録媒体の取調べを請求しなければなりません（法301の2Ⅰ）。もし，検察官が記録媒体の取調べを請求しないときは，当該書面の証拠調べ請求は却下されます（法301の2Ⅱ）。以前にも述べましたが（7.3.3），取調べの録音・録画の義務づけは一部に限られるなど，極めて不十分な状況です。全事件につき，任意性立証には録音・録画の記録媒体の取調べが必要であるとすべきです。

19.3.3 被告人に利益な供述などそれ以外の内容のもの

　被告人に利益な供述などそれ以外の供述は，特に信用すべき情況の下にされたものであるときに限り，証拠とすることができます（法322Ⅰ本文後段）。被告人には黙秘権があるので，検察官は反対尋問できません。このため，相手方当事者である検察官の利益を考慮して，反対尋問に代わる特信情況を要件としたと説明されています（光藤Ⅱ224頁）。

19.4 検証調書・鑑定書

19.4.1 概　要

　裁判機関や捜査機関の検証の結果が記載された書面が，検証調書です。鑑定人の鑑定経過及び結果が記載された書面が，鑑定書です。これらは，正確には被告人以外のものが作成した供述代用書面と言えますが，書面の性質を考慮して，法321条2項ないし4項において，伝聞例外に該当するものと定めています。

19.4.2 検証調書

　裁判所もしくは裁判官の検証調書は，無条件に証拠とすることができます（法321Ⅱ後段）。無条件に認めている理由として，検証には被告人や弁護人が立ち会うことができること（法142・同113など），中立的立場の裁判官による検証であることなどが，挙げられています。

　捜査機関の検証調書は，供述者（検証をした者）が公判期日において証人として尋問を受け，それが真正に作成されたものであることを供述したときに，証拠とすることができます（法321Ⅲ）。

　「真正に作成された」とは，作成したのは確かに私ですという作成名義の真正性だけでは足りません。被告人や弁護人は捜査機関の検証に立ち会うことができませんから，検証方法や経過，結果などその内容が真正であることについて，供述者が反対尋問を受ける必要があります。

　捜査機関が任意処分として行う実況見分の結果が記載された書面を，実況見分調書と言います。これも，法321条3項の書面に含まれるとするのが，判例の立場です（最判1960［昭35］年9月8日刑集14-11-1437）。実務でもそのように取り扱われています。しかし，捜査機関の実況見分調書をそう取り扱うのであれば，被告人や弁護人が作成する実況見分調書についても同じく取り扱うべきでしょう（白取440頁）。

19.4.3 現場指示と現場供述

　検証調書や実況見分調書に記載される立会人の説明をめぐって、しばしば問題になることがあります。まず、説明が検証等の対象を単に特定するためのもの（現場指示）にとどまる場合があります。たとえば、対象の特定のために、「私が事故を目撃した地点は、ここです」との指示を記載する場合です。これは、その指示内容の真実性を問題にするわけではありません（もし、この部分を立会人がそこから事故を目撃した事実の証明に用いるのであれば、その指示内容の真実性が問題となりますので、伝聞証拠となります。そうではなく、目撃したとされる場所として特定するためだけに用いられるのであれば、現場指示となります）。このような現場指示は、供述とは異なるので、検証調書等と一体をなすものとして法321条3項によって許容されます（最判1961［昭36］年5月26日刑集15-5-893）。

　これに対して、説明が単なる現場指示を超える場合があります。たとえば、「私はこの場所から、XがVのポケットから財布を抜き取るのを見ました」と、検証調書や実況見分調書に記載されていた場合です。さらに、よく問題となるのは、被害者や被疑者に被害や犯行状況を再現させて、その結果を実況見分調書として作成する場合です。これはXがVの財布を窃取した事実を認定することに用いられることになるので、立会人の供述（現場供述）ということになります。したがって、現場供述は、立会人が第三者であれば法321条1項2号もしくは3号の要件を充たしているかどうか、被告人であれば法322条1項の要件を充たしているかどうかが問題となります（検証調書中のこの部分は供述録取書の扱いになるので、立会人の署名押印等も必要です）。その際に、再現者の再現模様を撮影した写真についても、署名押印を除き、同様の要件充足が求められます。そのことを指摘した判例として、最決2005［平17］年9月27日刑集59-7-753があります。

19.4.4 鑑定書

　裁判所（官）は学識経験のある者に、鑑定を命じることができます（法165）。鑑定人による鑑定経過及び結果を記載した書面が、鑑定書です。鑑定書も、捜査機関の検証調書と同様に取り扱われます（法321Ⅳ）。すなわち、鑑定人が証

人として尋問を受け，それが真正に作成されたものであることを供述したときに，証拠とすることができます。

　それでは，捜査機関が嘱託をした鑑定受託者（法223Ⅰ）の鑑定書は，どうでしょうか。判例は，鑑定受託者の鑑定書には，「裁判所が命じた鑑定人の作成した書面に関する刑訴321条4項を準用すべきものである」としています（最判1953［昭28］年10月15日刑集7-10-1934）。実務もそれに基づいて運用されています。しかし，鑑定受託者には宣誓がないことや，当事者の立会いがないこと，捜査機関の鑑定委嘱が科学捜査研究所（警察の内部組織）の技官に対して行われることが少なくないことなどから，法321条1項3号によってその証拠能力の有無を判断すべきだと思います。

　法321条4項が準用される嘱託鑑定書としては，犬の臭気選別の結果等をその指導手が記載した報告書や現場指紋対照結果通知書などがあります。判例は，特別の学識を有する私人が作成した燃焼実験報告書抄本（最決2008［平20］年8月27日刑集62-7-2702）や，医師の診断書（最判1957［昭32］年7月25日刑集11-7-2025）についても，法321条4項によって証拠能力を判断すべきであるとしています。しかし，医師の診断書には，通例鑑定の経過に該当する部分が記載されていないので，準用を認めるべきでないとするのが多数説です。

19.5　特に信用性の高い書面

　これまで述べてきた書面以外でも，特に信用性の高い書面については，無条件に証拠能力が認められています（法323）。これらの書面は，反対尋問を必要としないほどの高い信用性を備えている書面です。さらに，その作成者を証人として喚問することはあまり適当でなく，むしろその書面自体を用いる必要性が高いと考えられる書面です。しかし，該当する書面の範囲をあまり広く解すると，被告人の証人審問権は侵害されかねませんので，その点は注意すべきです。

　特に信用性の高い書面については，戸籍謄本など公務員がその職務上証明することができる事実についてその公務員が作成した書面（法323①）や，商業帳簿などその他業務の通常の過程において作成された書面（法323②）が，類型として掲げられています。印鑑証明書や前科調書は法323条1号に，医師のカル

テ（診療録）は法323条2号に，それぞれ該当すると考えられています。これに対して，警察官が作成した捜査報告書などは一般的に高い信用性を備えているわけではありませんので，法323条1号ないし2号には該当せず，法321条1項3号書面として証拠能力を判断しなければなりません。

法323条3号は，上記二つの類型の書面以外に，特に信用すべき情況の下に作成された書面についても，証拠能力を認めています。したがって，その特信情況は，上記二つの書面と同程度の類型的信用性がなければなりません。下級審判例には，銀行支店長が本人の主観を抜きに箇条書きで記載した業務日誌について法323条3号の該当性を認める一方で，他の支店長が主観的な所感，意見等を交えて記載していた日記については法323条3号該当性を否定した事例があります（東京地決1978［昭53］年6月29日判時893-8）。

19.6　伝聞供述

19.6.1　概　説

前章で紹介したように（18.2.1），一般に伝聞証拠として思いつく典型例は伝聞供述です。いわゆるまた聞きの事例です。そこで掲げたのは，犯行を目撃したとされるAから話を聞いたBが，公判廷でその旨証言する場合でした。

［例Ⅰ］

Xの窃盗 ──目撃──→ A ──→ B　証人　　公判廷
　　　　　　被告人以外の者

これは，被告人以外の者Aの供述を内容とする証人Bの供述類型です。伝聞例外として証拠能力が認められるには，法321条1項3号の規定を準用します（法324Ⅱ）。したがって，Aの供述不能，証拠の不可欠性，絶対的特信情況が必要となりますので，実務上認められることは少ないです。たいていは捜査官によってAの供述録取書が作成されているでしょうから，それを伝聞例外として証拠能力を肯定するほうが早道でしょう。

伝聞供述のもうひとつの類型は，被告人の公判廷外供述を内容とする証人の供述です。

X ——— B 証人 公判廷
被告人

たとえば，以前に被告人Xから犯行を打ち明けられたBが，公判廷でその旨証言する場合などです。これについては，法322条を準用します（法324Ⅰ）。その結果，被告人の供述が不利益な内容である場合には，任意性に疑いがなければ，証拠能力が肯定されることになります。

19.6.2 取調官証言の問題

伝聞供述で問題となる事例に，取調官証言の問題があります。たとえば，被告人は捜査段階の取調べの際に自白をしたけれども，その場では供述録取書への署名押印を拒絶したような事情があったとします。そこで，取調べにあたった捜査官が公判廷で証人となり，被告人Xの自白を伝聞供述として証言する場合です。

X ——— P 証人（取調官） 公判廷
被告人

これについては，そもそもこのような証言を許容すべきでないとする説が有力です。その根拠は，被疑者取調べの結果については，供述録取書を作成して証拠化すべきとするのが刑事訴訟法の趣旨と考えられますし，有罪立証の目的意識を抱いている反対当事者の供述でもあるからです（白取449頁）。供述録取書への署名押印を拒むということは，被告人の主体的な防御権行使と考えられますから，許容すべきでないと考えます。しかし，高裁判例には，法322条の準用を認めたものがあります（東京高判1991［平3］年6月18日判タ777-240）。支持できません。

19.7 同意書面・同意供述

19.7.1 同意の意義

　検察官及び被告人が，裁判所に対して証拠とすることに同意した場合には，伝聞証拠であっても，証拠とすることができます。そのような書面または供述は，書面が作成されまたは供述のされたときの情況を考慮し相当と認めるときに限り，証拠能力が認められます（法326 I）。伝聞例外と言うよりも，伝聞法則の不適用と言うべきものです。相当と認めるときに限りますので，同意があっても，たとえばその証拠採集過程に重大な違法があれば，証拠能力は認めるべきではありません。

　実務上は，この同意が大きな意義を有しています。争いのない自白事件では，検察官が最初に一括して供述調書などの書面の証拠調べを請求し，被告人側がすべて同意して，その取調べが行われることが通例です。また争いのある事件においても，争点ではない部分に関する書面については，同意を得て，証拠調べされます。同意されない場合には，原供述者の証人尋問を請求したり，伝聞例外に該当するとして証拠調べ請求がされることになります。実際に法廷傍聴に行くと，検察官の冒頭陳述終了後，法326条による同意の確認がなされています。

　同意は，法的にはどのような性質と考えられるべきでしょうか。多数説は，反対尋問権の放棄と解しています（反対尋問権放棄説）。しかし，こう解すると，同意しつつも原供述者の証人尋問を請求する実務運用はできなくなります。また，被告人の自白調書に対する同意は反対尋問が観念できないので，説明がつかなくなってしまいます。このため，最近は，同意を証拠能力の付与行為と解する説（証拠能力付与説）が有力になっています。実務も証拠能力付与説をとっています。

　同意は，原則として証拠能力が認められない伝聞証拠に，例外的に証拠能力を与える行為です。同意しないことに，理由を示す必要はありません。たまに，不同意の理由を尋ねる裁判官もいるようですが，不当です。理由を聞かれても，被告人側は答える必要はありません。

19.7.2　同意する主体と同意の時期

　同意をする主体は，検察官及び被告人とされています（法326 I）。公判廷で
は弁護人がもっぱら同意するか否かの意見を述べていますが，これは，弁護人
が有している包括的代理権に基づいて行われているものです。主体はあくまで
も被告人ですから，弁護人はあらかじめどのような証拠が取り調べられる予定
であるかを被告人に伝え，事件に対する被告人の防御の意向を確認し，その線
に沿って同意するかどうかを決めていかなければなりません。

　弁護人は，被告人の明示もしくは黙示の意思に反することはできません。高
裁判例には，「被告人が公訴事実を否認している場合には，検察官請求証拠に
つき弁護人が関係証拠に同意しても，被告人の否認の陳述の趣旨を無意味に帰
せしめるような内容の証拠については，弁護人の同意の意見のみにより被告人
がこれら証拠に同意したことになるものではない」としたものがあります（大
阪高判1996［平8］年11月27日判時1603-151）。被告人の防御権保障から考えれば，
当然の結論であると思います。

　同意は，書面の形による伝聞証拠ばかりでなく，伝聞供述の場合も対象とな
ります（法326 I）。書面の場合にはあらかじめ被告人側に示されており，同意
するかしないか被告人・弁護人間で，事前に検討することができます。しかし，
伝聞供述の場合には，事前に予測することができません。公判廷で，証人が突
然「○○さんから聞いたところによると…」と被告人にとって不利益な伝聞供
述を話し出したら，弁護人は不同意の意思を表明しなければなりません（法
309 I）。この場合，遅滞なく異議申立てをしないと黙示の同意があったとする
のが実務の取扱いですが，同意の例外的性格から考えて，その取扱いは相当で
ないと思います。同意の主体はあくまでも被告人ですから，被告人と弁護人が
同意するかどうかについて相談する機会を与え，次回期日までは不同意の意思
表示を申し立てることを認めるべきです（白取446頁）。

　いったん証拠に同意した場合に，撤回はできるのでしょうか。通説は，証拠
調べが行われる前であれば自由に撤回でき，証拠調べが終了した後は裁判所の
心証形成がなされてしまうので，撤回できないとしています。

19.7.3　同意の擬制

　被告人が出頭しないでも証拠調べを行うことができる場合（法284，同285など）において，被告人が出頭しないときは，同意があったものとみなされます（法326Ⅱ）。これが，同意の擬制です。

　問題となったのは，被告人が秩序維持のため退廷を命ぜられ，法341条によって審理が進められた事例でした。法326条2項を適用して，同意の擬制ができるかどうかが争われました。判例は，法326条2項の趣旨は，「被告人が出頭しないでも証拠調を行うことができる場合において被告人及び弁護人又は代理人も出頭しないときは，裁判所は，その同意の有無を確かめるに由なく，訴訟の進行が著しく阻害されるので，これを防止するため，被告人の真意のいかんにかかわらず，特にその同意があつたものとみなす趣旨に出た規定と解すべき」として，適用を認めました（最決1978［昭53］年6月28日刑集32-4-724）。しかし，法326条2項は，被告人が出頭しないことを自ら選択したことが同意の意思表示をしたと認められる場合を規定しているのであって，退廷命令の場合にまで同意を擬制することは許されないとする説も有力です。有力説を支持します。

19.7.4　合意書面

　同意書面に類似するものに，合意書面があります。検察官と被告人または弁護人が合意の上，文書の内容または供述内容を書面にして提出したときは，伝聞例外の規定に該当しなくても，証拠とすることができます（法327）。実務上は，法326条1項の同意が多用されているので，合意書面が利用されることは少ないです。

19.8　再　伝　聞

　伝聞証拠の中にさらに伝聞証拠が含まれている場合が，再伝聞です。

［例Ⅲ］　被告人Xから犯行を告白されたBの検察官調書が，再伝聞にあたります。

犯行告白

X　→　B　→　検察官調書　公判廷

被告人

　Xの供述をBが聞いた上，さらにBの供述を書面化するので，再伝聞になっています。

［例Ⅳ］　目撃者Aから話を聞いたBが，その旨友人Cに伝え，公判廷でCが証言する場合も，再伝聞です。

A　→　B　→　C　証人　公判廷

目撃者

　Aの供述をBが聞いた上，さらにBの供述をCが聞いて証言しますので，再伝聞となっています。

　再伝聞証拠をどう取り扱うのか，法律上明文の規定はありません。判例は，それぞれの伝聞過程で伝聞例外の要件該当性を判断して処理することを認めます。たとえば［例Ⅲ］では，まずBの検察官調書について法321条1項2号を適用して証拠能力があるかどうかを判断し，その要件が充たされれば，そこに含まれるXの供述（自白）部分に法324条1項を適用して（法322条1項を準用して）証拠能力があるかどうかを判断します（最判1957［昭32］年1月22日刑集11-1-103）。

　しかし，このような技巧的な条文操作には，学説上強い批判があります。伝聞法則は，およそ伝聞証拠には事実認定を誤らせる危険性があるとの認識に基づいてルールとなったものです。再伝聞の場合には，その危険性は相当高度であると思われます。法律上明文の規定がないのは，供述録取書の利用以外に，法は再伝聞の証拠能力を認めない立場をとっていると考えるべきです（鈴木206頁）。

19.9 証明力を争う証拠

　伝聞証拠であっても，公判期日等における被告人や証人等の供述の証明力を争うためには，例外として証拠能力が認められます（法328）。ここで証明力を争うとは，その供述の信用性に疑問を投げかける（弾劾する）ことを指します。そのように用いられる証拠を，弾劾証拠と言います。たとえば，公判廷で証人が犯行をはっきりと目撃したと証言したのに対し，同証人が捜査段階では，「私は視力が悪く，現場はよく見えませんでした」という旨の警察官調書を作成していた場合，この警察官調書が弾劾証拠にあたります。

　法328条の規定には何の限定もないので，証明力を争うためであれば，関連する伝聞証拠はすべて許容されるようにも見えます（非限定説）。しかし，それでは伝聞法則は形骸化するおそれがあります。判例は，同一人の不一致供述（自己矛盾供述）もしくはそれが記載された書面に限るとしています（限定説）。すなわち，「刑訴法328条により許容される証拠は，信用性を争う供述をした者のそれと矛盾する内容の供述が，同人の供述書，供述を録取した書面（刑訴法が定める要件を満たすものに限る），同人の供述を聞いたとする者の公判期日の供述又はこれらと同視し得る証拠の中に現れている部分に限られる」としています（最判2006［平18］年11月7日刑集60-9-561）。

　これについては，検察側の請求にかかる証拠については自己矛盾供述に限る一方，被告人側の請求にかかる証拠については非限定説に立つ片面的構成説も主張されています（田宮395頁）。憲法37条2項が保障するのは被告人の証人審問権であることや，被告人は合理的疑いを投げかければ足りることなどから考えると，片面的構成説が妥当であるように思います。

19.10 任意性の調査

　法325条は，裁判所は，法321条から法324条までの規定によって伝聞例外として証拠にできる書面や供述であっても，あらかじめ，その供述が任意にされたものであるかどうかを調査した後でなければ，証拠とすることができないと定めています。もっとも，そもそも被告人の自己に不利益な供述には，任意性

が要求されていますし（法322Ⅰ，同324Ⅰ），被告人以外の供述でも特信情況が要件になっている場合には，事実上任意性の調査をしなければなりません（法321Ⅰ②後段など）。これらの場合には，法325条の文言通りに，「あらかじめ」任意性の調査をしなければなりません。

　これら以外の場合で，証拠能力ではなくもっぱら証明力判断に影響を与える任意性の調査を行うときには，その調査は必ずしも「その証拠調べの前にされなければならないわけのものではな」いとされています（最決1979［昭54］年10月16日刑集33-6-633）。

19.11　写真・画像，録音の記録媒体

19.11.1　写真・画像データ

　写真などの画像データがプリントされ，独立して証拠として用いられる場合があります。写真のうち，犯行や被害を再現させた写真は，再現をした人のP→M→Nの過程があり，そのうちの叙述部分（N）を再現者に動作で再現させて撮影したものです。供述録音と同様供述証拠で，伝聞証拠です。前述の通り（19.4.3），基本的に，伝聞例外の要件を充たさなければなりません（最決2005［平17］年9月27日刑集59-7-753）。

　それ以外の写真はどうでしょうか。犯行の状況等を撮影した現場写真などです。これについては，供述説と非供述説があります。供述説は，写真は検証調書に類似するとして，法321条3項を準用して，撮影者を公判廷で証人として尋問し，それが真正に作成されたことを明らかにする必要があるとします。写真は比較的容易に加工が可能でもあり，真正性を確認すべきだと思います。しかし，通説は，非供述証拠であるとし，関連性が認められる限り，証拠能力は認められるとしています。判例も，「いわゆる現場写真は，非供述証拠に属し，当該写真自体又はその他の証拠により事件との関連性を認めうる限り証拠能力を具備するものであつて，これを証拠として採用するためには，必ずしも撮影者らに現場写真の作成過程ないし事件との関連性を証言させることを要するものではない」としています（最決1984［昭59］年12月21日刑集38-12-3071）。

19.11.2 録音データ

ICレコーダなどの録音機によって録音された記録媒体（データ）が，証拠として取り調べられることがあります。ひとくちに録音といっても，人の供述を録音したもの（供述録音）と，犯行現場の音や声などを録音したもの（現場録音）とに，大別できます。

供述録音は，原供述者のP→M→Nの過程を経た供述を録音したものであり，その内容の真実性を立証するために用いられることになれば，伝聞証拠になります。原供述者が被告人の場合には法322条の規定を，被告人以外の者の場合には法321条1項各号の規定を，それぞれ類推して適用し，要件を充たした場合に限り伝聞例外として証拠能力が認められます。ただし，録音した媒体には供述者の署名・押印がないので，再生供述が原供述者のものであるかどうか疑いがあれば，録音者のみならず，録音立会人，媒体保管者等の尋問が必要となります（田口440頁）。

現場録音については，写真・画像データと同様に考えることができます。供述証拠説に立てば，法321条3項の検証調書に準じて，録音者がその録音の真正性などについて証言することを要するとします。非供述証拠説の場合は，関連性が認められれば，証拠能力を肯定します。

19.11.3 写　し

原本の内容を，完全に転写したものを広く写しと言います。最近はコピー技術の発達により，文字だけではなく画像データも含めて，写しが作成されています。これに関連して，テレビのニュース画像を録画したビデオテープと，そのビデオテープを再生させた静止画像を警察官が撮影した写真帳につき，証拠能力が問題となったことがあります。下級審判例には，原本の存在，写しが原本を忠実に再現したものであることなどを要件に，証拠能力を認めた事例があ

ります（東京高判1983［昭58］年 7 月13日高刑集36- 2 -86）。

第20章

裁　判

20.1　裁判の意義と種類

20.1.1　はじめに

　第14章で概観したように(14.5.1)，証拠調べが終了すると，検察官による意見陳述（論告・求刑），弁護人・被告人による意見陳述（最終弁論・最終陳述）が行われ，第一審の公判廷の審理は終結（結審）します。そうなると，残すところは，裁判所の判断である判決宣告になります。有罪判決や無罪判決などを宣告するのが通例です。

　裁判機関による判断はそれらの判決だけではありません。種々の決定や命令などもあります。本章では，それらをまとめて取り上げることにします。

20.1.2　裁判の意義

　日常的な用法では，裁判という言葉は審理手続全体を指すこともあります。たとえば，「あしたみんなで刑事裁判を傍聴に行こう。」という場合などです。しかし，刑事訴訟法では，裁判とは，裁判所または裁判官の意思表示を内容とする訴訟行為のことを指します。刑事訴訟法第二編第三章第五節（法329以下）のタイトル「公判の裁判」は，その意味で用いられています。

20.1.3 裁判の種類

裁判は，その性質などによって，いくつかの種類に分類されています。

（1） 終局裁判とそれ以外の裁判

裁判の機能による分類です。

終局裁判は，事件が係属しているその審級の訴訟手続を終了させる裁判のことです。有罪・無罪の判決や免訴判決などのほか，控訴審における控訴棄却の判決など，上訴審における上訴棄却の判決や決定なども含まれます。

終局裁判以外の裁判には，時期的な違いにより，さらに終局前の裁判と，終局後の裁判があります。終局前の裁判には，証拠調べに関する決定（法297）などがあります。終局後の裁判には，訴訟費用執行免除の申立て（法500）についての決定などがあります。

（2） 形式裁判・実体裁判

公判の裁判のうち，公訴提起の内容（実体）に立ち入って判断をしたかどうかによる分類です。

訴訟を適法・有効に成立させる手続条件である訴訟条件（11.5参照）が存在しないと判断されれば，形式裁判が言い渡されます。形式裁判には，管轄違いの判決（法329），免訴の判決（法337），公訴棄却の判決（法338），公訴棄却の決定（法339）があります。

訴訟条件があると判断されれば，実体裁判が言い渡されます。実体裁判には，有罪の判決（法333～335）と無罪の判決（法336）があります。実体裁判が確定すると，一事不再理の効力が発生します。これに対して，形式裁判の場合は，原則としてその効力は発生しません。この違いがあるところに，形式裁判・実体裁判の分類の意味があります。

（3） 判決，決定，命令

裁判を行う主体やその手続，不服申立て手続の違いによる分類です。

判決は，裁判所（合議体か単独体）が行う裁判であり，原則として，口頭弁論に基づいて行われなければなりません（法43 I。例外は，法341の場合など）。口

頭弁論とは，公判期日において，当事者を含む関係人が口頭で陳述する手続を指します。また，判決には，必ず理由を付しなければなりません（法44Ⅰ）。判決に対する不服申立ては，控訴（法372），上告（法405）です。

　決定は，裁判所が行う裁判ですが，口頭弁論に基づいて行われる必要はありません（法43Ⅱ）。ただ，必要がある場合には，事実の取調べができます（法43Ⅲ）。事実の取調べとは，裁判官が適宜な方法で情報を収集し，事実の存否を認識することです。正式な証拠調べではありませんが，必要があるときは，証人を尋問したり，鑑定を命じることもできます（規33Ⅲ）。決定の中には，公訴棄却決定（法339）のように終局裁判として行われるものもありますが，多くの場合は手続的な問題に関する裁判です。決定は，申立てにより公判廷でするとき，または公判廷における申立てによりするときは，訴訟関係人の陳述を聞かなければなりません（規33Ⅰ）。決定に対する不服申立ては，抗告（法419など），特別抗告（法433）です。

　命令は，裁判官のする裁判です。決定と同じく，口頭弁論に基づいて行われる必要はありませんが，必要であれば事実の取調べができます（法43Ⅱ，Ⅲ）。命令としては，たとえば被疑者の勾留に関する裁判（法207Ⅰ・同60）などがあります。命令に際しては，訴訟関係人の陳述を聞くことを要しないとされています（規33Ⅱ。ただし法61の被疑者の勾留質問は例外的）。命令に対する不服申立ては，いわゆる準抗告（法429），特別抗告（法433）です。

20.2　裁判の成立

20.2.1　裁判の内部的成立と評議・評決

　裁判機関の意思表示を内容とする訴訟行為が裁判です。その内容はまず裁判機関（裁判所もしくは裁判官）内部で決定され（内部的成立），その後に外部に向かって告知されます（外部的成立）。

　内部的成立は，外部から知ることができませんし，裁判としての効力を生じさせるわけではありません。その点からすると，特に論じる意味はありません。ただ，裁判が内部的に成立した後であれば，裁判官がかわっても，公判手続の

更新をせずに判決の宣告をすることができます（法315但書き）。

　合議体で裁判を行う場合（裁判員裁判を含む）には，裁判官（員）が意見を交換する評議をしなければなりません（裁75，裁判員法66）。裁判長が評議を開き，整理することになっています（裁75Ⅱ）。裁判官（員）は，評議において，自らの意見を述べなければなりません（裁76，裁判員法66Ⅱ）。

　評議を経て，合議体の意見を決定します（評決）。評決は，原則として，過半数の意見によります（裁77Ⅰ）。ただし，裁判員裁判の評決の場合は，裁判官及び裁判員の双方の意見を含む合議体の員数の過半数の意見によります（裁判員法67Ⅰ）。つまり，通例9名（裁判官3名・裁判員6名）の合議体である裁判員裁判の評決では，過半数の5名以上の意見で決しますが，多数意見を形成するメンバーの中には必ず裁判官も裁判員も含まれていなければなりません。

20.2.2　裁判の外部的成立

　裁判の告知は，公判廷においては宣告によって行い，それ以外の場合においては，原則として，裁判書謄本を送達して行います（規34）。

　判決の場合は，必ず公判廷において，宣告により告知しなければなりません（法342）。しかも，絶対に公開しなければなりません（憲82）。判決の宣告は，裁判長が行います（規35Ⅰ）。裁判長は，主文を朗読して，さらに理由を朗読するか理由の要旨を告げなければなりません（規35Ⅱ）。

　判決をするときには，原則として，裁判書（判決書）を作らなければなりません（規53本文）。ただし，判決宣告時までに，必ずしも判決書が完成していなくてもいいとされています（民訴252に相応する規定が刑事訴訟法にありません）。このため，実務上，判決の宣告はなされたけれども判決書がまだ作成されておらず，被告人がしばらく判決書謄本を受け取れない事態が生じることがあります。また，判決は宣告をもって種々の効力が発生しますが（法343〜346），口頭による宣告にはどうしても不確実さが残ってしまいます。このようなことから，判決書に基づく言渡しを原則にすべきだとする立法論が主張されています（白取459頁）。もっともな主張だと思います。なお，宣告に関する判例には，判決宣告の公判期日が終了するまでの間であれば，いったん宣告した判決の内容を変更してあらためて宣告することも許されるとしたものがあります（最判1976［昭51］年11月4日刑集30-10-1887）。

決定または命令を宣告する場合には，裁判書を作らないで，これを調書に記載させることができます（規53但書き）。また，判決の場合にも，例外的に，上訴申立てがなく，一定期間内に判決書謄本の請求がないなどの要件を充たした場合には，調書への記載で判決書に代えることができるとされています（規219）。これを，調書判決と呼んでいます。

20.3　裁判の構成・内容

20.3.1　総　則

　一般に，裁判は，主文と理由によって構成されます。主文は，たとえば「被告人を懲役3年に処する」とか，「被告人は無罪」，「本件公訴を棄却する」と言うように，裁判の結論を簡潔に述べる内容となります。

　どんな裁判であっても，原則として，理由を付すべきことが求められています（法44 I）。理由を示すことは，主文を導くに至った根拠を示すことです。いわば，裁判所の説明責任とでも言うべきものです。理由を付すことには，裁判機関の恣意的な判断を防止することや，当事者の理解と納得を得るようにすること，当事者に上訴などの不服申立ての資料を提供するとともに，上訴審裁判所の判断資料を提供することなどの意義があります。

　以下では，終局裁判のうち，特に有罪判決と無罪判決を取り上げます。

20.3.2　有罪判決

（1）主　文

　有罪判決は，被告事件について犯罪の証明があったときに言い渡されます（法333 I）。犯罪の証明があったとは，訴因について合理的な疑いを超える心証が形成され，その事実が刑罰法令に該当して犯罪の成立が認められることです。

　犯罪の証明があると認められたならば，主文において，刑の免除をする場合（法334）を除いて，刑の言渡しをしなければなりません（法333 I）。刑の言渡しをするためには，どのような刑をどの程度科すべきか明らかにしなければなり

ません。刑の執行猶予や，あわせて猶予の期間中に保護観察に付す場合には，刑の言渡しと同時に言い渡さなければなりません（法333Ⅱ）。このほか，未決勾留日数の算入（刑21），労役場留置（刑18Ⅳ），訴訟費用の負担（法181Ⅰ）なども，主文で言い渡します。

（2） 理由と必要的記載事項

　有罪判決は，被告人にとって不利益な処分を内容とします。判決理由は，被告人の納得や不服申立ての権利と大きく関わってきます。このため，刑事訴訟法は，有罪判決に示すべき理由を厳格に定めています。主文に加えて，理由として，①罪となるべき事実，②証拠の標目，③法令の適用が，必ず示されなければなりません（法335Ⅰ）。また，④当事者から，法律上犯罪の成立を妨げる理由または刑の加重減免の理由となる事実が主張されたときは，これに対する判断も示されなければなりません（法335Ⅱ）。

　① 罪となるべき事実とは，訴因に対応するものです。もっとも，それは裁判所が証拠に基づいて認定するものですから，検察官の主張した訴因と異なることは当然ありえます。犯罪の日時，場所，方法などを含めて，具体的に構成要件該当事実を示さなければなりません。判例には，共謀共同正犯について，「謀議の行われた日時，場所またはその内容の詳細，すなわち実行の方法，各人の行為の分担役割等についていちいち具体的に判示することを要するものではない」としたものがあります（最判1958［昭33］年５月28日刑集12-8-1718）。しかし，謀議にのみ加わったとされている被告人にとっては罪となる事実そのものと考えられますので，学説上は反対する立場が有力です。関連して択一的認定の問題がありますが，これは項をあらためて後に触れることにします。

　加えて，刑の加重減免事由や量刑理由なども，実務上は記載されています。

　② 証拠の標目とは，罪となるべき事実の認定に用いられた証拠の標題，種目のことです。たとえば，「被告人の当公判廷における供述」などと記載されます。証拠の採否の説明や，証拠からその事実を認定した理由に関する説明（証拠説明）までは求められていません。しかし，有罪判決は被告人にとって不利益な判断を内容としています。被告人の立場からすれば，どうしてそのような事実認定になったのか説明がなければ，とても納得できないでしょう。控訴審など上訴審で争うことも難しくなります。事実認定の適正を担保するためにも，裁判所は説明責任を尽くすべきです。少なくとも，事実を争っている被告

人に対する有罪判決においては，証拠採否の説明や証拠説明まで記載しなければならないと考えます。

③　法令の適用は，罪となるべき事実に適用される刑法など実体法の規定を示すことです。罰条はもとより，場合に応じて，未遂，共犯の規定，さらには累犯加重や酌量減軽など刑の加重減免の規定などを示さなければなりません。

④　当事者の主張に対する判断は，当事者から主張された場合に限り，示されなければなりません。法律上犯罪の成立を妨げる理由とは，構成要件阻却事由や違法性阻却事由，責任阻却事由などです。刑の加重減免事由とは，累犯加重や併合罪加重，法律上の減軽などです。

　上記の必要的記載事項は，法律が明文で記載を要求している事項にすぎません。前述した通り，有罪判決は被告人の生命や自由，財産等に大きな不利益をもたらす処分ですので，それ以外の事項についても，裁判所はできる限り説明を尽くすべきです。

(3)　択一的認定

　有罪判決は，訴因について，合理的な疑いを超えて証明がなされたと判断した場合に言い渡されます。合理的な疑いが残れば，裁判所は無罪判決を言い渡さなければなりません。しかし，証拠調べが終了しても，A事実かB事実のどちらかであることは疑いないが，どちらとも決することができない場合があります。このようなときに，A事実かまたはB事実のどちらかが成立すると認定していいか問題となります。これが，択一的認定の問題です。

　もっとも，AがBを完全に包摂する場合で，少なくともB事実について確実に認定できる場合は問題になりません。たとえば，殺人（A事実）と傷害致死（B事実）のように，構成要件を異にしても構いません。これは，B事実については合理的疑いを超えて証明がなされている場合で，一部認定と呼ばれています。

　問題は，A，Bが包摂関係にない場合で，A事実かB事実のいずれかであることについては，合理的な疑いを超えて証明がなされたときです。この場合，同一構成要件内における択一的認定と，異なる構成要件をまたぐ択一的認定とに分けて，考察されています。

　同一構成要件内における択一的認定とは，たとえば「右手拳もしくは左手拳で暴行し」と認定する場合で，被告人にとって不意打ちになる場合を除いて，

基本的に許されると考えられています。構成要件該当事実が，全体として，合理的な疑いを超えて証明されているからです。

異なる構成要件をまたぐ場合で，A，B両事実が排他的な関係にあるときが，択一的認定問題の典型です。たとえば，窃盗か盗品の有償譲受けのいずれかであることは確実だが，どちらにも決することのできない場合です。この場合，「窃盗もしくは盗品の有償譲受け」が成立すると択一的に認定することは，二つの構成要件を合成してあらたな構成要件を作り出すことになり，罪刑法定主義に反します。また，窃盗と盗品の有償譲受けの犯罪成立については，それぞれ個別に考察すれば，いずれにも合理的疑いが残ったままです。このような理由から，上記択一的認定を否定するのが通説です。いずれの犯罪についても，無罪とせざるを得ないと思います。

死体遺棄罪と保護責任者遺棄罪の成立についても，択一的認定あるいは軽い罪である死体遺棄罪を認定していいか問題となります。被告人が被害者を遺棄したのは間違いないが，被害者が生きたまま遺棄されたか否かが不明の場合です。学説上は，いずれの罪の成立にも合理的疑いが残るとして，無罪と認定すべきであるとする説が有力です。しかし，高裁レベルの判例には，「重い罪に当たる生存事実が確定できないのであるから，軽い罪である死体遺棄罪の成否を判断するに際し死亡事実が存在するものとみることも合理的な事実認定として許されてよい」として，死体遺棄罪の成立を認めた事例があります（札幌高判1986［昭61］年3月24日高刑集39-1-8）。

（4） 有罪判決の宣告と効果

公法廷での有罪判決の宣告においては，前に述べた通り，主文及び理由の朗読（もしくは理由の要旨告知）を行います（規35Ⅱ）。宣告に際しては，加えて，上訴期間等の告知（規220），保護観察に付する場合にはその趣旨等の説示（規220の2）をしなければなりません。また，有罪判決に限られませんが，宣告後に，裁判長は被告人の将来について適当な訓戒をすることができます（規221）。

禁錮以上の刑に処する判決の宣告があったときは，保釈または勾留の執行停止は効力を失います（法343）。他方，有罪判決でも，刑の免除や刑の全部の執行猶予，罰金または科料の裁判の告知があった場合には，勾留状は失効します（法345）。その告知があった時点で，勾留されていた被告人は自由の身になるということです。

20.3.3 無罪判決

　無罪判決は，被告事件が罪とならないとき，または犯罪の証明がないときに，言い渡されます（法336）。被告事件が罪とならないときとは，訴因として掲げられた事実が構成要件に該当しないことが明らかになったとき（証拠調べするまでもなく，起訴状の記載だけでそのことが明らかであった場合には，法339条1項2号により公訴棄却の決定となります），正当防衛などにより法律上犯罪の成立が妨げられたときなどです。被告事件について犯罪の証明がないときとは，訴因事実について，合理的な疑いを超える証明がなされなかったときです。

　無罪判決にも理由を付しなければなりませんが（法44Ⅰ），有罪判決とは異なり，必要的記載事項は定められていません。このため，公訴事実について証明がないので無罪とするという程度の記載でも足りるとされています。被告人にとっての説明責任は，この程度で果たされていると思います。しかし，実務上は，検察官に上訴（控訴，上告）されることに備えて，無罪判決にも詳細な理由が付されることが珍しくありません。

　無罪判決の告知があったときは，勾留状は失効し，被告人は釈放されます（法345）。では，第一審で無罪判決の言渡しがあり，それに対して検察官が控訴した場合に，控訴審裁判所は被告人を再び勾留できるでしょうか。学説上は，法345条の規定の趣旨，無罪判決によって合理的疑いが払拭できないことが示されていることなどから，基本的に否定説が有力です。私もそう考えるべきだと思います。しかし，判例は，法60条1項の「『被告人が罪を犯したことを疑うに足りる相当な理由』の有無の判断は，無罪判決の存在を十分に踏まえて慎重になされなければならず，嫌疑の程度としては，第1審段階におけるものよりも強いものが要求されると解するのが相当である」としつつ，なお勾留の理由と必要性があれば，再度の勾留は認められるとしています（最決2007［平19］年12月13日刑集61-9-843）。

第21章

上　訴

21.1　総　説

21.1.1　意　義

　裁判で不利益な判断を受けた当事者が，その確定前に，上級裁判所に不服を申し立てることを上訴と総称します。判決に対する控訴・上告と，決定に対する抗告とがあります。はじめに，特に控訴や上告などに共通な問題を，上訴としてまとめて取り上げることにします。

　上訴の機能・目的は，誤った原裁判（ひとつ前の段階での裁判のこと）を正すことにあります。再審や非常上告の制度も，誤判是正の点では共通しますが，確定した裁判に対する制度である点で，上訴制度とは区別されます。裁判は，大きく見て，事実の認定と法令の適用の二つの要素から成り立っています。それぞれについて，誤りがないかどうか点検することが上訴審に期待されています。

21.1.2　被告人の上訴と検察官の上訴

　上訴権者は，原則として，当事者である被告人または検察官です（法351Ⅰ）。ただ，同じ上訴権者であるといっても，上訴が持つ意義や機能を考えると，両者を全く同等にとらえるわけにはいきません。というのも，自らの生命や自由等に対する制限を，刑罰として科されようとする被告人と，国家機関である検察官とでは，上訴の持つ意味が違うからです。

被告人に不利益な方向で原裁判が誤った場合に，上訴で被告人を救済する必要性が高いことは言うまでもありません。このような誤判は，被告人の人権を不当に奪うことになるからです。できる限り早期に，上訴審で是正しなければなりません。「疑わしきは被告人の利益に」の原則は，上訴審においても貫徹される必要があります。

　他方，被告人に利益な方向で原裁判が誤った場合には，検察官から上訴がなされるでしょう。しかし，検察官の上訴は，被告人のみならず，その家族にも負担を負わせるものであることを忘れてはなりません。検察官の上訴を，被告人の上訴と同じように取り扱うわけにはいかないのです。このようなことから，上訴制度は，被告人の具体的救済をこそ第一義とすべきであるとされています（田宮460頁）。

　憲法39条は，「既に無罪とされた行為については，刑事上の責任を問はれない」と定めています。そうすると，検察官が無罪判決に対して上訴することは，憲法39条違反にならないのでしょうか。判例は，「同じ事件においては，いかなる段階においても唯一の危険があるのみであつて，そこには二重危険（ダブル，ジエパーデイ）ないし二度危険（トワイス，ジエパーデイ）というものは存在しない。それ故に，下級審における無罪又は有罪判決に対し，検察官が上訴をなし有罪又はより重き刑の判決を求めることは，被告人を二重の危険に曝すものでもな」いとして，合憲であるとしています（最判1950［昭25］年9月27日刑集4-9-1805）。

　しかし，学説上は，違憲説が有力です。検察官は強大な権限を持って，一審公判廷で有罪立証に臨みます。それに失敗した場合に，さらに上訴権をも認めるのは，被告人にとって酷であるように思います。実際にも，一審無罪判決に対して検察官が上訴し，逆転で有罪判決が言い渡された事件が，後に無罪になった例はいくつか存在します（たとえば，1949年に発生した弘前大学教授夫人殺人事件においては，逆転有罪の判決が確定しましたが，後に真犯人が現れ，再審で無罪となりました）。このような事件では，検察官の上訴を許していなければ，被告人は長期にわたり冤罪に苦しめられることはありませんでした。重い事実として受け止めるべきだと思います。

21.1.3 上訴権とその行使

(1) 上訴の申立てと効力

上訴は，原裁判がなされた後，定められた一定の期間内に申し立てなければなりません。裁判が告知された日から，上訴を提起することができます（法358）。控訴の提起期間は14日とされ（法373），上告についても同様です（法414による準用）。初日は算入されません（法55Ⅰ）。抗告のうち，即時抗告は3日（法422），特別抗告は5日（法433Ⅱ）とされています。上訴を申し立てるには，原則として申立書を原裁判所に差し出さなければなりません（法374など）。例外として，刑事施設に収容されている被告人の場合には，刑事施設の長等を経由して上訴の申立書を差し出さなければなりません（規227Ⅰ。その際の期間計算の扱いについては法366）。

上訴提起期間内に上訴申立書を提出しなければ，上訴権は消滅します。ただし，自己または代人（代理人のこと）の責に帰することができない事由によって，期間内に上訴できなかったときは，上訴権回復の請求ができます（法362以下）。

上訴の放棄は，上訴期間満了前に，上訴をしない旨の意思表示をすることです。上訴の取下げは，上訴を申し立てた後に，それを撤回することです。どちらもすることができます（法359以下）。いったん上訴の放棄または取下げをした者は，思い直してその事件についてさらに上訴をすることはできません（法361）。

もっとも，死刑や無期懲役・禁錮の判決については，上訴の放棄は認められていません（法360の2）。被告人の生命剥奪や生涯受ける不利益を考え，慎重を期するための規定です。なお，「死刑判決の言渡しを受けた被告人が，その判決に不服があるのに，死刑判決宣告の衝撃及び公判審理の重圧に伴う精神的苦痛によって拘禁反応等の精神障害を生じ，その影響下において，その苦痛から逃れることを目的として上訴を取り下げた場合には，その上訴取下げは無効と解するのが相当である」とした判例があります（最決1995［平7］年6月28日刑集49-6-785）。

上訴を申し立てると，停止と移審の効力が発生します。停止の効力とは，裁判の形式的確定を阻止することですので，上訴があれば原裁判の内容が執行さ

れることはありません。上訴申立てと同時に発生します。ただし，抗告の場合は，即時抗告を除き，もともと停止の効力はありません。移審の効力とは，事件の係属が上訴審裁判所に移ることです。その効力は，上訴申立書及び訴訟記録が上訴審に到達してから，発生します。したがって，それまでは，原裁判所が被告人の勾留更新などの裁判を担当することになります（法97Ⅱ，規92Ⅱ）。

　上訴の申立てがあれば，その効果は原裁判の全部に及びます。ただ，原裁判の一部に対してのみ，上訴することもできます（法357）。たとえば，判決主文が複数ある場合に，そのうちの一つだけに上訴する場合です。これを一部上訴と言います。

（2）　上訴の利益

　上訴を適法に行うには，法律で定められた理由が必要です（たとえば，控訴理由については法377条以下に規定があります）。それ以外にも，明文では定められていませんが，上訴の利益も必要とされています。上訴制度の目的に照らして無意味と考えられる上訴には，上訴の利益がないと判断されます。たとえば，被告人が判決主文には異論がないが，ただ自己の法的主張を認めさせることだけを求めて上訴する場合には，上訴の利益はありません。

　判例には，恩赦を理由に免訴となった被告人が無罪を求めて上告をした事例（最判1948［昭23］年5月26日刑集2-6-529［プラカード事件］）や，無罪判決に対して被告人がその理由を不服として上告した事例（最決1962［昭37］年9月18日判時318-34）につき，いずれも上訴は不適法としたものがあります。しかし，形式裁判を受けた被告人が無罪を求めるときには，上訴の利益を認めるべきであるとする説も，有力に唱えられています。被告人には無罪判決を求める十分な理由があると考えられますので，この説を支持します。

（3）　上訴権者

　上訴権者は，裁判を受けた当事者です。既に述べた通り，原則として被告人または検察官です（法351Ⅰ）。加えて，被告人の側では，法定代理人または保佐人（法353），原審における代理人または弁護人（法355）も，被告人のために上訴することができます。勾留の裁判については，勾留理由開示を請求した者も，被告人のため上訴をすることができます（法354）。もっとも，これらの者は，被告人の明示の意思に反して，上訴権を行使することはできません（法

356)。

　原判決が言い渡された後に選任された弁護人は，法355条の弁護人には該当しないとされています。しかし，判例は，「およそ弁護人は，被告人のなし得る訴訟行為について，その性質上許されないものを除いては，個別的な特別の授権がなくても，被告人の意思に反しない限り，これを代理して行うことができる」として，法351条１項による被告人の上訴権についても代理して行うことができるとしています（最決1988［昭63］年２月17日刑集42-2-299）。

21.1.4　不利益変更の禁止

　被告人が上訴をし，または法定代理人などが被告人のために上訴をした事件については，原判決よりも重い刑を言い渡すことができません（法402，同414）。不利益変更禁止の原則です。かつては，その根拠は，被告人らが上訴の権利を行使することを躊躇させないようにするための政策的配慮にあると説明されてきました。しかし最近は，その根拠を，上訴審は当事者から申し立てられた不服の範囲内で審理を行うべきとする考え方（当事者主義の考え方）や，上訴は被告人の法的救済制度であるとする理念に求める考え方が，有力になっています。

　原判決よりも「重い刑」であるかどうかについては，判例は具体的総合説をとっているとされます。判決主文の全体を見て，実質上被告人に不利益であるか否かによって，重い刑であるかどうかを判断しています。たとえば，第一審は懲役１年の実刑判決を言い渡したのに対し，控訴審は懲役１年６月，３年間の保護観察付執行猶予付きの判決を言い渡した事例につき，最高裁は「主文を全体として総合的に観察するならば，実質上被告人に不利益であるとはいえ」ないとしました（最決1980［昭55］年12月４日刑集34-7-499）。ただ，刑の一部執行猶予制度が施行されたことにより，総合的に観察といってもその判断には困難さが伴うようになっていると思います。

21.1.5　攻防対象論

　上訴は，当事者の申立てによって行われます。上訴して何を争うのか，その審判の対象は当事者によって決せられるのが基本です。当事者主義の考え方からすれば，当然の帰結です。原判決が可分の場合で，一部上訴がなされたとき

には，上訴対象から外された部分はそのまま確定します。

　問題は，数個の事実で構成される科刑上一罪や包括一罪の場合で，一部の事実に対してのみ上訴がなされたときです。たとえば，住居侵入と窃盗の牽連犯につき，第一審判決は窃盗の事実につき無罪，住居侵入の事実につき有罪の認定をしたのに対し，被告人が住居侵入について控訴した場合です。検察官が全く控訴していないときに，控訴審裁判所は職権調査の上，窃盗の事実につき有罪認定をすることができるでしょうか。理論的には一罪全部が移審係属するとして，裁判所は当事者から上訴されなかった部分についても，職権調査を加えて自判することができるようにもみえます。しかし，その部分は当事者の攻防対象から外れているので，できないとする考え方（攻防対象論）が示されました。最高裁は，その考え方に基づいて，控訴審が有罪の自判をすることは違法であるとしました（最大決1971［昭46］年3月24日刑集25-2-293［新島ミサイル事件]）。同種の判断を示したものに，最決2013［平25］年3月5日刑集67-3-267があります。

21.1.6　破棄判決の拘束力

　上訴審の裁判所が原判決を破棄し，事件を下級審に差戻し，または移送した場合には，上級審の裁判における判断は，その事件について，下級審の裁判所を拘束します（裁4）。これが，破棄判決の拘束力です。拘束力を認めないと，下級審が上級審の判断を何度も覆す事態を招きかねず，審級制度の意味が失われてしまいます。

　拘束される裁判所には，差戻し等を受けた下級審裁判所のみならず，破棄をした上級審自体も含まれると解されます。判例も，「最高裁判所もみずからの裁判内容に拘束されることになり，これを変更することは許されない」としています（最決1964［昭39］年11月24日刑集18-9-639）。

　拘束力は，法律上の判断にとどまらず，事実上の判断にも及ぶとされています（最決1968［昭43］年10月25日刑集22-11-961［八海事件]）。刑事事件の場合には，控訴も上告も，事実誤認が破棄事由に含まれているからです（法382，同411③）。

　破棄差戻し後の下級審において，あらたな証拠の取調べをして証拠状態が変化すれば，拘束力は及ばなくなります。したがって，その変化を踏まえて，異なった事実認定をすることも可能になります。

21.2 控 訴

21.2.1 意 義

控訴は，地方裁判所または簡易裁判所がした第一審の判決に対して，することができます（法372）。民事事件とは異なり，いずれも，高等裁判所が控訴審を管轄します（裁16①）。控訴審を担当する高等裁判所は，法律上は控訴裁判所と称されます（法376Ⅰなど）。

21.2.2 審判の方式——控訴審の構造

控訴審の審判のあり方をめぐっては，明治時代から種々議論されてきました。それらを整理すると，概ね次の三つの審判方式があるとされています（控訴審の構造）。①原審とは関係なく，事件についてあらたに審判をやり直す覆審，②原審の手続や資料を引き継ぎ，さらにあらたな証拠を加えて，事件について審判する続審，③事件それ自体ではなく，原判決の当否について審査する事後審，です。①，②は，控訴審を，その事件について再度審判する事実審と位置づけるのに対し，③は原判決を対象に吟味する法律審と位置づける点で，異なっています。

旧刑事訴訟法時代は，覆審の方式をとっていました。そのことは，控訴裁判所は，原則として被告事件についてさらに判決をなすべしとの規定（旧刑訴法401Ⅰ）に表れています。なぜ覆審が可能だったかというと，一審の公判審理が書面主義だったからです。控訴裁判所は，綴られている訴訟記録を読むことにより，審判のやり直しが可能でした。しかし，現行法は事後審となったと理解されています。控訴理由には原判決の誤りが列挙されており，控訴審で原判決の当否を審査することが予定されているからです。現行法が，控訴審を事後審とした理由としては，第一審の構造的変化（口頭主義や直接主義の徹底）や，控訴審の負担軽減などが挙げられています。

しかし，現行法が事後審になったといっても，その中身が問題です。たとえば，事後審であることを貫こうとすると，控訴審は原審で調べられた証拠だけ

に基づいて判断すべきだということになり，あらたな証拠調べを許さないことになります。しかし，それでは，誤った有罪判決を受けた被告人が，控訴審で無実を裏付けるような新証拠の取調べを求めても，門前払いで拒絶されることになりかねません。それでは，「疑わしきは被告人の利益に」の刑事裁判の鉄則に反します。そこで，被告人を誤判や不当量刑から救済する理念に正しく沿う説として，検察官にとっては原資料に基づく事後審として，被告人にとっては原資料のみならず新資料をも含む資料による事後審として，片面的に構成する説が有力になっています（小田中・上217頁）。正しい視点を与えるものとして，支持します。

21.2.3 控訴理由

原判決である第一審判決の誤りを正すことを求めて，控訴は行われます。第一審判決は，法令に定められた手続に基づき，事実の認定を行い，その上で認定された事実に法令を適用します。有罪の場合には，さらに刑の量定を行います。そのいずれかに誤りが生じる可能性があります。それぞれについて，控訴の理由が定められています。

（1）訴訟手続の法令違反

絶対的控訴理由（法377，同378）と相対的控訴理由（法379）とがあります。絶対的控訴理由とは重大な訴訟手続の法令違反の類型で，違反があったことだけで控訴理由になります。相対的控訴理由は，違反があっただけでは足りず，その違反が判決に影響を及ぼすことが明らかなことが必要とされます。つまり，相対的控訴理由に基づいて控訴した場合には，控訴人はその違反が判決に影響を及ぼすことまで主張立証しなければなりません。

訴訟手続の法令違反に関する絶対的控訴理由には，(1)法律に従って判決裁判所を構成しなかったこと（法377①），(2)法律により判決に関与することができない裁判官が判決に関与したこと（法377②），(3)審判の公開に関する規定に違反したこと（法377③），(4)不法に管轄または管轄違いを認めたこと（法378①），(5)不法に，公訴を受理し，またはこれを棄却したこと（法378②），(6)審判の請求を受けた事件について判決をせず，または審判の請求を受けない事件について判決をしたこと（法378③），(7)判決に理由を付せず，または理由にくいちが

いがあること（法378④）の七つがあります。

　訴訟手続の法令違反に関する相対的控訴理由は，法379条に定められています。絶対的控訴理由以外の訴訟手続の法令違反があって，その違反が判決に影響を及ぼすことが明らかである場合です。

（2）　法令適用の誤り

　法令の適用に誤りがあって，その誤りが判決に影響を及ぼすことが明らかである場合です（法380）。判決に影響を及ぼす程度の違法性を要件としていますので，相対的控訴理由の類型です。ここで法令とは，実体法のことを指します。

（3）　事実誤認

　判決に影響を及ぼすことが明らかな事実の誤認も，控訴理由です（法382）。これも，相対的控訴理由の類型です。「事実」とは，厳格な証明を要する事実と解されています。「誤認」とは，原審が認定した事実が，控訴審で認定される事実（原審で取り調べられた証拠と控訴審であらたに取り調べられる証拠から認定される事実）と，食い違うことを意味します。自由心証主義違反や，事実認定における論理則・経験則違反があった場合について，通説は訴訟手続の法令違反（法379）としますが，その多くは事実誤認に含めて考えて良いとされています。

　判例は，「法382条の事実誤認とは，第1審判決の事実認定が論理則，経験則等に照らして不合理であることをいうものと解するのが相当である。したがって，控訴審が第1審判決に事実誤認があるというためには，第1審判決の事実認定が論理則，経験則等に照らして不合理であることを具体的に示すことが必要であるというべきである。このことは，裁判員制度の導入を契機として，第1審において直接主義・口頭主義が徹底された状況においては，より強く妥当する」としています（最判2012［平24］年2月13日刑集66-4-482）。

（4）　量刑不当

　刑の量定が不当であることも，控訴理由です（法381）。宣告刑が処断刑の範囲内ではあるけれども，刑の量定が相当でないことを指します。それとは異なり，たとえば，必要的減軽を怠った違法があった場合には，法令適用の誤り（法380）になります。「刑」には，付加刑や未決勾留日数なども入ります。

（5）　その他

　再審事由（法435）がある場合も，控訴理由とされています（法383①）。有罪判決の確定を待って救済するよりも，控訴審の段階で早期に救済すべきだからです。

　さらに，判決後に刑の廃止や変更，大赦があった場合も，控訴理由になっています（法383②）。

21.2.4　控訴審の手続と裁判

（1）　控訴の申立て

　すでに述べた通り，控訴の提起期間は14日です（法373）。控訴をするには，申立書を第一審裁判所に差し出します（法374）。控訴の申立てには，必ず定められた控訴理由を示さなければなりません（法384）。控訴の申立てが明らかに控訴権の消滅後にされたものであるときは，第一審裁判所が決定でこれを棄却しなければなりません（法375）。それ以外の場合には，第一審裁判所は，速やかに訴訟記録及び証拠物を，控訴裁判所に送付しなければなりません（規235）。

　その後，控訴裁判所は，速やかに控訴趣意書を差し出すべき最終日を指定して，控訴申立人に通知します（規236）。控訴申立人は，その期間内に控訴趣意書を控訴裁判所に差し出さなければなりません（法376Ⅰ）。控訴趣意書には，控訴の理由を簡潔に明示しなければなりません（規240）。控訴申立人が控訴趣意書を期間内に差し出さないときは，控訴は決定で棄却されます（法386Ⅰ①）。

　なお，控訴の相手方は，控訴趣意書に対して，答弁書を控訴裁判所に差し出すことができます（規243Ⅰ）。被告人が控訴を申し立てた場合，検察官は，重要と認める控訴の理由について，答弁書を差し出さなければなりません（規243Ⅱ）。

（2）　審　理

　控訴審の審判手続は，原則として，第一審の手続を準用します（法404）。しかし，以下の特則があります。

　被告人は公判期日への出頭義務はありません（法390本文）。ただし，出頭の権利はありますので，控訴裁判所は被告人に公判期日の通知をしなければなりません。また裁判所は，被告人の権利保護のため重要であると認めるときは，

被告人の出頭を命じることができます（法390但書き）。

　控訴審では，弁護士以外の者を弁護人に選任することはできません（法387）。特別弁護人の選任はできません。また，被告人のためにする弁論は，弁護人でなければできません（法388）。被告人は，公判廷では弁論できません。しかし，被告人は控訴申立人であり，控訴趣意書を差し出す主体でもあります。このため，弁論能力を認めないことには批判があります。もっともな批判だと思います。

　控訴審で，訴因変更は許されるでしょうか。訴因変更はあらたな起訴の性格を帯びますので，控訴審の新訴因に関しては第一審の審判が無いことになり，審級の利益を奪いかねません。また，被告人にとっては，これまでの防御を無にさせられてしまう懸念があります。したがって，基本的には許されないと考えます。しかし判例には，「一審判決に，事実誤認ないし法令の違反があつて，これが破棄されることが予想される場合に，控訴審裁判所が，検察官の訴因，罰条の追加変更を許すことは違法とはいえない」としたものがあります（最判1967［昭42］年5月25日刑集21-4-705）。

（3）　控訴理由の調査と事実の取調べ

　控訴裁判所は，控訴趣意書に包含された事項について，必ず調査しなければなりません（法392Ⅰ）。調査は，インフォーマルな証拠調べの一種と考えられ，公判廷外で自由に行われます。調査の対象は，原資料（第一審訴訟記録や証拠物），控訴趣意書，答弁書などになります。控訴趣意書に包含されない事項であっても，控訴理由の調査を職権で行うことができます（法392Ⅱ）。この職権調査は，被告人の救済を第一にする控訴の機能からすれば，原則として，被告人の利益となる場合に限るべきだと思います。

　さらに，控訴裁判所は，上記調査をするについて必要があるときは，請求によりまたは職権で，事実の取調べをすることができます（法393Ⅰ本文）。ここで「必要があるとき」とは，原資料では足りない場合とされています。いわば，あらたな証拠の取調べのこと（旧証拠のあらたな取調べも含む）です。第一審において証拠能力があった証拠は，控訴審においても証拠とすることができます（法394）。

　取り調べることのできる事実の範囲は，原則として第一審判決以前の事実に限られると考えられています。例外は，第一審判決後に被害者と示談した事実

など，第一審判決後の刑の量定に影響を及ぼすべき情状（法393Ⅱ）です。この例外に関する事実については新証拠の取調べができますが，それ以外の新証拠も取り調べることができるでしょうか。たとえば，第一審段階で取調べ請求しなかったことにやむを得ない事由が認められない証拠などです（法382の2Ⅰ，同393Ⅰ但書き参照）。判例は控訴裁判所の裁量によってできるとする立場ですが（最決1984［昭59］年9月20日刑集38-9-2810），そうすると検察官に控訴審でも自由な訴追活動を許すことになりかねません。そこで，被告人に有利な証拠については無制限に取調べできるが，被告人に不利な証拠については取調べできないとする片面的構成説が有力に唱えられています。それが妥当だと思います。

(4)　裁　判

　控訴裁判所は，審理が終了したと判断すれば，裁判の言渡しを行います。控訴審の終局裁判には，大きく分けて，控訴棄却と原判決破棄があります（ほかに，法403Ⅰの定める公訴棄却決定がありますが，かなり少数です）。控訴棄却は，控訴の申立てを認容せず，第一審判決を維持するという判断です。それに対し，原判決破棄は，第一審判決を取り消すという判断です。

　控訴棄却には，さらに控訴棄却決定と控訴棄却判決とがあります。

　控訴棄却決定は，控訴の申立て手続に，明らかに違法があると判断された場合です（法385Ⅰ，同386Ⅰ）。たとえば，控訴権消滅後の申立てであることが明らかなときなどです。このような場合には，口頭弁論を経ることなく，決定で控訴が棄却されます。

　控訴棄却判決は，第一に，控訴の申立て手続に違法があると判断された場合です（法395）。控訴棄却決定の場合と理由が共通しますが，手続の違法が「明らか」という程度ではないために，公判期日を開いて弁論を経た上でそのことが確認される点が異なります。第二に，適法な控訴の申立てがあったと認められるが，控訴理由に該当する事由がないと判断された場合です（法396）。実務上，控訴申立てがなされた事件の半数以上は，控訴理由がないとして判決で棄却されています。

　原判決破棄は，いずれも判決で行われます。第一に，控訴理由に該当する事由があると判断された場合です（法397Ⅰ）。第二に，控訴理由はないが，法393Ⅱの職権調査の結果，原判決を破棄しなければ明らかに正義に反すると認められた場合です（法397Ⅱ）。

控訴裁判所が原判決を破棄してしまうと，事件は原判決がなくなった状態で控訴裁判所に継続していることになります。したがって，控訴裁判所は何らかの措置を取らなければなりません。法の立場は，事件を原裁判所に差し戻すか，同等の他の裁判所に移送することを原則としています（法398，同399，同400本文）。これは，控訴審は基本的に事後審であるとの性格づけに基づいています。控訴審は，自ら事実を認定し，法令を適用して，刑を量定すべきではないと考えられているからです。

　ただ，例外的に，訴訟記録ならびに原裁判所及び控訴裁判所において取り調べた証拠によって直ちに判決をすることができるものと認めるときは，控訴審自ら判決（自判）できます（法400但書き）。もっとも実務上は，破棄した際には，自判する例が圧倒的多数を占めており，むしろ原則になっています。これは，差戻しなどをすると，審理が長引いて，訴訟経済上望ましくないとする考慮が働くことや，控訴審では事実の取調べが行われて事実上続審的になっていることが，その背景理由とされています。

　なお，公訴事実の証明が不十分であるとして無罪となった原判決を破棄して，控訴審が有罪の自判をするには，控訴審においてあらたに厳格な証明に基づく証拠調べをし，被告人の防御を尽くさせる必要があります。判例は，訴訟記録並びに第一審裁判所において取り調べた証拠のみによって，直ちに被告事件について犯罪事実の存在を確定し有罪の判決を言い渡した控訴審の手続は，憲法31条，37条の保障する被告人の権利を害し，直接審理主義，口頭弁論主義の原則を害することになるとしています（最判1956［昭31］年 7 月18日刑集10- 7 -1147）。

〈表　控訴審における終局人員の終局区分（2018年）〉

終局人員	控訴棄却判決	控訴棄却決定	破棄自判	破棄差戻し・移送	公訴棄却判決	公訴棄却決定	取下げ	移送・回付
(100.0) 5,710	(72.8) 4,158	(0.1) 5	(9.6) 550	(0.5) 26	—	(0.6) 32	(16.4) 939	—

（注1）　（　）内は％である。
（注2）　法曹時報72巻 2 号（2020年）342頁から作成

21.3 上 告

21.3.1 意義と機能

上告は，高等裁判所がした第一審判決または控訴審判決に対して行われます（法405）。もっとも，高等裁判所が行う第一審判決は例外的な場合だけですので（裁16④），一般的には，上告は高等裁判所がした控訴審判決に対する不服申立てと考えていいでしょう。上告事件は，最高裁判所が管轄します（裁7①）。法文上は，上告裁判所と称されています（法408など）。

最高裁判所は，違憲審査権を有する終審裁判所であり（憲法81），法令解釈の統一を主たる機能としています。このため，上告理由には，憲法違反や憲法解釈の誤り，判例違反が掲げられていますし（法405），法令解釈の重要事項に関連した上告受理制度も定められています（法406）。また，終審の裁判所として，当事者（特に被告人にとって）の具体的救済を図るため，原判決を職権で破棄できるようになっています（法411）。これらをまとめて，上告審の機能には，**違憲審査機能，法令の解釈統一機能，具体的救済機能**の三つの柱があると言われています。

21.3.2 上告理由

上告理由として定められているのは，憲法違反か，または判例違反があることです。判決に影響を及ぼす程度の違反までは要件とされていませんが，「判決に影響を及ぼさないことが明らかな場合は」（法410Ⅰ但書き），原判決は破棄されません。

（1）憲法違反

高等裁判所がした判決に，憲法の違反があること，または憲法の解釈に誤りがあることです（法405①）。前者は，原審の訴訟手続に憲法の違反がある場合であるのに対し，後者は，原判決に憲法の解釈が示されているが，それに誤りがある場合であるとされています。

（2） 判例違反

　高等裁判所がした判決が，最高裁判所の判例と相反する判断をしたことです（法405②）。最高裁判所の判例がない場合には，大審院もしくは高等裁判所の判例と相反する判断をしたことも，上告理由になります（法405③）。

21.3.3　上告受理と職権破棄事由

　上告理由が認められない場合であっても，上告受理や職権破棄事由の定めがあります。

（1）　上告受理

　上告理由がない場合であっても，法令解釈に関する重要な事項を含むものと認められる事件については，最高裁判所は，自ら上告審として事件を受理することができます（法406）。上訴権者は，上告理由がない場合であっても，最高裁判所に上告審として事件を受理すべきことを，申し立てることができます（規257）。これが上告受理制度で，アメリカ合衆国のサーシオレイライ（裁量的上訴）を参考にしたものです。このほか，憲法違反等に関する跳躍上告（規254）や控訴裁判所による移送（規247）によって，上告受理をする途もあります。これらは，法令解釈の統一を果たすねらいで設けられました。しかし，次に述べる職権破棄が活用されているため，実際にはほとんど利用されていません。

（2）　職権破棄事由

　上訴権者が上告申立てをしたが，そこに上告理由が認められない場合であっても，最高裁（上告裁判所）は，職権で原判決を破棄することができます（法411）。その要件は，①判決に影響を及ぼすべき法令違反，②甚だしい量刑不当，③判決に影響を及ぼすべき重大な事実誤認，④再審事由，⑤判決後の刑の廃止もしくは変更，大赦の存在のいずれかの事由があって，原判決を破棄しなければ著しく正義に反する（「著反正義」と略されることがあります）と認めるときです。控訴審の職権破棄の「明らかに正義に反する」（法397Ⅱ）よりは，要件が厳しく定められています。

　実務上，上告に際しては，法411条の職権発動を求めて行われる申立てが多いことが認められます。それに対し，最高裁において，ときたま③の重大な事

実誤認があることを理由に，原判決を破棄して，被告人に無罪もしくは利益な判決を言い渡すことがあります。最高裁が，最終審の裁判所として，被告人を救済する役割を担っている場合です。無実の被告人にとって有罪判決が確定することは，著しく正義に反する事態であり，最高裁はそれらの被告人を積極的に救済する義務があります。

21.3.4 上告審の手続と裁判

(1) 手続

　上告審の手続は，原則として，控訴審の手続を準用します（法414）。控訴審と異なる点は，被告人の召喚は必要ないこと（法409），などです。

　上告裁判所は，上告趣意書に包含された事項は，必ず調査しなければなりません（法414・同392Ⅰ）。上告趣意書に包含されない事項であっても，上告理由に関しては，職権で調査することができます（法414・同392Ⅱ）。加えて，上告理由がない場合であっても，前述した職権破棄事由（法411）がないかどうか，職権で調査することができます。調査をするについて必要があるときは，事実の取調べをすることができます（法414・同393Ⅰ本文）。これまでの例では，事実の取調べは，書面を公判廷に提出して，訴訟関係人に争う機会を与えるやり方（公判顕出）で行われています。

(2) 裁判

　上告審の裁判としては，上告棄却決定（法414・同385，同386），弁論を経ない上告棄却判決（法408），上告棄却判決（法414・同395，同396），原判決破棄差戻し・移送・自判（法410〜413），公訴棄却決定（法414・同403）があります。

〈表　上告審における終局人員の終局区分（2018年）〉

終局人員	上告棄却判決	上告棄却決定	破棄自判	破棄差戻し・移送	公訴棄却判決	公訴棄却決定	取下げ
(100.0) 1,993	(0.1) 2	(85.3) 1,700	(0.3) 5	(0.1) 1	—	(0.3) 5	(14.0) 280

（注1）　（　）内は%である。
（注2）　法曹時報72巻2号（2020年）347頁から作成

21.3.5 判決の訂正

　最高裁の判決に対しては，これ以上の上訴はありません。ただ，判決内容に誤りがあった場合に備えて，訂正の制度があります。上告裁判所は，判決内容に誤りがあることを発見したときは，当事者の申立てにより，判決で訂正することができます（法415Ⅰ）。この申立ては，判決宣告があった日から10日以内にしなければなりません（法415Ⅱ）。訂正の判決は，弁論を経ないでもすることができます（法416）。上告裁判所の判決は，訂正申立期間が経過したときか，訂正の判決または訂正申立棄却決定があったときに，確定します（法418）。

21.4　抗　告

21.4.1　意　義

　判決に対する上訴が控訴と上告であるのに対し，決定に対する上訴を広く抗告と言います（ただし，特別抗告は命令に対しても可能です）。抗告には，一般抗告（通常抗告と即時抗告）と特別抗告があります。一般抗告は高等裁判所が管轄し（裁16②），特別抗告は最高裁判所が管轄します（裁7②，法433Ⅰ）。
　このほか，厳密に言えば上訴ではありませんが，高等裁判所の決定に対する異議申立て（抗告に代わる異議申立て）や，いわゆる準抗告があります。

21.4.2　一般抗告

（1）　通常抗告
　即時抗告ができる場合をのぞき，裁判所のした決定に対して抗告ができます（法419本文）。これを，通常抗告と呼んでいます。決定には通常抗告ができるのが原則ですが，広範な例外が定められています（法419但書き）。特に，裁判所の管轄または訴訟手続に関し判決前にした決定に対しては，抗告をすることはできません（法420Ⅰ）。証拠調べに関する決定など，通常の判決手続における

決定のほとんどは，この例外に該当します。したがって，実際には，原則と例外が逆転し，多くの決定に対して抗告はできません。このような決定については，独立に不服申立てを認めるのは適当ではなく，終局判決に対する上訴の中で救済すれば足りると考えられているからです。もっとも，勾留や保釈などの強制処分に関する決定については，迅速な救済が必要なことから，抗告をすることができます（法420Ⅱ）。

　抗告をするには，申立書を原裁判所に差し出さなければなりません（法423Ⅰ）。通常抗告はいつでもすることができますが，原決定を取り消す実益がなくなった場合にはできなくなります（法421）。通常抗告を申し立てても，裁判の執行停止の効力はありませんが，原裁判所および抗告裁判所は，決定で執行停止をすることができます（法424）。抗告裁判所の決定に対しては，さらに抗告をすることはできません（法427）。

（2）　即時抗告

　即時抗告は，法律上特にその旨の規定がある場合に限り可能です（法419本文）。たとえば，公判前整理手続における証拠開示請求に関する決定（法316の26Ⅲ），再審請求に関する決定（法450）などに対し，即時抗告することができます。

　即時抗告の提起期間は，3日です（法422）。即時抗告の場合は，その提起期間内及びその申立てがあったときは，裁判の執行は停止されます（法425）。

21.4.3　抗告に代わる異議

　高等裁判所の決定に対しては，抗告ができません（法428Ⅰ）。最高裁に一般抗告の管轄をさせるのは，負担になるからです。その代わり，その高等裁判所への異議の申立てをすることができます（法428Ⅱ）。

21.4.4　いわゆる準抗告

　裁判官の裁判（命令）および捜査機関の処分に対する不服申立てを，準抗告と呼んでいます。法律上準抗告と明記されているわけではありません。

　裁判官が勾留状発付の裁判などを行った場合において，不服がある者は，そ

の裁判の取消または変更を請求することができます（法429 I）。対象となる裁判は，①忌避申立てを却下する裁判，②勾留，保釈，押収，押収物の還付に関する裁判，③鑑定留置を命じる裁判，④証人，鑑定人，通訳人，翻訳人に対する過料または費用賠償を命じる裁判，⑤身体検査を受ける者に対する過料または費用賠償を命じる裁判，です。

　勾留の裁判に対して準抗告をするに際し，犯罪の嫌疑がないことを理由として申し立てることはできないと規定されています（法429 II・同420 III）。もっとも，この規定は，もっぱら被告人の勾留について定められたものと考えられます。というのも，被告人は，嫌疑の有無については公判手続で争うべきだからと考えられるからです。したがって，この規定は，被疑者には適用がないとされています。何よりも，嫌疑がないのに勾留を認めることは不当です。なお，捜査段階での弁護活動が活発化するに伴い，準抗告の果たす機能は大きくなっています。

　捜査機関のした処分のうち，被疑者と弁護人との接見指定の処分（法39 III），押収・押収物の還付に関する処分に不服がある者は，裁判所にその処分の取消または変更を請求することができます（法430 I，II）。捜査機関の処分は，性質上から言えば行政庁の処分ですが，特に刑事訴訟の中で不服申立てを認めています。

21.4.5　特別抗告

　刑事訴訟法により不服を申し立てることができない決定または命令に対しては，法405条が定める憲法違反などの理由がある場合に限り，最高裁判所に特別抗告することができます（法433 I）。不服を申し立てることができない決定または命令とは，抗告裁判所の決定，抗告に代わる異議申立てについての決定，準抗告審の決定などです。

　特別抗告の提起期間は，5日です（法433 II）。その他，特別抗告の手続については，通常抗告に関する規定が準用されます（法434）。

第22章

裁判の確定と非常救済手続

22.1　裁判の確定と効力

22.1.1　総　説

　控訴，上告など通常の不服申立て方法で，裁判を争うことができなくなる状態になることを，裁判の確定（形式的確定）と言います。これによって，裁判には本格的な効力が生じます。

　刑事裁判の効力をめぐっては，学説上様々な分類が行われてきました。それらは，概ね二つに分けて整理されています。内容的確定力と一事不再理の効力です。

　内容的確定力は，裁判の判断内容が確定したことに伴って生じる効力で，裁判制度であることから当然に導かれるものです。内容的確定力は，さらに拘束力と執行力とに分けられています。拘束力とは，後の訴訟において，確定判決の判断内容と矛盾する判断を許さないとする効力です。執行力とは，裁判の意思表示内容を強制的に実行する効力のことです（当然ですが，無罪判決には執行力はありません）。

　一事不再理の効力は，同一事件についてのむし返しを遮断する効力で，被告人の人権を保障するためのものです。

22.1.2 拘束力

(1) 拘束力の意義と形式裁判

　裁判で判断が確定したことについて，後の訴訟でまた争うことが可能になったら，当事者の地位は不安定になります。また，裁判制度自体も意味をなくしかねません。拘束力は，そのようなむし返しを防ぐ機能を持ちます。

　拘束力は，理論的には実体裁判，形式裁判を問わず存在します。しかし，有罪判決等の実体裁判については，一事不再理の効力がより広く及びますので，拘束力を論じる意味は特にありません。したがって，特に拘束力が問題となるのは，形式裁判についてです。

(2) 形式裁判の拘束力——その適用範囲

　拘束力があるゆえに，事情の変更のない限り，後の裁判所は前の確定裁判の判断内容に拘束されます。たとえば，親告罪の事件において，告訴が無効であるとして公訴棄却判決（法338④）が確定した場合を，考えてみましょう。後の訴訟で，実は告訴は有効であったと判断することは，拘束力に反します。しかし，あらたに有効な告訴を得て審理し直した場合には，事情が変更され，前の告訴は無効であるとの判断内容には抵触しません。したがって，拘束力は及びません。なお，被告人が死亡したとして公訴棄却決定（法339 I ④）が確定した事件において，後にそれが偽装死亡であったことが発覚した事案につき，再訴を妨げるものとはとうてい解せないとした下級審判例があります（大阪地判1974［昭49］年5月2日判時745-40）。しかし，この結論に対しては，前訴の拘束力を厳格に適用し，再訴を認めるべきでないと批判する説も有力です。

22.1.3 一事不再理の効力

(1) 意　義——被告人の人権として

　有罪や無罪の判決が確定した後，被告人を再度同じ事件で起訴することは許されるでしょうか。憲法39条の「何人も…既に無罪とされた行為については，刑事上の責任を問はれない。又，同一の犯罪について，重ねて刑事上の責任を問はれない」の規定に違反しますので，許されません。再度の起訴が許される

としたならば，被告人は重ねて有罪判決に向けた手続の危険にさらされてしまいます。このような二重の危険double jeopardy を受けることを，憲法は禁止しています。一事不再理の効力（以下「一事不再理効」）は，憲法の人権保障規定に由来します。

　かつて，一事不再理効は，内容的確定力の一部として論じられていました。裁判内容の確定により，後訴を遮断する効力が生じると考えたのです。しかし，この考え方は，審判の対象が訴因であるにもかかわらず，公訴事実の同一性の範囲にまで一事不再理効が及ぶことを説明できない難点があります。そればかりではなく，人権保障のひとつとして，憲法39条が一事不再理の原則を定めた意義を正面から受け止めることができません（田宮446頁）。内容的確定力の一部とする考え方は，人権保障としてのとらえ方ではなく，いわば裁判所から見たとらえ方です。憲法に則して，二重の危険にさらされる被告人の立場からとらえていかなければなりません。

（2）　効力の発生

　有罪，無罪の実体裁判が確定すると，一事不再理効が発生します。そのため，かかる確定判決を経た事件について再び起訴がなされたときには，免訴の言渡しをするように定められています（法337①）。他方で，公訴棄却判決などの形式裁判は，実体審理がなされなかった場合ですので，基本的に一事不再理効はありません。検察官は，あらためて訴訟条件を充足させて，同一事件について起訴することができます。このため，形式裁判においては，もっぱら前述の拘束力が問題になります。

　もっとも，形式裁判が確定した事件でも，審理の中で被告人が有罪判決に向けた手続の危険にさらされたと認められる場合には，例外的に一事不再理効を認めることができます。たとえば，実体審理が公判廷で長期間続けられていたが，結審直前に突如訴訟条件が充足されていないことが判明し，形式裁判が言い渡された場合です。

　なお，学説においては，免訴判決には一事不再理効があるとする主張が有力です。しかし，免訴判決を形式裁判であるとする限り，一律に一事不再理効を肯定するわけにはいかないように思います。免訴判決についても，すべて一事不再理効というわけではなく，拘束力の問題として考えることが可能だと思います。

（3）　客観的範囲

　一事不再理効は，確定した裁判の審判対象（訴因）だけではなく，その訴因の公訴事実の同一性の範囲に及ぶとされています。たとえば，牽連犯の関係にある住居侵入・窃盗の事案において，窃盗の訴因のみで実体判決が確定した場合には，その後に当該住居侵入の訴因で起訴して審理することはできません。

　一事不再理効は，被告人が有罪判決に向けた手続の危険にさらされた事実から発生します。そうすると，ある訴因について実体審理が行われて確定判決に至ったならば，被告人はその訴因の公訴事実の同一性の範囲内で，手続の危険にさらされていたことを意味します。被告人から見れば，訴因変更に備えて，公訴事実の同一性の範囲内で防御を余儀なくされていました。したがって，一事不再理効は公訴事実の同一性の範囲内に及ぶと考えられるわけです。

　もっとも，結果的に常習一罪と認められる場合などには，例外的な取り扱いがなされています。すなわち，実体的に一罪であれば一事不再理効は全体に及ぶはずですが，必ずしもそのように考えるのが相当でないとされています。最高裁は，ひとつの常習特殊窃盗と評価される多数の窃盗行為のうち，一部が単純窃盗罪として有罪が確定した後，残りが単純窃盗として起訴された場合について，常習性の発露という要素を考慮すべき契機は存在しないとして，前訴の一事不再理効は後訴には及ばないとしました（最判2003［平15年］10月7日刑集57-9-1002）。

22.2　無罪判決と補償

　無罪判決が確定した場合には，被告人であった者は，費用の補償や刑事補償を受けることができます。

22.2.1　費用の補償

　国は，被告人であった者に対し，その裁判に要した費用の補償をしなければなりません（法188の2Ⅰ本文）。補償される費用の範囲は，被告人や弁護人であった者の公判期日等への旅費，日当および宿泊料と，弁護報酬に限られます（法188の6）。補償は，無罪の判決が確定した後6ヶ月以内に，無罪の判決をし

た裁判所に，請求しなければなりません（法188の3）。

22.2.2　刑事補償

抑留または拘禁された後に，無罪判決を受けたときは，その補償を求める権利があります（憲40）。刑事補償法は，それを受けて，刑事補償の要件や手続について定めています。再審や非常上告などによって無罪判決を受けた場合には，刑の執行や死刑執行前の拘置についても，補償の対象になります（刑補法1Ⅱ）。

補償金は身体拘束の日数に応じて，1日1,000円以上12,500円以下の割合で交付されます（刑補法4Ⅰ）。在宅事件には適用されません。補償を求めるには，無罪の判決が確定した日から3年以内に，無罪の裁判をした裁判所に，請求しなければなりません（刑補法6，同7）。これとは別に，国家賠償の請求をすることもできます（刑補法5Ⅰ）。

22.3　裁判の執行──有罪判決の確定と刑の執行

22.3.1　総　説

刑事訴訟法第七編は，裁判の執行について規定しています。裁判の執行とは，裁判の意思表示内容を強制的に実現することです。有罪判決に基づく刑の執行が最も重要ですが，それ以外に，勾留状などの令状の執行，訴訟費用などに関する裁判の執行などがあります。これに対し，無罪判決や免訴，証拠決定などについては，そもそも執行の観念を入れる余地はありません。

裁判の執行は，勾留状の緊急執行（法70Ⅰ但書き）などを除き，その裁判をした裁判所に対応する検察庁の検察官がこれを指揮します（法472Ⅰ本文）。指揮を受けて，刑務官や検察事務官などが執行の実施をします。裁判の執行指揮は書面（執行指揮書）で行い，これに裁判書または裁判を記載した調書の謄本または抄本を添えなければなりません（法473）。

一般的に，執行の手続は，指揮をする検察官と有罪判決を言い渡された者と

の二面的な構造です。このような手続構造は，死刑や自由刑の執行を念頭に置くとき，大きな問題を生じさせているように思います。その理由は，執行手続の適正さが担保されていないからです。有罪判決確定後の手続も，刑罰が科せられる一連の手続に含まれます。そうであるならば，当然に憲法31条が規定する適正手続の保障が及ぶはずです。裁判所と弁護人の関与がほとんど予定されていない現行の刑の執行手続は，適正な手続とは言えません。早急に法改正する必要があります。

22.3.2 刑の執行

(1) 死刑の執行

死刑判決が確定した者は，執行までの間，刑事施設に拘置されます（刑11Ⅱ）。拘置は刑罰ではないので，死刑確定者は受刑者とは分離して収容されます（処遇法4Ⅰ②）。刑罰でないのであれば，拘置中は死刑の時効は進行すると解すべきです。しかし，最高裁は，時効は進行しないとした原審の判断を是認しています（最決1985［昭60］年7月19日判タ560-91）。

他の刑の執行とは異なり，死刑の執行には，法務大臣の命令が必要です（法475Ⅰ）。絶対的に回復不可能な刑罰の執行であるので，特に慎重を期すために定められた手続です。法務大臣の命令は，判決確定の日から6ヶ月以内にしなければならないとされています（法475Ⅱ本文）。しかしながら，最近の事例を見る限り，実際に6ヶ月以内に執行されることはありません。法務大臣が，当該判決内容などを精査するばかりでなく，国際人権法上の動向などを踏まえて，執行命令を控える方向で時間をかけることは，むしろ望ましいと思います。なお，再審請求や恩赦の出願などの手続が進行している場合には，それらの期間は上記の6ヶ月以内に含まれません（法475Ⅱ但書き）。それどころか，これらの手続が進行している間は，法務大臣は執行命令を発してはなりません。なぜなら，再審請求中や恩赦出願中の死刑執行は，明らかに自由権規約6条4項に違反するからです。

法務大臣の命令があったときは，5日以内に死刑の執行をしなければなりません（法476）。死刑は，刑事施設内で絞首して執行します（刑11Ⅰ）。検察官，検察事務官及び刑事施設の長またはその代理者が立ち会います（法477Ⅰ）。検察官等の許可がなければ刑場には入ることができず，一般には非公開で執行さ

れています（法477Ⅱ）。最近は，死刑執行の当日，執行後に法務大臣が記者会見を行い，執行された死刑確定者の名前や事件概要等を公表しています。

法務大臣の執行命令発付につき，異議申立ての制度はありません。そもそも，アメリカ合衆国における執行と異なり，対象者に事前に執行を告知することは最近はありません。法の定める手続に基づいて十分な精査をし，執行命令が真に適法に発せられたのか，事前はおろか事後にも異議申立てする手段はありません。また，死刑確定者が心神喪失の状態にあるときは，法務大臣の命令によって執行を停止しなければなりません（法479Ⅰ）。しかし，これについても，的確に心神喪失の状態を把握して，法務大臣が執行停止をしているかどうか，検証する手続はありません。前述した点に加え，このような問題点も考えると，現行の死刑執行手続は適正な手続であるとは到底思いません。

死刑に関しては，死刑廃止条約（自由権規約第2選択議定書）が1991年に発効しています。しかし，日本は未だ批准していません。刑事裁判につき，誤判の可能性そのものを否定することは誰にもできない以上，死刑制度は廃止すべきであるとする主張（団藤重光『死刑廃止論』〔有斐閣，2000年〕159頁）を重く受け止めるべきです。

(2) 自由刑の執行

自由刑（懲役，禁錮または拘留）の執行開始は，対象者がすでに拘禁されている場合は，そのまま検察官の執行指揮書によって行われます。拘禁されていない場合には，検察官は，執行のため呼び出しをします。呼び出しに応じないときは，収容状を発することになります（法484）。収容状は，勾引状と同一の効力を有します（法488）。

自由刑の執行は，刑事施設に拘置することによって行われます（刑12Ⅱ，同13Ⅱ，同16）。自由刑の言渡しを受けた者が心神喪失の状態にあるときは，その状態が回復するまで執行を停止しなければなりません（必要的執行停止，法481）。また，①刑の執行によって，著しく健康を害する等のおそれがあるとき，②70歳以上であるとき，③受胎後150日以上であるとき，④出産後60日を経過しないとき，⑤刑の執行によって回復することのできない不利益を生ずるおそれがあるとき，⑥祖父母または父母が70歳以上などで，他にこれを保護する親族がないとき，⑦子または孫が幼年で，他にこれを保護する親族がないとき，⑧その他重大な自由があるとき，執行を停止することができます（裁量的執行停止，

法482)。自由刑の執行停止に関しては，前述の手続適正化の課題のみならず，高齢受刑者などへの積極的運用を実行すべき課題などがあると思います。

（3） 財産刑等の執行

　罰金，科料，没収，追徴，過料，没取，訴訟費用，費用賠償または仮納付の裁判は，検察官の命令によって執行します。この命令は，執行力のある債務名義と同一の効力を有します（法490Ⅰ）。つまり，検察官の命令書によって，強制執行が可能となります。

　訴訟費用の負担が命じられた場合に，貧困のため完納することができないときは，その費用の全部または一部につき，執行免除の申立てをすることができます（法500Ⅰ）。この申立ては，裁判確定後20日以内にしなければなりません（法500Ⅱ）。

22.4　再　審

22.4.1　総　説

（1）　再審と非常上告

　裁判が確定した後，誤りが発見された場合に備えて，非常救済手続が設けられています。再審と非常上告です。再審が事実認定の誤りについての救済手続であるのに対し，非常上告は法令違反についての是正手続です。ここでは，まず再審制度について取り上げることにします。

（2）　基本理念

　再審には，二つの異なる方向への再審がありえます。ひとつは，判決を受けた者にとって利益な方向への再審（利益再審）です。有罪判決が確定してしまった無実の人（無辜）が，無罪判決を求める再審請求がその例です。もうひとつは，逆に不利益な方向への再審（不利益再審）です。無罪判決が確定した人に対し，検察官が有罪判決を求める再審請求がその例です。旧刑事訴訟法においては，不利益再審も利益再審も認められていました。しかし，憲法39条が二

重の危険の禁止を定めたことから，不利益再審は廃止されました。このため，現行の刑事訴訟法では，利益再審だけが定められています。

　この改革に伴い，再審法の理念は一新されました。それ以前は，一般的に裁判の誤りを正す制度として，法的安定性（裁判の確定力）と実体的真実との調和をはかるためのものと位置づけられていました。しかし，現行刑事訴訟法のもとでの再審には，明確に無辜の救済の理念が貫かれることとなりました。このことから，再審もひとつの人権問題（田宮503頁）と位置づけられるようになりました。日本国憲法下での再審制度は，無実の人をいかに救済するのかの観点から，解釈・運用をしていかなければなりません。

22.4.2　再審の理由

（1）　総　説

　再審の請求は，有罪の言渡しをした確定判決に対して，その言渡しを受けた者の利益のためにすることができます（法435）。「利益のために」とは，無罪のみならず，免訴または刑の免除を言渡し，または軽い罪を認めるべき場合です。

　再審請求が認められる理由は，法435条1号ないし7号に，列挙されています。法435条1号ないし5号と，同条7号をファルサ（偽証拠）型要件，同条6号をノヴァ（新証拠）型要件と呼んでいます。すなわち，原判決の証拠となった証拠書類または証拠物が確定判決により偽造または変造であったことが証明されたとき（法435①）や，原判決の証拠となった証言，鑑定，通訳または翻訳が確定判決により虚偽であったことが証明されたとき（法435②）などは，有罪判決が偽の証拠に基づいていたことを理由としていることがわかります。

　これに対し，法435条6号は，有罪の言渡しを受けた者に対して無罪もしくは免訴を言い渡し，刑の言渡しを受けた者に対して刑の免除を言い渡し，または原判決において認めた罪より軽い罪を認めるべき明らかな証拠をあらたに発見したと定めており，有罪判決後の新証拠を理由としています。なお，新証拠によって捜査の重大な違法が明らかになり，確定判決を支えた証拠が排除され，その結果無罪等を言い渡すべき場合も，ここに含まれます。

　このように広範に列挙されている再審理由ですが，ファルサ型要件を充足することはかなり困難です。なぜなら，ファルサの存在は，いずれも別途確定判

決によって証明することが，原則として必要とされているからです。これに対しノヴァ型要件は，相対的に定められている上，包括的な要件になっています。それゆえ，実際の再審請求は，ほとんど法435条6号に基づいて行われています。

　さて，法435条6号による再審請求をめぐっては，「明らかな証拠」を「あらたに発見した」ことの意義をめぐって争われてきました。証拠の明白性と新規性の要件です。

（2）　証拠の新規性

　あらたな証拠とは，証拠方法があらたな場合だけでなく，証拠資料があらたな場合も含みます。たとえば，同じ証人が以前の証言とは異なる証言をしたことなどです。同一の資料に対してあらたな鑑定が行われ，その鑑定方法が以前の鑑定方法と異なる場合にも，あらたな証拠にあたります。

　あらたに「発見した」ときなので，有罪判決が確定する前に存在していた証拠でも，発見があらたであれば構いません。誰にとってあらたでなければならないかが問題ですが，当該証拠が裁判所にとってあらたであれば，新規性は認められるでしょう。

（3）　証拠の明白性

　明白性については，その基準と判断方法とをめぐって，長い間争われてきました。かつては，新証拠のみによって原判決の有罪認定を覆して無罪の認定をすることができるほど，明らかであることが求められていました。しかし，これでは，殺されたはずの被害者が生きていたとか，真犯人が出現したなど，よほどの証拠がなければ再審は開始されません。その時代には，再審の門は開かずの扉と言われ，無辜の救済の理念に反する事態が続いていました。

　これに対して，大きな転換をもたらすことになった判例が，いわゆる白鳥決定です（最判1975［昭50］年5月20日刑集29-5-177）。白鳥決定は，明白性の基準に関して，「『無罪を言い渡すべき明らかな証拠』とは，確定判決における事実認定につき合理的な疑いをいだかせ，その認定を覆すに足りる蓋然性のある証拠をいうものと解すべきである」としました。また，その判断に際しては，「再審開始のためには確定判決における事実認定につき合理的な疑いを生ぜしめれば足りるという意味において，『疑わしいときは被告人の利益に』という

刑事裁判における鉄則が適用される」とも述べています。さらに，続く財田川決定において，最高裁は，白鳥決定の具体的適用にあたっては，「確定判決が認定した犯罪事実の不存在が確実であるとの心証を得ることを必要とするものではなく，確定判決における事実認定の正当性についての疑いが合理的な理由に基づくものであることを必要とし，かつ，これをもつて足りると解すべきである」としました（最判1976［昭51］年10月12日刑集30-9-1673）。

　また白鳥決定は，明白性の判断方法に関し，「もし当の証拠が確定判決を下した裁判所の審理中に提出されていたとするならば，はたしてその確定判決においてなされたような事実認定に到達したであろうかどうかという観点から，当の証拠と他の全証拠と総合的に評価して判断すべき」であるとしました。新証拠を旧証拠全体に投じて一体的に評価する総合評価説に立つことを明言したのです。かつては，新証拠だけで有罪確定判決が揺らぐかどうかを評価する説（孤立評価説）が唱えられていましたから，これも大きな転換でした。確固たる証拠もなく有罪判決が確定してしまった無辜に対し，救済の道を開くことになったのです。

　しかし，同じ総合評価説に立ちながらも，心証引継説と再評価説との対立もあります。心証引継説は，旧証拠については原確定裁判所の心証を引き継ぎつつ，この心証に新証拠の証拠価値を混合させて判定すべきであるとする説です。他方，再評価説は，旧証拠全体を再評価した上で，新証拠を加味して全体を再考慮すべきであるとする説です。確定判決が脆弱な証拠構造の上に成立している例もあり，そのような場合に心証の引き継ぎをしていたのでは，結局孤立評価説と同様，無辜の救済に反する帰結を生じさせてしまいます。心証引継説は総合評価説に反することになり，支持できません。

22.4.3　再審の手続

　再審手続は，再審請求手続と再審公判手続の2段階の手続になっています。再審請求手続は，上述した再審理由があるかどうかについての審理です。再審の理由があると判断されれば，再審開始決定がなされます。再審開始決定が確

定すると，裁判所は，さらに公判審理を行います。これが，第2段階の再審公判です。

　手続をめぐる大きな問題は，現行法の規定が，不利益再審も認めていた旧刑事訴訟法の規定をほぼ引継いでいる点です。端的に言えば，必ずしも，無辜の不処罰の理念に即した規定になっていないことです。解釈上の限界があり，早急に法改正が望まれます。

22.4.4　再審請求審

(1)　再審の請求

　再審の請求は，原判決をした裁判所が管轄します（法438）。たとえば，第一審が無罪で，控訴審の有罪判決で確定した場合には，その控訴審裁判所が管轄することになります。請求権者は，検察官，有罪の言渡しを受けた者，その者の法定代理人および保佐人，有罪の言渡しを受けた者が死亡または心神喪失状態の場合には，その配偶者，直系の親族および兄弟姉妹です（法439）。検察官が請求する例は，実務上は身代わり事件に多く見られます。検察官以外の者が請求する場合には，弁護人の選任ができます（法440）。弁護人であるので法39条が準用され，その接見などには秘密性が保障されます。判例は，死刑確定者とその弁護人が請求に向けた打合せのために秘密面会の申出をした場合に，「これを許さない刑事施設の長の措置は，秘密面会により刑事施設の規律及び秩序を害する結果を生ずるおそれがあると認められ，又は死刑確定者の面会についての意向を踏まえその心情の安定を把握する必要性が高いと認められるなど特段の事情がない限り，裁量権の範囲を逸脱し又はこれを濫用して死刑確定者の秘密面会をする利益を侵害するだけではなく，再審請求弁護人の固有の秘密面会をする利益も侵害するものとして，国家賠償法1条1項の適用上違法となると解する」としました（最判2013［平25］年12月10日民集67-9-1761）。

　再審請求には，時間的制限はありません。刑の執行が終わり，または執行を受けることがないようになったときでも，請求をすることができます（法441）。死後再審の請求であっても，再審無罪の判決を受けることによって，名誉回復のほか，刑事補償などの救済を受けることができます。

　再審請求をしたからといって，刑の執行が停止されるわけではありません。ただ，検察官は，請求についての裁判があるまで，刑の執行を停止することが

できます（法442）。前述（22.3.2）した通り，死刑については，法務大臣は請求中の執行をしてはいけません。

（2）審理とその裁判

再審請求の審理は決定手続なので，必要があるときは，裁判所は事実の取調べができます（法43Ⅲ，同445）。請求について決定をするにあたり，請求人およびその相手方の意見を聞かなければなりません（規286）。しかし，審理手続に関しては，その他に明文の規定がありません。手続をどうするかは，当該裁判所の裁量に委ねられています。特に問題は，現状では，検察官が保有する当該事件の公判未提出記録等の証拠が，冤罪を訴える請求人になかなか開示されないことです。無辜の救済の観点から，請求人の権利としての証拠開示を明文で規定すべきです。

請求が不適法なときまたは理由がないときは，決定で棄却しなければなりません（法446，同447）。再審の請求が理由があるときは，再審開始の決定をしなければなりません（法448Ⅰ）。再審開始の決定をしたときは，裁判所は，決定で刑の執行を停止することができます（法448Ⅱ）。これらの決定に対しては，即時抗告（高等裁判所になされた請求についての決定には，異議申立て）をすることができます（法450）。しかし，再審開始決定に対して検察官が即時抗告等をすることは，確定有罪判決によってひとたび危険にさらされた元被告人に，さらに危険の継続を強いることを意味します。二重の危険禁止の原則から許されないと考えます。

（3）再審公判

再審開始決定が確定すると，その審級にしたがい，さらに審判が行われます（法451）。第2段階の手続である再審公判です。原確定判決の事実認定には合理的疑いがあることが確定したことを意味しますので，この時点で刑の執行力は停止されると解せられます。

再審公判は，再審開始決定において示された判断に拘束されます。したがって，基本的には無罪判決が言い渡されることになります。二重の危険禁止の観点からすれば，再審公判において，有罪方向に向けた検察官の積極的立証活動は制限されます。また，同じ理由から，再審無罪判決に対する検察官の上訴は許されないと考えます。

　白鳥決定の後には，免田事件，財田川事件，松山事件，島田事件の死刑4事件を
はじめ，いくつかの著名事件について再審が開始され，救済が実現しました。しか
し，いまなお冤罪を訴え再審を請求する人は少なくありません。

　日本の再審制度には，多くの問題があります。証拠開示の問題に加え，再審請求
についての国選弁護制度がないなど，無実を訴える人が再審請求をするには大きな
壁があります。これに対して，イギリスやノルウェーにおいては，政府の独立機関
として刑事事件再審委員会があります。法制度に大きな違いはありますが，証拠開
示の機能や請求人の費用負担がないことなど，日本として学ぶべき点は少なくない
と思います。

22.5　非常上告

22.5.1　意　義

　法令違反を是正する非常救済手続です。もともとは，フランス法における
「法律の利益のための上告」や「公益のための上告」に由来する制度であると
されています。治罪法の時代から制度化されていました。

　法令の解釈適用の統一を目的としています。ただ，一定の場合には，被告人
の具体的救済を図ることがあり，これもまた非常上告の重要な任務だとされて
います。

22.5.2　非常上告の理由

　事件の審判が法令に違反したことが，非常上告の理由です（法454）。判決そ
のものの法令違反と，判決前の訴訟手続の法令違反と，二種類あります（法
458①，②）。

　前提事実を誤認した結果，法令違反が生じた場合は，どのように考えられる
でしょうか。実体法上の事実誤認による法令違反の場合は，非常上告の対象で
はなく，再審による救済の対象となるべきものでしょう。訴訟法上の事実誤認
による法令違反の場合には，非常上告の理由になると考えられます。

22.5.3 手続と裁判

　非常上告の申立ては検事総長だけに認められ，最高裁判所が管轄裁判所です（法454）。非常上告をするには，その理由を記載した申立書を，最高裁判所に差し出して行います（法455）。公判期日が開かれますが，検察官だけが出席して，申立書に基づいて陳述をします（法456）。裁判所は，申立書に包含された事項に限り，調査しなければなりません（法460）。

　非常上告が理由のないときは，判決で棄却しなければなりません（法457）。理由のあるときは，以下の区別にしたがって，判決をしなければなりません。⑴原判決が法令に違反したときは，その違反した部分を破棄します（法458①本文）。ただし，原判決が被告人に不利益なときは，これを破棄して，さらに自判します（法458①但書き）。この場合には，被告人にもその効力が及び（法459），具体的な救済が図られることになります。⑵訴訟手続が法令に違反したときは，その違反した手続を破棄します（法458②）。被告人には，効力は及びません。

　⑵の訴訟手続の法令違反は，判決内容に直接影響を及ぼさない法令違反のことを指すと解されます。もし，判決内容に直接影響を及ぼす訴訟手続の法令違反があった場合には，⑴に該当します。したがって，たとえば同一の交通違反に対し誤って二重に有罪判決が確定した場合は，⑴に該当します。原判決が被告人に不利益なので，破棄の効力が被告人にも及ぶことになります。

事項索引

判例索引

著者紹介

福島　至（ふくしま　いたる）

1953年　仙台市生まれ
1977年　東北大学工学部卒業
1982年　東北大学法学部卒業
1988年　東北大学大学院法学研究科博士課程修了（法学博士）
現　在　龍谷大学法学部教授，弁護士（京都弁護士会）

主要著書

『略式手続の研究』(成文堂，1992年)

『コンメンタール刑事確定訴訟記録法』(編著，現代人文社，1999年)

『法医鑑定と検死制度』(編著，日本評論社，2007年)

『團藤重光研究──法思想・立法論，最高裁判事時代』(編著，日本評論社，2020年)

ライブラリ 法学基本講義 = 14

基本講義　刑事訴訟法

2020年 4 月 10日 ©　　　　　　初 版 発 行

著 者　福島　　至　　　　発行者　森 平 敏 孝
　　　　　　　　　　　　　印刷者　加 藤 文 男
　　　　　　　　　　　　　製本者　米 良 孝 司

【発行】　　株式会社　新世社
〒151-0051　東京都渋谷区千駄ヶ谷1丁目3番25号
編集☎(03)5474-8818(代)　　サイエンスビル

【発売】　　株式会社　サイエンス社
〒151-0051　東京都渋谷区千駄ヶ谷1丁目3番25号
営業☎(03)5474-8500(代)　振替　00170-7-2387
FAX☎(03)5474-8900

印刷　加藤文明社　　　製本　ブックアート
≪検印省略≫

サイエンス社・新世社のホームページのご案内
https://www.saiensu.co.jp
ご意見・ご要望は
shin@saiensu.co.jp　まで.

ISBN978-4-88384-296-4

PRINTED IN JAPAN

ライブラリ 法学基本講義

※表示価格はすべて税抜きです。

発行　新世社　　　　発売　サイエンス社